CARL-HEINZ SCHROTH

Keine Angst vor schlechten Zeiten

Carl-Heinz Schroth

Keine Angst vor schlechten Zeiten . . .

mit 37 Photos und Abbildungen

Herbig

Schutzumschlagphoto: Lilo Berger, Berlin
Vorsatz und Nachsatz: Bilder von Carl-Heinz Schroth

Bildnachweis

Archiv des Autors: 1, 2, 3, 4, 5, 6, 7, 8, 10, 11, 12, 13, 14, 15, 18, 19, 26, 27, 29, 30, 32, 33
Ilse Buhs/J. Remmler, Berlin: 22
Rosemarie Clausen, Hamburg: 23, 24, 25
dpa, Düsseldorf: 29, 31
Dünhöft, Köln: 21, 34
Arthur Grimm, Berlin: 9, 36, 37
Chris Nowotny, München: 20
W. Saeger, Berlin: 16, 17
Tele Press, Hamburg: 35

Schutzumschlaggestaltung: Christel Aumann, München
Layout und Herstellung: Franz Nellissen
Reproduktionen: Mediacolor, Verona
Satz: Uhl + Massopust, Aalen
Gesetzt aus der 11.50/13 Punkt ITC Garamond, System 2/5
Druck und Bindung: Mohndruck Graphische Betriebe GmbH, Gütersloh
Printed in Germany
ISBN 3-7766-1330-0

Dieses Buch widme ich meinem Freund Ernst Lothar, ohne den diese Erinnerungen gar nicht erschienen wären.
Er hat nach jedem kleinen Aufsatz, den er zu lesen bekam, nicht Ruhe gegeben, bis wieder ein paar Seiten geschrieben waren, sie gefielen ihm, und er hat mir damit Mut gemacht weiterzuschreiben. Er hat die Fertigstellung des Buches nicht mehr erlebt, und meine Widmung soll ein kleines Zeichen meiner Dankbarkeit sein.

Carl-Heinz Schroth

Inhalt

Vorwort

Nur sehr ungern muß ich, bei Durchsicht vorliegender Notizen, feststellen, daß tatsächlich so was wie »Memoiren« daraus geworden sind, und da muß ich den Leser um Entschuldigung bitten, denn genau dies wollte ich vermeiden. Ich habe mir immer geschworen: »Alles! Nur keine Memoiren!«

Es sei mir erlaubt, in kurzen Zügen zu beschreiben, wie es überhaupt zu diesem Buch gekommen ist: Es hat ganz harmlos angefangen. Wenn man an irgendeinem Privattheater ein Stück spielt, dann wird für diese Serie meist ein Programmheft gedruckt, und dabei ergibt es sich, daß dieser Dramaturg oder jener Regisseur ein paar mehr oder weniger passende Worte von sich gibt, und so wagte auch ich einmal, ein paar Gedanken beizusteuern. Da sich kein Widerspruch regte, wurde ich mutig und habe angefangen, kleine Artikel über verschiedene Themen zu schreiben. Und da immer noch niemand seine Abscheu zeigte, wagte ich mich immer mehr vor. Und als die ersten bescheidenen Zeichen positiven Echos kamen, fing ich an, Blut zu lecken, und plötzlich machte mir die Schreiberei Spaß. Und bei dem Versuch, die einzelnen Notizen mit einem roten Faden zusammenzufassen, ist eben so etwas Ähnliches wie ein Erinnerungsbuch entstanden. Aber dafür verspreche ich, den Leser nicht damit zu nerven, indem ich meine gespielten Rollen seitenlang zitiere. Auch habe ich es mir verkniffen, Kritiken zu sammeln und abzudrucken. In diesen Aufzeichnungen wird nur eine einzige Kritik erscheinen, und damit ist, wenn ich mich so umsehe, die Bescheidenheit auf die Spitze getrieben.

Noch eine Anmerkung scheint mir aus gegebenem Anlaß notwendig. Jeder eventuellen Kritik, auch wenn sie negativ ist, habe ich mich persönlich zu stellen und kann mich nicht hinter einem eventuellen »Bearbeiter« verstecken. Schüchterne Versuche in dieser Richtung sind an meiner Unverträglichkeit gescheitert. Ich muß mich also bei jedem Wort in den vorliegenden Aufzeichnungen gegebenenfalls selber an die Brust schlagen.

Neunundzwanzigster Juni Neunzehnhundertzwei

Schon der Anfang war nicht in Ordnung, denn zwei Monate nach der Hochzeit meiner Eltern war ich da.
Ich weiß nicht, aber wenn irgendwo ein Fünfmonatskind überlebt, dann machen die Leute ein großes Geschrei, aber nach einem Zweimonatskind wie mir krähte kein Hahn. Zwar war Sonntag und dazu noch Feiertag, Böller haben geschossen und Prozession ist gewesen – nicht meinetwegen, wegen Peter und Paul: gefeiert wurde der Jahrestag der Schlacht von Custozza. Wissen Sie, was die Schlacht von Custozza war? Ich auch nicht, aber irgendein Österreicher (die ganze Sache spielte sich in Innsbruck ab) hat irgendeinen bösen Feind besiegt.
Ich weiß nicht, warum man Schlachten feiert, schon das Wort ist grausig genug, aber sie machen es alle, und nicht nur in Leipzig gibt es ein Völkerabschlachtungsdenkmal. Wahrscheinlich hat mich das gleich geärgert, und daher resultiert wohl auch meine Abneigung gegen alle Tradition, besonders, wenn sie sich auf »kriegerische Tugenden« bezieht, und wenn ich mich an meinen Geschichtsunterricht erinnere, wird mir heute noch übel: je mehr einer umgebracht hatte, um so eher kam er über die vaterländisch gekräuselten Lippen meines Geschichtsprofessors. Und wenn es dann auch noch ein gekröntes Haupt war und womöglich auch noch ein österreichisches, dann kannte das Entzücken keine Grenzen.

Aber davon wollte ich gar nicht reden. Ich kam also auf die Welt und habe mich gleich schlecht benommen, indem ich den obligaten ersten Schrei nicht ausstieß. Ich habe mir inzwischen sagen lassen, das wäre sehr wichtig und muß unbedingt sein. Die Hebamme hat mich an den Füßen hochgehalten und auf den Popo geklatscht, um mir besagten Schrei zu entlocken, aber ohne Erfolg. Mein Vater war dabei, und meine Mutter im Zimmer nebenan (damals, 1902, entband man noch in der Wohnung). Um meine Mutter nicht zu beunruhigen, hat er dann, wie man mir berichtete, die Babyschreie nachgemacht. Das muß er so melodisch zustande gebracht haben, daß ich mich plötzlich entschloß, die zweite Stimme dazuzuliefern, so daß meine Mutter, die sich von dem ersten Schock noch nicht erholt hatte, fürchtete, gleich mit doppeltem Nachwuchs konfrontiert zu werden. Und auf Zwillinge war sie eigentlich nicht vorbereitet.

Die Verwirrung war vollkommen, aber immerhin war es ein frommer Betrug meines Vaters, dem er in der Folgezeit noch einige weitere folgen ließ, die nur den kleinen Schönheitsfehler aufwiesen, daß sie weniger fromm waren.

Ich glaube, dies war das einzige Erlebnis, das wir drei zusammen hatten, denn ich erinnere mich nicht, in den folgenden Jahren meine Eltern jemals zusammen gesehen zu haben.

Also, vom Elternhaus – dem teuren und so – kann ich nichts berichten, dafür aber begann meine Tätigkeit als Reisender zwischen Berlin und Wien.

Papa war nicht nur ein erfolgreicher Schauspieler in Berlin, er war auch ein blendend aussehender Mann mit einem Charme, dem sich kaum eine Frau entziehen konnte, und außerdem war sein Hormonhaushalt in bester Ordnung. Da ich später einen unehelichen Sohn meines Vaters

kennengelernt habe, der kurioserweiser am selben Tag wie ich geboren war, muß Papa also auch noch ein Fahrrad gehabt haben.
Mama war nach der Jahrhundertwende nicht nur eine erfolgreiche Schauspielerin in Wien, sie war auch eine anerkannte und berühmte Schönheit mit echten feuerroten Haaren bis zur Kniekehle, und warum soll ihr Hormonhaushalt schlechter gewesen sein?
Eifersüchtig veranlagt waren sie beide – na ja!
Ich hatte also ein Kinderbett in Wien und eins in Berlin. Das war wichtig!
Denn entweder kam mein Vater wutschnaubend nach Wien, riß mich aus besagtem Kinderbett, rein in den Schlafwagen und nach Berlin. Ein paar Tage später dieselbe Situation, nur, daß diesmal die Reise in umgekehrte Richtung ging, in Damenbegleitung.
Vielleicht haben mir deshalb, viele viele Jahre später, Theatertourneen nicht mehr soviel Anstrengungen bereitet, ich war trainiert. Da sieht man wieder, daß man nie weiß, wozu das eine oder andere Erlebnis gut ist.

Das Findelkind

Ich möchte meinen Eltern nicht unrecht tun, aber ich glaube nicht, fehl zu gehen in der Annahme, daß es sich bei meinem Erscheinen auf diesem Planeten um einen Betriebsunfall gehandelt hat, und nun erhob sich die Frage, wohin damit.

Aber glücklicherweise hatte meine Mutter eine Schwester, die im gleichen Jahr wie meine Mutter eines Knäbleins genas, und glücklicherweise war besagte Tante reich verheiratet und konnte es sich leisten, das Balg der zwar berühmten, aber gar nicht zur Mutter prädestinierten Schwester, an Kindes Statt anzunehmen, so daß die beiden Kinder nicht allein aufwachsen mußten. Und wenn man es mich auch in keiner Weise fühlen ließ, so blieb ich halt doch der bedauernswerte Vetter – wenigstens aus meiner Sicht.

Ich habe – vor Jahren – mal in einem Interview gesagt, ich hätte immer die abgelegten Kleider meines Vetters tragen müssen. Darauf teilten mir meine Verwandten empört mit, daß diese meine Behauptung erstunken und erlogen sei, und mir wurden Bilder vorgelegt, auf denen wir beide die gleichen Anzüge tragen. Beschämt nehme ich also meine Aussage zurück, außerdem kommt es nicht auf den einen Anzug oder Schuhe oder Strümpfe oder was weiß ich an. Die Situation ist es eben, die Findelkindsituation, das

Geduldetsein, das einen durch Jahre hindurch verfolgt und das nicht geeignet ist, in einem Heranwachsenden eine besondere Sicherheit zu erzeugen. Vielleicht kann das nur jemand verstehen, der sich in ähnlicher Situation befand. Dabei muß ich betonen, daß mein Vetter, mit dem ich bis zum Abitur zusammenlebte, ein besonders gutartiger Junge war. Außerordentlich intelligent – viel intelligenter als ich –, sehr gut erzogen, von mir sehr bewundert und in jeder Beziehung ein Musterknabe. Zu meinem Leidwesen auch in der Schule. Jedes Jahr Primus der Klasse, so daß mir gar nichts anderes übrigblieb, als für ein einigermaßen erträgliches Gleichgewicht zu sorgen, und einer muß ja schließlich der Letzte sein. Das habe ich durchgehalten, von der Sexta bis zum Abitur.

Wie kann man als Klassenletzter das Abitur bestehen?

Das war gar kein Abitur, das war eine politische Demonstration. Dazu muß man wissen, daß die ganze Gymnasialzeit sich in Bozen abspielte. Südtirol!

Als wir 1918 den glorreichen Feldzug beendet hatten, war Bozen urplötzlich »Bolzano« geworden, und im Jahre 1919 fand alles bereits unter italienischer Regierung statt, aber die Lehrer waren halt noch alle Patrioten und jeder ein kleiner Andreas Hofer, der es den Welschen schon besorgen würde, und wenn es nur dadurch geschah, alle deutschstämmigen Schüler – und das war die ganze Klasse – durchs Abitur zu drücken. Die italienische Kommission war auch noch neu und wußte nicht so genau Bescheid, jedenfalls bestand ich das Abitur auf den Flügeln der Politik.

Kriminalistische Überlegungen

Es gibt Frühentwickler, und es gibt Spätentwickler, und dann gibt es noch die Ganzspätentwickler, und das war ich.
Also, meine Tante besaß ein schönes Haus mit einer kleinen Landwirtschaft in den Dolomiten auf der österreichischen Seite, kurz vor der italienischen Grenze. Einen schöneren Platz, um aufzuwachsen, hätte es für einen jungen Menschen überhaupt nicht geben können – geographisch gesehen. Aber es gibt nicht nur Berge und Täler und Edelweiß. Ich bemerkte sehr bald, daß die ganze zur Schau getragene bürgerliche Familienidylle einen recht potemkinschen Charakter hatte.
Wieso, fragte ich mich immer wieder, kam Tante Gisa eigentlich dazu, den Balg ihrer Schwester bei sich aufzunehmen? Zumal ich bei gelegentlichen Besuchen meiner Mutter merkte, daß sich die beiden Schwestern keineswegs grün waren. Es gab jedesmal Krach. Irgendwas stimmte nicht in meiner Umgebung, und ich spitzte meine Ohren. Sehr bald kam ich dahinter, daß der Reichtum meiner Tante ganz jung war, eigentlich erst seit der Geburt meines Vetters und mit mir angefangen hatte. Und jetzt begann sich Sherlock Holmes in mir zu regen. Durch aufmerksames Zuhören bei Tisch können Kinder alles herausbekommen, was man vor ihnen zu verbergen trachtet. Jede hingeworfene Bemerkung wird gespeichert, jeder falsche Ton sofort

registriert. Wenn die Erwachsenen glauben, sie können auf Dauer vor Kindern etwas geheimhalten – »der Kleine versteht das noch nicht« –, dann sind sie schwer im Irrtum. Auch daß meine Mutter bei jeder passenden und unpassenden Gelegenheit mir ins Gedächtnis zu rufen bestrebt war, daß ich im Hause ihrer Schwester ein lebenslanges Wohnrecht besäße, bestärkte mich in dem Verdacht, daß irgendwas nicht mit rechten Dingen zugegangen und mein Platz am Tisch des Reichen keineswegs schwesterlicher Liebe zu verdanken war, sondern daß höhere Zwänge ihr unseliges Spiel mit meiner Tante trieben. Und als ich immer wieder gelegentlichen Tischbemerkungen meiner Mutter entnahm, daß *sie* ja eigentlich die Begründerin des Vermögens sei und auch noch dauernd von einem mysteriösen Brief die Rede war, begann ich nun meinerseits zu recherchieren. Durch raffinierte und scheinbar harmlose Fragen kann man als Kind von den Erwachsenen eine ganze Menge herauskriegen, was sie geschickt zu verbergen glauben. Sie merken das meistens gar nicht. Also deckte ich folgenden Tatbestand auf:

Meine Mutter und ihre Schwester, meine Tante eben, hatten ungefähr gleichzeitig das Pech, in gesegnete Umstände zu geraten. Die eine heiratete den Unhold, meinen Vater nämlich, während sich die andere erheblichen Schwierigkeiten gegenübersah. Er wollte nicht, der Feigling! Das war recht ärgerlich, um so mehr, als es sich um einen der reichsten Bankdirektoren Prags handelte. Ich habe vergessen zu erwähnen, daß meine Tante, in ihrer Jugend, als Wagner-Sängerin in Prag engagiert war. Er war also nicht nur nicht bereit, die Konsequenzen zu ziehen, sondern machte auch noch den Vorschlag, die Angelegenheit rechtzeitig aus der Welt zu schaffen. Das haben schon viele Väter vorgeschlagen, aber der Törichte tat es brieflich. Man bedenke – im Jahre 1902!

Meine Mutter, als hilfreiches Schwesterlein, nimmt den Brief, flattert dem Herrn Bankdirektor ins Büro und macht damit »Winke-Winke«. Nicht ohne einen diskreten Hinweis, daß dieser Brief, würde er beim Staatsanwalt landen, erhebliche Unannehmlichkeiten zur Folge hätte. Und so traten sie vor den Traualtar, und alles war eitel Wonne. Die Wonne scheint nur kurz gewesen zu sein, denn ich erinnere mich meiner Tante Gisa eigentlich nur als reiche Witwe.

So wuchs ich also heran, ohne wirtschaftliche Sorgen, aber auch ohne Vater und Mutter und mit dem Verdacht, Teil eines Erpressungspaketes zu sein. Kein angenehmer Zustand, besonders wenn man niemanden hat, mit dem man sich aussprechen kann. Ich beschloß, dieser familiären Situation bei der ersten Gelegenheit zu entfliehen, aber das ist schwer, wenn man abhängig ist von »Zuhause«. Es hat auch bis nach dem Abitur gedauert, und ich hätte den Absprung auch da noch nicht gefunden, wenn nicht ein Ereignis eingetreten wäre, das es mir sowieso unmöglich gemacht hat, Bozen in absehbarer Zeit wieder zu betreten. Und tatsächlich habe ich viele Jahre durchgehalten. Das Ereignis hieß Lizzie, und ich komme noch darauf zurück.

Vater

Was mit meinem Vater los war, diese Frage wurde gar nicht angeschnitten. Nur gelegentlichen, unvorsichtigen Bemerkungen meiner erwachsenen Umgebung entnahm ich, daß auch da der Wurm drin war.

Zu oft wurde davon gesprochen, daß es für den Jungen (der Junge war ich) doch ein großes Glück sei, in so wunderbarer Umgebung und so ahnungslos aufzuwachsen. Das Wort »ahnungslos«, das von meinen lieben Verwandten ahnungslos daher geplappert wurde, machte mich natürlich hellhörig. Und als ich einmal zum Besuch bei meinem Vater nach Berlin abkommandiert wurde, hatte ich gleich kein gutes Gefühl. Ich betrat mit beträchtlicher Reserviertheit die väterlichen Gemächer und fand mich einer Dame gegenüber, die, wie sich herausstellte, die neue Frau meines Vaters war. Meine Abwehrkrallen habe ich allerdings schnell wieder eingefahren, denn meine Stiefmutter, Käthe Haack – Käthchen – wie ich sie heute nenne, stellte sich als entzückende, sehr junge, sehr charmante und last, not least sehr reizvolle Dame heraus, und ich habe es später oft bedauert, das Mutter-und-Sohn-Verhältnis nicht überspringen zu dürfen. Sie war eine ausgezeichnete Schauspielerin und hatte schon einen Namen in Berlin. Sie hat in den letzten Kriegsjahren anläßlich der Bombenangriffe auf Berlin in aufopfernder Weise für mich und meine Familie

gesorgt. Ich komme in dem Kapitel, das sich »Reise nach Berlin« nennt, ausführlich darauf zurück.
Noch eine zweite Überraschung hatte mein Vater sinnigerweise für mich aufgehoben. In einem Kinderbett krabbelte eine junge Dame, die mir als »Schwesterchen Hannelore« vorgestellt wurde. An diesem Tag war ich mit Überraschungen eingedeckt, und man möge mir zugute halten, daß ich nicht gleich das Bedürfnis hatte, vor Freude an die Decke zu springen.
Und ob Käthchen sehr glücklich war, plötzlich einen Stiefsohn vorgesetzt zu bekommen, der in den folgenden Jahren als kleiner Provinzschauspieler sein Leben fristete und der es wohl nie zu etwas bringen würde, wage ich zu bezweifeln. Wenigstens beanspruchte er keine Brosamen. Aber es wendete sich alles zum Guten. Hannelore erlebte einen kometenhaften Aufstieg beim Film, der sie, gleich beim ersten Versuch, in die oberste Reihe nationaler Filmprominenz trug. Eine durchaus berechtigte Karriere übrigens, nicht etwa ein Strohfeuer, das schnell wieder verglüht.
Ich war bei gelegentlichen Besuchen meinerseits sehr geschmeichelt, wenn ich mich mit Käthe oder Hannelore schmücken durfte. Ich habe Hannelore dann später als ernste Arbeiterin und als Profi beim Theater wiedergetroffen, sah sie mit großer Freude auf der Bühne als »Heilige Johanna« und habe auch mit ihr in »Filomena Marturano« gespielt, was mir großes Vergnügen bereitete.

Mutter

Vielleicht sollte ich noch ein paar Zeilen über meine Mutter schreiben, nicht weil die mütterlichen Fittiche mich so weich umgaben, sondern weil sie doch eine, für die damaligen Verhältnisse, recht ungewöhnliche Frau war. Zwar nicht direkt zur Mutter prädestiniert, aber das muß ja auch nicht jeder sein. Es ist schwer, sich zwei größere Gegensätze vorzustellen als die, die zwischen ihr und ihrer Schwester, meiner Tante eben, bestanden. Die eine eine personifizierte Kleinbürgerin, die andere mehr zum Abenteuertum neigend und ihrer Zeit weit voraus. Ich würde sagen: sie ist hundert Jahre zu früh geboren worden.

Wie der Leser weiß, sah ich sie nur bei gelegentlichen Besuchen ihrerseits (meine Eltern waren natürlich längst geschieden, was mir übrigens nie mitgeteilt wurde), und sie wurde von mir immer mit einer gewissen Bewunderung bestaunt. Sie schien aus einer andern Welt zu kommen, aus einer Welt, die, nach den Bemerkungen meiner Tante, eine verabscheuungswürdige war. Ein sehr heftiger und immer wieder auftauchender Streitpunkt zwischen beiden Schwestern war die unverzeihliche Gewohnheit meiner Mutter, täglich zu baden. Ich erinnere mich, daß es darüber ebenso täglich zum Krach kam. Und da sie meistens morgens baden wollte, fing der Tag gleich gemütlich an. Nun muß ich gerechterweise einräumen, daß ein Bad bei den dortigen ländlichen Verhältnissen mit einer gewissen Umständlichkeit verbunden war. Es gab nur Ofenheizung und auch diese nur mit Holz, so daß immer ein zeitraubender Heizvorgang ins Leben gerufen werden mußte, der Stunden in Anspruch nahm, bis der Badeofen endlich soweit war. Ich gebe zu, daß dies sowohl für das Personal als auch für den Geldbeutel meiner Tante eine ärgerliche Angelegenheit war. Aber außerdem hatte ich den Verdacht, daß es insgeheim noch weltanschauliche Gegensätze waren, die hier aufeinanderprallten. Meine Tante sah in der Badesucht ihrer Schwester Zeichen moralischer Verkommenheit. Sie äußerte sich mal dahingehend, daß Damen, die ihren Körper über die Maßen pflegen, schon wüßten, warum sie dies täten. Dazu kam noch, daß meine Mutter sehr gut aussah, was man von ihrer Schwester wirklich nicht behaupten konnte. Es spielte also eine große Portion eines ganz bestimmten Neides eine große Rolle. Und tatäschlich war ja auch wohl die Welt, in der meine Mutter lebte, recht verschieden von dem Dasein, das dem Horizont meiner Tante entsprach.

Nun wußten wir alle nicht recht, was meine Mutter eigentlich so mache und wovon sie lebte. Wir wußten wohl, daß sie nicht mehr Theater spielte, wir wußten aber auch, daß man davon nicht leben kann, und da sie immer einen gut situierten Eindruck machte, war dies in den Augen meiner Tante höchst verdächtig. Und auch die Tatsache, daß sie zwar, um mich zu sehen, öfter zu uns kam, sie aber offenbar verhindern wollte, daß ich zu ihr fuhr, war eigenartig. Ich kann also meiner Tante eine gewisse Berechtigung für ihre wild wuchernden Fantasien nicht absprechen. Und ich muß gestehen, daß es Zeiten gab, in denen auch ich etwas ratlos war.

Meine Mutter muß das gespürt haben, denn als ich in ein Alter gekommen war, in dem man normalerweise anfängt, seine Vernunft zu gebrauchen, hat sie mich tatsächlich mal zu sich kommen lassen. Nach Wien! Genauer: nach Baden bei Wien! Noch genauer: in die Kaiservilla in Baden bei Wien!

Und da tat sich mir eine Welt auf, von deren Existenz ich nie etwas gewußt hatte und deren »Pracht den Staunenden umfing« (Schiller). Meine Mutter residierte in dieser Villa, die in Baden so genannt wurde, weil Kaiser Franz-Joseph dort gewohnt haben soll. Die Villa hatte ungeheuer große Räume, so etwas hatte ich noch nie gesehen. Nur zögernd und auf Zehenspitzen betrat ich die Zimmerfluchten. Meine Mutter war geschäftlich unterwegs, und ein Diener hatte mich abgeholt. Ein Diener in Livrée, wie bei Schiller. Fantastisch! Einfach fantastisch! Besonders die Parterreräume waren von einer eigenartigen Faszination. Drei oder vier große Tische beherrschten den Raum, umstellt von vielen Stühlen. Sicher fanden hier große wichtige Sitzungen statt. Die Tische waren mit grünem Filz bezogen und hatten eine kreuzworträtselartige Zeichnung, die mit roten und schwarzen Zahlen beschrieben war. Dann hatte jeder Tisch noch am Ende eine Art Wanne. Eine kreisförmige Wanne, die hatte lauter kleine Fächer, die ebenfalls mit roten und schwarzen Zahlen beschrieben waren und die man drehen konnte, und dann gab es noch eine weiße Elfenbeinkugel, die, während die Wanne gedreht wurde, lustig von Zahl zu Zahl sprang und schließlich, wenn die Drehung zu Ende ging, in einem der 37 Fächer liegenblieb. Der geneigte Leser ist natürlich längst im Bilde, ich hingegen begriff erst mal gar nichts, bis mich eine der Schillerfiguren aufklärte, daß ich mich in einem Spielsaal befände und daß es sich um Roulettetische handelte. Und die Chefin würde gleich kommen.

Die Chefin kam dann auch und damit des Rätsels Lösung: Meine Mutter war die Inhaberin und Leiterin eines Spielkasinos. Die Verdächtigungen meiner Tante hatten sich also insofern bewahrheitet, als sie schon immer angenommen hatte, daß meine Mutter irgend etwas Lichtscheues zu verbergen hatte. Und da war sie insofern im Recht, als der Betrieb eines solchen Etablissements für Privatpersonen streng verboten war. Nicht aus moralischen Gründen, sondern weil der österreichische Staat sich diese Einnahmequelle nicht aus der Hand nehmen lassen wollte. Die Tätigkeit meiner Mutter war also außerhalb der Legalität, und sie stand immer mit einem Bein im Gefängnis. Mir imponierte das sehr! Der eine Saal hatte eine Treppe, die zu den oberen Räumen führte, die nicht benutzt wurden, und von dieser Galerie durfte ich an manchen Abenden dem Leben und Treiben der großen Welt zusehen.

An solchen Abenden wurde der Grundstein gelegt zu der Faszination, die die typischen Geräusche eines Spielsaalbetriebes heute noch auf mich ausüben. Das Klappern der Jetons, das Summen des sich drehenden Kessels, das Rollen der Kugel, das mit dem endgültigen Plumps beendet wird, wenn die kleine Kugel ihr Ziel gefunden hat, und die darauf sofort einsetzenden Rufe der Croupiers, die das Ergebnis des jeweiligen Durchgangs ansagen. Eine Musik, die viele Menschen in ihren Bann zieht. Insofern hatte meine Mutter schon recht, mich dieser Versuchung möglichst selten auszusetzen. Dazu kam noch das Wissen um die Tatsache, daß die ganze Angelegenheit verboten war, was alles noch romantischer machte. Irgendwelche Skrupel moralischer Art hatte ich nicht eine Sekunde, denn schon damals sah ich nicht ein, warum eine Tätigkeit moralisch sein sollte, wenn der Staat sie betreibt, und verwerflich, wenn eine Privatperson sich dasselbe Recht herausnimmt.

Im Gegenteil, der Reiz des Verbotenen erhöhte das Vergnügen ganz ungeheuer. Und schließlich wird ja niemand

gezwungen, ein Spielcasino zu betreten. Natürlich wußte in Baden jeder Mensch, was in der Kaiservilla los war, so etwas konnte auf die Dauer nicht geheimbleiben, und natürlich wußte es auch die Polizei und natürlich kam sie auch gelegentlich mit ihren Polizeiwagen vorbeigefahren und machte Stichproben. Und ebenso natürlich fanden an solchen Abenden harmlose Gesellschaften statt, und keiner der Anwesenden hatte jemals etwas von einem Glücksspiel gehört. Es war auch kein grüner Tisch, geschweige denn ein Roulette zu sehen. Die Polizei verabschiedete sich auf das freundlichste, und die Dienerschaft beeilte sich, das gewohnte Bühnenbild wieder herzustellen. Mit einer erneuten Überraschung war vor 14 Tagen nicht zu rechnen, erst dann war wieder ein eventueller Anruf zu erwarten: »Wir kommen heute abend.« Meine Mutter beklagte sich an solchen Abenden immer bitter über die Höhe der Prozente, die sie eben wieder abgeführt hatte. Aber so wusch eine Hand die andere, und im Grunde waren alle zufrieden. Wenn ich so zurückblicke, habe ich das Gefühl, daß sich in der Frage des Gegenseitigen-unter-die-Arme-Greifens eigentlich nicht viel geändert hat. Ich sehe nur Unterschiede im Milieu und in der Größenordnung.
Natürlich kam es schon mal vor, daß der eine oder andere Besucher beim Anblick der Polizeiuniform ein dringendes Bedürfnis verspürte, sich schleunigst in den großen Garten zu begeben, der die Villa umgab, um die wundervolle reine Nachtluft zu genießen. Wenn die Gefahr vorbei war, schwärmte die Dienerschaft aus und gab Entwarnung. Dabei mußte schon mal dieser Graf oder jener Baron vom Baum geholt werden.
Man kann bei einem solchen Betrieb nicht für jeden Gast die Hand ins Feuer legen. Ich fand das alles sehr amüsant und war weit davon entfernt, in moralische Entrüstung zu geraten. Die richtige Einführung eines jungen Menschen in

die Gesellschaft war es vielleicht nicht, aber ich bin trotzdem nicht kriminell geworden.
Ich fuhr dann wieder weg und ich weiß nicht, wie das alles weiterlief. Es muß nicht gut gelaufen sein, denn plötzlich war alles aus. Meine Mutter hat nie darüber gesprochen, und ich hatte Hemmungen, sie danach zu fragen. Wenn sie es nicht erzählen wollte, sollte man den Wunsch respektieren, dachte ich mir.
Unsere Wege trennten sich auch wieder, ich fing mit meinem Beruf an und hatte alle Hände voll zu tun, um auf einen Zweig zu kommen, der einigermaßen grün war. Aus gelegentlichen Kartengrüßen entnahm ich, daß sie ihrem Milieu treu geblieben war, denn sie kamen mal aus Venedig, mal aus San Remo, mal aus Monte Carlo, lauter Städte mit Spielcasinos. Da ich in allen Sommerferien nach Italien fuhr, war es naheliegend, nach meinem Mütterlein zu sehen. Und bei dieser Gelegenheit löste sich auch dieses Rätsel. Sie wohnte in einem Hotel der mittleren Kategorie in Venedig, also des gehobenen Mittelstandes. Es war zwar nicht die Kaiservilla, aber immerhin ein Hotel, das ich mir damals nicht hätte leisten können. Das beruhigte mich schon mal sehr. Es wohnten noch ein paar distinguierte ältere Damen in diesem Hotel, sie bildeten so eine Art Kränzchen. Es waren alles Arbeitskollegen, wie meine Mutter sich ausdrückte. Das Kränzchen schlief lange, denn erst am Nachmittag ging es zur Arbeit.
Am zweiten Tag meiner Ankunft durfte ich mitgehen. Zuerst ging es zum Anlegeplatz beim Dogenpalast, wo die Dampfer zum Lido abfuhren, der Lido ist nicht nur der Badestrand Venedigs, der Lido ist eine Insel, und eben dort befindet sich das Spielcasino. Natürlich war genau dieses Casino das Ziel unseres Familienausfluges, ich hatte es nicht anders erwartet. Die Damen waren alle im Besitz einer Dauerkarte und gingen durch die Sperre, als gehöre ihnen der ganze

Laden. Sie verteilten sich überfallartig auf die verschiedenen Spieltische und saßen auf ihren Plätzen, bevor der Betrieb überhaupt losging.
Nachdem ich meine Eintrittsformalitäten erledigt hatte, durfte auch ich schüchtern den Spielsaal betreten. Meine Damen saßen bereits an den verschiedenen Tischen und jede an einem Platz, der offenbar ein Stammplatz war.
Der Leser von Welt wird längst wissen, was ich nun erfahren sollte. Meine Mutter gehörte zu jenen älteren Damen, die jedem Spielsaalbesucher, der einigermaßen aufmerksam beobachtet, auffallen. Sie sitzen den ganzen Tag am Roulettetisch und spielen mit kleinen Einsätzen auf einfache Chance. Also Rot oder Schwarz – Gerade oder Ungerade – über achtzehn oder unter achtzehn.
Sie spielen das stundenlang und ganz vorsichtig nach einem System, deren es viele gibt oder das sie sich selbst ausgedacht haben. Um es gleich zu sagen: man kann keine Reichtümer dabei gewinnen, aber man kann tatsächlich davon leben. Sehr bescheiden allerdings, und es ist eine richtige schwere Arbeit. Man muß stur wie im Bureau seine Zeit absitzen und darf keine Spielernatur sein. Man darf nicht ein einziges Mal von seinem System abweichen, um die Sache eventuell zu beschleunigen. Wer das versucht, ist verloren, und man muß, wenn man mit einem bescheidenen Betrag im Vorteil ist, den Spielsaal sofort verlassen. Man darf nie vergessen, daß auf die Dauer immer die Bank gewinnt, und die Erzählungen über Leute, die die Bank gesprengt haben, sind mit Vorsicht aufzunehmen. Es kommt zwar mal vor, aber meistens handelt es sich um Märchen, die von den Banken selbst ausgestreut werden.
Die Systemspieler erkennt man sofort. Sie gehen nicht herum oder stehen am Tisch, sondern sie sitzen stur auf ihrem Platz und schreiben meistens mit. Sie sind von den Croupiers sehr ungern gesehen, denn erstens ist von ihnen

nichts zu holen und zweitens nehmen sie richtigen Spielern den Platz weg. Natürlich habe ich die Systemspielerei anläßlich meines Besuches bei meiner Mutter auch mal probiert, aber ich eigne mich nicht für diesen Job, denn nach zwei Stunden geht mir der Hut hoch, und ich fange an, richtig zu spielen, und auf solche Leute warten sie nur. Nur Buchhalternaturen dürfen sich auf Systemspielen einlassen, allen andern rate ich: »Finger weg!«.

Ich brauche nicht extra zu betonen, daß auch viel lichtscheues Gesindel sich an diesen Orten herumtreibt, und ein kleines Erlebnis scheint mir mitteilenswert. Es ist eine schlechte Gewohnheit von manchen Spielern, wenn sie im Gewinn sind, ihre Jetons in Säulen vor sich aufzubauen. Man stecke sie besser in die Tasche. Hier der Beweis:

Während der vierzehn Tage Casinobesuch kam ich mit einem Herrn ins Gespräch, der sich offenbar sehr gut auskannte. Er hatte, ich weiß nicht warum, einen Narren an mir gefressen und verbrachte kostbare Zeit damit, dem Greenhorn, das er in mir sofort erkannte, ein bißchen unter die Arme zu greifen. Er kannte jeden Trick und fast jeden der Gäste und wußte alles von ihnen. Er sagte es nicht direkt, aber er ließ durchblicken, daß er ein von der Direktion angestellter Detektiv sei. Er machte mich zum Beispiel auf einen Spieler aufmerksam: »Sehen Sie diesen eleganten Herrn im Dinnerjackett und der tadellosen Frisur? Das ist ›der Leimer‹! Passen Sie mal auf, was der macht.« Ich paßte auf und sah eigentlich nichts Besonderes. Nun ja, der Herr nahm den Rechen.

Auf dem Spieltisch liegen immer so Rechen herum. Der Stiel ist ungefähr einen Meter lang, hat auf der einen Seite einen Griff und auf der andern Seite ist es ein Rechen, nur ohne Zacken und Zwischenräume. Diese Rechen dienen dazu, einerseits dem Croupier die Möglichkeit zu geben, die Jetons, die falsch gesetzt waren, zu sich heranzuziehen

oder auch den Gewinn einem entfernt sitzenden Gast zuzuschieben. Sie können aber auch von einem Spieler benutzt werden, wenn er einen von ihm selbst gesetzten Jeton von einer Zahl auf eine andere verschieben will, ohne über den ganzen Tisch langen zu müssen.
Eben dies tat der Herr im Dinnerjackett, dann strich er sich mit der rechten Hand über seine gepflegte Frisur und verließ den Tisch. Mehr tat er nicht. Ich. »Wieso Leimer?« – »Haben Sie nicht gesehen, was er gemacht hat?« Ich: »??« Er: »Kommen Sie mit, aber nun passen Sie besser auf!« Ich peilte mich also wieder an mein Dinnerjackett heran, er stand jetzt bei einem andern Tisch, nahm wieder den Rechen, verschob wieder einen Jeton, dabei mußte er sich über eine Dame beugen, die vor ihm saß und die ihre Jetons zu großen Säulen vor sich aufgebaut hatte. Das tun viele, wenn sie im Gewinn sind. Der Herr mit dem Rechen mußte sich richtig bemühen, nicht eine dieser Säulen umzustoßen. Er konnte es gar nicht verhindern, daß seine Hand mit dem Rechen eine der Säulen leicht berührte. Gottseidank stieß er sie nicht um, nur der oberste Jeton blieb an seinem Handballen hängen, oder besser ausgedrückt, er blieb kleben, denn dieser Handballen war mit Leim beschmiert. Jetzt wußte ich, warum er »der Leimer« war. Beim Verlassen des Tisches fuhr er sich elegant mit der Hand durch seine Frisur, die mit einer leimlösenden Flüssigkeit angereichert war, so daß, gegebenenfalls, kein Leimrückstand nachgewiesen werden konnte. Allzu weit durfte er vom Tisch nicht weggehen, denn es hätte ja sein können, daß der verschobene Jeton, der natürlich auch nicht ihm gehörte und auf einer Zahl lag, gewann. Dann wäre noch 36faches Geld dazu gekommen, das von niemandem reklamiert worden wäre, denn die Nummer hatte ja niemand gesetzt. Auf meine entsetzte Frage: »Warum wird der nicht verhaftet?« meinte mein Führer: »Alles zu

seiner Zeit, es gibt noch ein paar, die auf diese Tour reisen. Wir wollen sie alle haben.«

Als ich zwei Tage später wieder ins Casino kam, war mein Detektiv nicht da, ich fragte meine Mutter nach ihm. »Ach so der«, meinte sie lakonisch, »der ist gestern verhaftet worden, er war ein Leimer.« Ich habe ihn nie wiedergesehen.

Schule

Die Schule war furchtbar. Einfach schrecklich und gehört mit zu den Dingen, die ich verdrängt habe.
Ich habe auch nichts gelernt und bin richtig ungebildet, leider! Da ich kein Interesse an dynastischen Fragen hatte, war es mir schnurzegal, von wem Karl der Dicke abstammte und wer seine Nachfolger waren. Ich weiß heute noch immer nicht, wer Sissy war, obwohl mir meine Frau, die eine eifrige Leserin von »Film und Funk« ist, mir das schon hundertmal erklärt hat.
Die Lehrer waren aber auch von einer ungeheuren Dämlichkeit und sahen alle aus wie Jannings als Professor Unrat. Schon wenn man das Treppenhaus dieser gräßlichen Schule betrat, mußte man sich zurückhalten, um nicht über das Geländer zu springen. Noch heute verlasse ich die Autobahn bei Bozen, und schleiche mich in das »Reform-Real-Gymnasium«, um an Ort und Stelle ein Dankgebet zu verrichten, daß ich diesem Laden lebend entronnen bin. Dabei fällt mir ein kleines Erlebnis ein, das, glaube ich, typisch ist für die bigotte Verlogenheit dieses ganzen Unternehmens.
Da in Südtirol fast alles katholisch ist, bestand die Anordnung, daß alle katholischen Schüler, wozu auch ich gehörte, an den Exzerzitien teilzunehmen hatten, das hieß Beichte und Kommunion, und zwar viermal im Jahr, und –

nicht etwa freiwillig, sondern befohlen und kontrolliert, und damit ja keiner sich etwa drückte und so seinem Seelenheil unermeßlichen Schaden zufügte, ging das folgendermaßen vor sich:
Am Tage vor der Beichte mußte die ganze Schule an der Predigt teilnehmen, indem wir uns vor der Schule trafen und von dort in Zweierreihen durch die ganze Stadt geführt wurden, wie die Lämmer, um gemeinsam das Wort Gottes zu hören, und zwar in der wunderschönen Pfarrkirche am Waltherplatz, deren Schönheit mir erst bewußt wurde, als ich sie Jahrzehnte später als Tourist – freiwillig – bewundern durfte. Dann den ganzen Weg noch mal zurück in die Schule, wo die Beichtzettel verteilt wurden. Das waren Zettel mit dem Namen des Schülers, die jeder nach erfolgter Beichte im Beichtstuhl abzugeben hatte und die dann von allen Kirchen Bozens an die Schule zurückgeschickt wurden – zur Kontrolle. Am nächsten Tag erneutes Spießrutenlaufen zum Empfang der heiligen Kommunion. Und das alles geschah mit fast erwachsenen Menschen.
Es bedarf keiner Erklärung, daß mit solchen Praktiken kein gläubiger Jünger herangezogen werden konnte und sich die Opposition mächtig regte. Soviel ich mich erinnere, verfügte die Opposition über hundert Prozent, wo gibt's das schon? Wir gingen folgendermaßen vor:
Wir hatten einen Jungen, der leidenschaftlich rauchte (übrigens der Bruder von Lizzie). Der bekam von jedem eine Zigarette und den Beichtzettel, damit ging er von Kirche zur Kirche, von Beichtstuhl zu Beichtstuhl, hinterließ jedesmal einen Beichtzettel und war dann um dreißig Beichtzettel ärmer, aber um dreißig Zigaretten reicher. Einmal wäre das ganze Manöver beinahe aufgeflogen, und zwar meinetwegen. Es war gerade nach Empfang der Beichtzettel und nach erfolgter Weitergabe an Lizzies Bruder, der sie am nächsten Tag verteilten mußte.

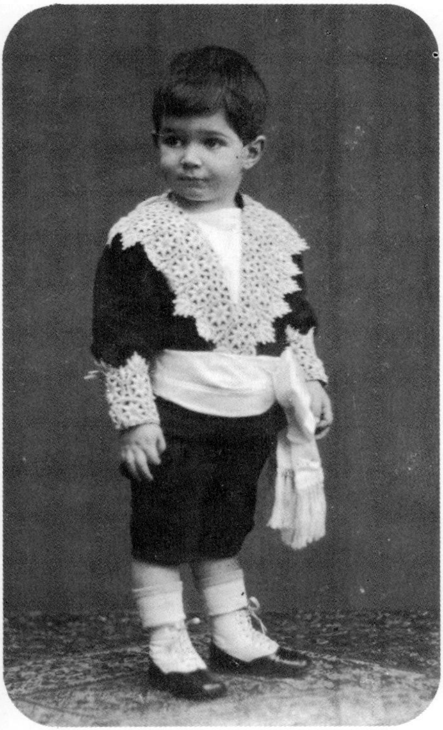

1–3 *Kamerascheu war ich schon damals nicht*

5 *Mama, la Grande Dame*

4 *Vater und Sohn*

6 *Der arme Vetter (rechts) mit seinen reichen Verwandten Tante Gisa und Vetter Max*

7 *Käthe Haack mit ihrer Tochter Hannelore Schroth vor ihrem Haus in Glienicke*

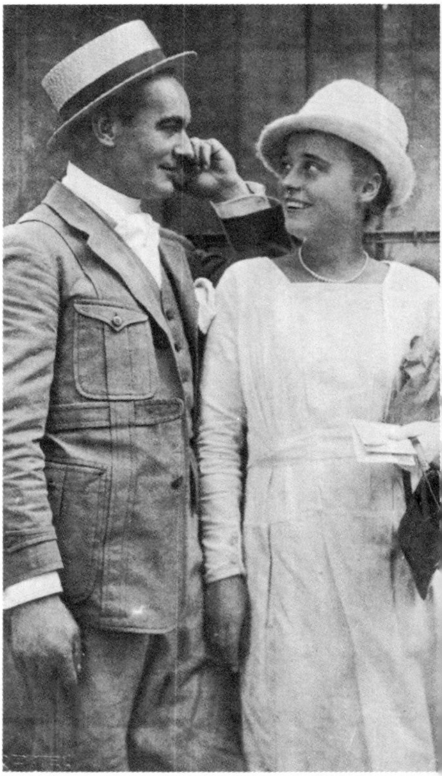

8 *Mein Vater Heinrich Schroth mit seiner Frau Käthe Haack*

Da bekam ich Fieber und wurde für acht Tage ins Bett geschickt und krank geschrieben. Das war sehr unangenehm, denn unser Junge war mit den Beichtzetteln schon unterwegs, und da er nichts von meiner Krankheit wußte, hätte er den Zettel natürlich abgegeben, wenn nicht ein Teil meiner Klasse, die noch benachrichtigt werden konnte, ausgeschwärmt wäre durch alle Kirchen Bozens und ihn noch rechtzeitig erwischt hätte.
Es wird viele geben, die das ganz unerhört finden, was wir da gemacht haben, und ich schlage mir auch an die Brust, erlaube mir aber gleichzeitig die Gegenfrage, was sich die Leute von der Schule oder von der Kirche oder woher auch immer diese Zwangsmaßnahmen kamen, eigentlich dabei gedacht haben.

Berufswahl 1919–1922

Von meiner Berufswahl muß ich erzählen, denn eine solche Möglichkeit hat nicht jeder gehabt.
Die Situation hatte sich inzwischen insofern verändert, als meine Tante, einem offenbar dringenden Bedürfnis nachgebend, noch mal geheiratet hat. Ihre Wahl fiel auf einen pensionierten ehemaligen Landgerichtsdirektor aus einem benachbarten Dorf, das mit Recht Niederdorf hieß.
Wir haßten uns gleich von Anfang an. Er war ein massiger Mann mit Basedowaugen, die bei Tisch eifrig beobachteten, daß ihm niemand was wegaß, angetan mit einem Vollbart, in dem immer die Spaghetti mit der Tomatensoße einen Kameradschaftsabend veranstalteten. Er schien mir über alle Maße körperlich zuwider. Auch hatte jedes Gespräch bei Tisch aufgehört, denn er führte als Patriarch den Vorsitz, und da niemand mehr aus Niederdorf ängstlich zu ihm aufblickte, glaubte er wohl, sein dominierendes, herrisches Wesen jetzt bei uns ausleben zu können.
Früher, als die Streitgespräche zwischen meiner Mutter und meiner Tante noch die Tafel würzten, da war noch was los. Jetzt herrschte bei Tisch Grabesruhe. Anfangs führte ich diese Stille auf die Wirkung seiner ungeheuren Persönlichkeit zurück, bis ich dann merkte, woher der Wind wehte. Meine Tante war es, die nicht mehr mit ihm sprach. Die junge Ehe war bereits gescheitert, ehe sie richtig angefan-

gen hatte. Er hat nämlich die unverzeihliche Dummheit begangen, bei meiner Tante den Versuch zu unternehmen, sie dazu zu bringen, daß sie ihr Testament zu seinen Gunsten ändern möge. Da Tante Gisa aber ihren Sohn sehr liebte, biß der Herr Landgerichtsdirektor in dieser Sache auf Granit. Und da unser Zimmer in der Nähe des Schlafzimmers der Jungvermählten lag und die Debatten sehr lautstark geführt wurden, waren wir sehr bald im Bilde.
Die Atmosphäre war also eisig. Irgendwelche Tischgespräche fanden nicht statt, und daher gab es auch keine Gespräche darüber, was denn nun nach dem Abitur eigentlich werden sollte.
Ich hätte eine ganze Anzahl von Möglichkeiten gesehen, denn ich bildete mir ein, die eine oder andere Begabung zu haben, natürlich nur zu künstlerischen Berufen. Aber die waren natürlich in den Augen meines Landgerichtsdirektors überhaupt keine Berufe. Schauspielerinnen waren Nutten, und bei dem Wort Maler sah er nur nackte Mädchen im Atelier.
Leider waren gerade dies die Begabungen, die ich in mir fühlte: Ein bißchen zum Maler, ein bißchen zum Schauspieler, ein bißchen zum Tänzer, ein bißchen zum Jongleur, ein bißchen zum Clown, ein bißchen zum Dirigenten (der ich am liebsten geworden wäre), ein bißchen, ein bißchen, ein bißchen. Alles eben nur ein bißchen und nichts richtig.
Und daß sich nur eine dieser Begabungen schließlich durchgesetzt hat, ist reiner Zufall. Die Schauspielerei war eben der erste Beruf, den auszuüben ich Gelegenheit fand. Wenn ich statt dessen zufällig zum Zirkus gekommen wäre, wäre ich vielleicht Artist geworden. Ein wenig habe ich mich in meinem späteren Leben schadlos gehalten, indem ich versucht habe, bei meinen Boulevardinszenierungen nach Möglichkeit eine Nummer einzubauen, die außerhalb der Schauspielerei lag.

Damals jedenfalls war von allem noch keine Rede, sondern es war selbstverständlich, daß nach dem Abitur das höhere Studium angestrebt wurde. An eine andere Möglichkeit war gar nicht zu denken.
Ich weiß heute noch nicht, warum sich bei mir damals kein Widerspruch regte. War es die Gutmütigkeit meines Vetters, die auf mich abfärbte, war es die jahrelang aufgestaute Unsicherheit, die jede Möglichkeit des Aufbegehrens im Keim erstickte, war es der Wunsch, den Weg des geringsten Widerstandes zu gehen oder war es einfach Angst vor dem Dorfrichter? Jedenfalls gab es keine Diskussion.
Es folgte ein Lebensabschnitt, in dem mir alles mißlang, in dem ich überhaupt nicht wußte, was ich auf dieser Welt zu suchen hatte. Das sollte noch fünf Jahre so gehen. Das Abitur war eine Farce, ich habe es bereits kurz beschrieben. Nach dem glanzvollen Abschluß desselben begab ich mich also nach München zum Studium, aber welchem, das war die Frage.
Wir hatten in Bozen auf dem Dachboden ein kleines chemisches Laboratorium eingerichtet, nicht weil wir ein so großes wissenschaftliches Interesse hatten, sondern weil es uns Spaß machte, mit Glasröhrchen zu spielen, Wasser zu destillieren oder aus Schwefel, Holzkohle und Salpeter Schießpulver zu fabrizieren. Das konnte man so schön über Spazierwege streuen und wenn man es geschickt abpaßte, schoß dem ahnungslosen Spaziergänger eine Stichflamme über seinen Weg. Es ist nicht zu glauben, und ich trau mich auch gar nicht, es niederzuschreiben, aber diese Erinnerung war es, die mich beschließen ließ: »Du wirst Chemiker.«
Also auf zur Universität! Dort erfuhr ich erst mal, daß ich dort völlig fehl am Platze war, ich mußte als Chemiker an die Technische Hochschule. Ich bitte mir bei dem folgenden zugute zu halten, daß ich vom Dorf zum ersten Mal in

eine Großstadt gekommen war und mich benahm wie Kaspar Hauser. Ich kannte auch niemanden, der mir hätte sagen können, du mußt das so und so machen. Ich konnte nicht mal richtig Straßenbahn fahren.
Ich kam also zur Technischen Hochschule und war schon verloren; denn wovon sah ich mich umringt? Von lauter Menschen mit bunten Mützen und bunten Bändern quer über der Brust. Gräßliche Erinnerungen stiegen in mir auf. Mitschüler in Bozen hatten mir einreden wollen, daß für das Weiterkommen in einem akademischen Beruf es von großem Vorteil, ja geradezu lebenswichtig sei, einer Studentenverbindung beizutreten. Die spätere Unterstützung durch die alten Herren derselben Verbindung war einem gewiß. Da ich jede Art von Männerversammlung schon immer gräßlich fand (ich habe auch nie einem Stammtisch angehört), hat mich ein Mitschüler mal hingezerrt, damit ich auf den Geschmack kommen sollte.
Es war natürlich ein erfolgloses Unterfangen. Aus meiner Sicht handelte es sich um eine schwachsinnige Veranstaltung. An langen Holztischen saßen buntangetane junge Herren mit Schmissen, auf die sie offenbar recht stolz waren, und jeder hatte einen Humpen Bier vor sich. Von Zeit zu Zeit ermunterte der eine oder andere den einen oder anderen zum gemeinsamen Trunke. »Erlaube mir, mit einem bedeutenden Fetzen zuvorzukommen, verehrte Lieben miteingeschlossen.« Der also Angesprochene muß dann mit einem bedeutenden Fetzen nachkommen und einen ähnlich kindischen Satz sagen, und wenn jemand zu »Ex« auffordert, muß der Aufgeforderte auch »Ex« trinken, bis ihm der Gerstensaft aus sämtlichen Öffnungen wieder herauskommt, und so sieht das Schlachtfeld auch hinterher aus. Das Ganze erschien mir im höchsten Grade unappetitlich und weiter gar nichts. Der Gedanke, in dieser Umgebung die nächsten Jahre zubringen zu müssen, entsetzte

mich derart, daß ich augenblicklich den Rückwärtsgang einschaltete. Nach vorsichtigen Erkundigungen, welches wohl das kürzeste Studium wäre, beschloß ich also, Jura zu studieren.
Tatsächlich war auf der Universität mehr Zivilbevölkerung anzutreffen, auch die Fragebögen waren verständlicher. Ich war also plötzlich in den Reihen zukünftiger Juristen. Zum Besuch einer Vorlesung ist es allerdings nicht gekommen, denn bevor ich mich da hineinstürzte, erfuhr ich, daß just in diesem Jahr (1920) eine neue Fakultät entstanden war, in der man auch den Doktor machen konnte. Und auf den Doktor kam es doch zu Hause in erster Linie an! Das theaterwissenschaftliche Seminar war gerade rechtzeitig ins Leben gerufen worden, und auf einmal wußte ich, welche Vorlesungen ich besuchen würde. Der Einfachheit halber blieb ich an der juristischen Fakultät immatrikuliert, aber Hörer wurde ich bei Professor Kutscher.
Kutscher hatte eine sehr aufgelockerte Art, die sich beträchtlich von dem gewohnten Universitätsstil unterschied, der bisher vorgeherrscht hatte. Er wurde zwar von seinen Kollegen nicht ganz ernst genommen, aber von seinen Schülern geliebt. Eine seiner hervorragendsten Ideen waren die Donnerstagsabende. Jeden Donnerstag also trafen wir uns abends in einer Kneipe, und er brachte es fertig, zu jedem dieser Abende irgendeinen bekannten Dichter zu bitten, der erst etwas von sich vorlas und dann den Abend mit uns verbrachte. So hatten wir Thomas Mann, Heinrich Mann, Max Halbe, Lion Feuchtwanger, Franz Werfel und viele andere bei uns zu Gast und – last not least meinen schon damals heißgeliebten Alfred Polgar. Ich bewunderte ihn wegen seiner Fähigkeit, fern jeder Geschwätzigkeit alles auf die kürzeste Form zu bringen, jedes überflüssige Wort zu vermeiden, und auch wegen seiner Güte, die er als Theaterkritiker an den Tag legte.

Selbst wenn er ein Stück verreißen mußte, wickelte er den Verriß in Seidenpapier. So schrieb er zum Beispiel über ein Boulevardlustspiel, das er arm an Pointen fand, folgenden Satz: »Der Dichter nahm seinen Korb aus geflochtenem Dialog, stellte sich damit unter den Pointenbaum und schüttelte, worauf nichts herunterfiel, und der Dichter, seiner Ernte froh, nach Hause kehrte.«
Das muß einem erst mal einfallen. Er hätte auch schreiben können: »Das Stück ist witzlos.« Aber so was tat er nicht. Unsere jungen Herren Kritiker sollten mehr Polgar lesen.
Also diese Donnerstage waren für junge Menschen, die sich für Literatur interessierten, natürlich unbezahlbar und mehr wert, als viele, viele hochgelehrte Vorlesungen. Dann veranstaltete er Theateraufführungen alter griechischer Stücke, Euripides und so. Bei einer dieser Aufführungen habe ich meine Lehre in Disziplin für mein ganzes Leben bekommen. Ich hatte sehr lange an einer Stelle zu stehen und einen Monolog zu halten. Das fand im Garten des Nymphenburger Schlosses statt, und ich war nur angetan mit einem Lendenschurz aus Fell und sonst nichts, auch keinen Schuhen. Unglücklicherweise stand ich mitten in einem Erdwespennest, was ich aber erst merkte, als die Wespen zum Angriff übergingen. Trotzdem führte ich meinen Monolog zu Ende und harrte tapfer bis zu meinem Abgang aus, um dann mit acht oder neun Wespenstichen zusammenzubrechen. Aber in dieser halben Stunde habe ich gelernt, daß man Privates nicht auf die Bühne tragen darf, und auch später war mir jede Disziplinlosigkeit auf der Bühne unverständlich und ist mir heute noch unerträglich.
Das war die Zeit, in der meine Berufswahl eigentlich stattfand. Ich bin dann zu Professor Kutscher gegangen und habe ihm gesagt, daß ich ganz gerne zum Theater möchte. Er hörte sich das wohlwollend an und meinte dann, das

könnte ich ja alles tun, nur sollte ich nicht versäumen, vorher den Doktor zu machen. Denn wenn das mit der Schauspielerei ein unrühmliches frühes Ende nehmen sollte, hätte ich immer noch was in der Hand. Aus seiner Sicht hatte er natürlich völlig recht. Ich hörte ihm auch widerspruchslos zu, wohl wissend, daß der weise Rat bei der ersten Gelegenheit in den Wind geschlagen würde. Ich wurde also kein Doktor, aber mir sind im Laufe der Zeit manche Doktoren der Theaterwissenschaft über den Weg gelaufen, und ich war jedesmal froh, daß ich keiner geworden war.

Und wenn ich auch die gutgemeinten Ratschläge nicht befolgt habe, so waren doch die Bekanntschaft mit Kutscher, die Donnerstagabende, die Theatervorstellungen und auch der Vorfall mit den Wespen Erlebnisse und Begegnungen, die meinem Selbstbewußtsein gut getan haben. Sie waren ein kleines Licht am Horizont. Leider wurde es, kaum hatte es zu flackern begonnen, wieder ausgeblasen – von zarter Hand.

Lizzie

Ich komme nicht darum herum. Gerade dieses Erlebnis wollte ich nie beschreiben, denn es ist das dunkelste Kapitel meines Lebens. Ich habe es verdrängt, habe nie mit einem Menschen darüber gesprochen, und auch meine Frau erfährt es erst durch dieses Buch.

Also sie hieß Lizzie und war das schönste Mädchen von Bozen. Nicht nur für mich, ich glaube, sie war es wirklich. Sie gehörte einer wenig begüterten Familie mit einem sizilianischen Namen an, war daher in der guten Gesellschaft von Bozen nicht sehr gut gelitten, wurde immer so ein bißchen von der Seite angesehen. Wahrscheinlich, weil sie wirklich die Hübscheste war. Ich jedenfalls war ihr verfallen mit Haut und Haaren, mit anderen Worten, sie war meine wirkliche große erste Liebe. Das Gymnasium, von dem ich schon vorher wenig Gebrauch gemacht hatte, war nun völlig abgemeldet.

Im Winter gingen wir zusammen eislaufen, im Sommer gingen wir zusammen Milch holen. Sie war eine gute Eisläuferin, ich hingegen hatte keine Ahnung davon. Also ging ich eines Nachts zu einem verlassenen Teich und lernte es heimlich. Lernte es wirklich. Mit Bogen und richtig wie die Fortgeschrittenen. In dieser Nacht habe ich noch etwas gelernt.

Ich habe gelernt, daß man alles kann, wenn man es wirklich

will. Ich habe in meinem Leben später die aussichtslosesten Sachen erreicht, nur weil ich es unbedingt wollte. Wenn ich es nicht unbedingt wollte, habe ich es nicht geschafft. Wer lernt schon in einer Nacht ganz allein Schlittschuhlaufen und zwar gut Schlittschuhlaufen? Das war so ein Test wie später mit den Wespen.

Also, wir wurden unzertrennlich, was sehr ungern gesehen wurde, sowohl von meiner Tante als auch von ihrer Mutter, die mit ihrer Tochter ganz andere Pläne hatte. Sie sollte einen Adeligen heiraten. Ich habe ihn einmal gesehen. Er kam mir etwas dümmlich vor, aber ich bin ja da parteiisch. Daher unsere heimlichen Treffen beim Milchholen. Sie mußte die Milch für die Familie beim Bauern holen. Sie wohnte an der Peripherie von Bozen. Der Weg zum Bauern war gottseidank ziemlich weit und führte durch die Obst- und Weingärten der Umgebung, die es heute nicht mehr gibt. Im Frühling ein Paradies, und ein Paradies für uns, auch wenn nichts blühte.

Daß alle Außenstehenden die ganze Sache verrückt fanden, kann ich heute sehr gut verstehen. Was war ich denn, ein Pennäler ohne irgendwelche Aussichten, der einem Mädchen im heiratsfähigen Alter (sie war zwei Jahre älter als ich) durch sein auffälliges Umsieherumgehopse ihren Ruf und womöglich ihre Zukunft verderben konnte. Unfähig zu solchen Überlegungen gab es für mich nichts anderes mehr als Lizzie.

Und nach dem Abitur, als ich schon in München lebte, fuhr ich jeden Samstagabend nach Bozen zum Milchholen. Man fuhr ungefähr acht Stunden, also die ganze Nacht. Deshalb so lang, weil es damals noch die 4. Klasse gab, das waren eigentlich Güterwagen, die an den beiden Längsseiten mit je einer langen Bank versehen waren, auf denen Menschen sitzen konnten; der übrige Platz war frei für Fahrräder, Obstkarren – oder auch für ein paar Kühe. Er hielt natürlich

in jedem Nest, aber was machte mir das, ich fuhr zu Lizzie und war glücklich.
Glücklich war ich auch an jenem Tag im Sommer, ich glaube, es war Anfang Juni, denn das Wetter war herrlich. Ich stieg aus meinem Viehwagen, und Bozen hatte sein schönstes Sommerkleid angelegt. Es gibt so Tage, an denen alles zu jubilieren scheint, ein blauer Himmel, die Vögel zwitscherten. Es lag in der Luft eine solche Fröhlichkeit, die mich eigentlich hätte stutzig machen müssen.
Ich ging also vom Bahnhof in Richtung Waltherplatz, den es so heute auch nicht mehr gibt, und vielleicht hüpfte ich auch, es paßte alles zusammen, das Wetter, die zwitschernden Vögel, die gute Laune der Menschen und auch die feierlich hergerichtete Hochzeitskutsche, die gerade hinter der nahegelegenen Pfarrkirche, von zwei Schimmeln gezogen, hervorkam. Auch die Schimmel waren fröhlich.
Lauter fröhliche Menschen liefen also durch die Gegend, und ich verlangsamte meine Schritte ein bißchen, denn ich wollte dem Brautpaar gerne zuwinken. Als ob die Pferde mir meine Absicht erleichtern wollten, überquerten sie die Straße, kamen direkt auf mich zu. Ich wunderte mich ein bißchen, drehte mich instinktiv um und sah, daß ich vor dem Eingang eines sehr bekannten Nobelrestaurants stand, bekannt für seine stilvollen Hochzeitsessen. Ich war also nicht das Ziel der Kutsche gewesen. Ich drehte mich also wieder um, um dem Brautpaar meine Wünsche zuzurufen, öffnete den Mund, kam aber nicht mehr dazu, ihn zu schließen, denn die Braut war Lizzie.
Ich nehme es niemandem übel, der mir die Geschichte nicht glaubt. Sie ist aber wahr, und ich schwöre es. Warum sollte ich eine Sache erfinden, die auch noch blamabel für mich endet. Es war Lizzie im weißen Kleid mit Schleier und Kranz. Die Kutsche war stehengeblieben. Wir standen keine zwei Meter voneinander entfernt. Ich machte meinen

Mund wieder langsam zu, und ich glaube, meiner Brust entrang sich ein Schrei »Lizzie!?«
Inzwischen hatten sich Leute angesammelt, und es entstand ein kleiner Auflauf, eine Situation, wie ich sie nie wieder erleben möchte. Da dieses lebende Bild nicht ewig so stehen bleiben konnte, tat der Bräutigam das einzige, was er in der Situation tun konnte, er stand auf, verließ die Kutsche, ging auf den völlig paralysiert dastehenden Jüngling zu – und schmierte ihm eine. Ich war nicht mehr fähig, irgendeinen Gedanken zu fassen. Erst die Entdeckung mit Lizzie, dann die Schande der Ohrfeige, die in meinen Ohren bis Verona zu hören war, lauter Menschen, die zusahen, und kein Mauseloch in der Nähe. Ich rannte so schnell ich konnte in die nächste Haustüre, die Treppe hinauf bis in den vierten Stock. Die Tür ließ sich öffnen, und ich befand mich auf einem großen Dachboden, der mit einer Anzahl Betten möbliert war, wie bei Schneewittchen. Wahrscheinlich war es der Aufenthalts- und Schlafraum des Restaurantpersonals, das jetzt beim Hochzeitsschmaus bediente. Gottseidank war niemand da, der mich hätte sehen können. Ich rannte in die äußerste Ecke, setzte mich auf einen von den Balken, die das Dach hielten, und beschloß da sitzen zu bleiben, bis die Dunkelheit hereingebrochen sein würde und ich unerkannt den Bahnhof erreichen konnte, um Bozen nie wieder zu betreten. Da es Sommer war, wußte ich, daß ich mindestens acht Stunden auf diesem Balken würde sitzen müssen, aber es war mir egal, mir war alles egal.
Unangenehm wäre es gewesen, wenn ich entdeckt und als Einbrecher noch zusätzlich auf die Polizei geschleppt worden wäre, zu meiner augenblicklichen Situation hätte das eigentlich noch gepaßt. Aber obwohl gelegentlich mal jemand kam und sein Hemd wechselte (es waren tatsächlich Kellner, ich hätte ihnen eigentlich Grüße auftragen

können), bemerkte mich niemand. Ich hatte also Zeit, mich auf meinem Balken mit der Situation abzufinden. Die ersten Stunden war ich nicht einmal fähig, irgendeinen Gedanken zu fassen. Dann fing ich langsam an, mich etwas zu fragen, was ich bis heute nicht begreife. Warum hat sie mich dieser Situation ausgesetzt? Gewiß, dieses Zusammentreffen konnte niemand ahnen, aber sie hat doch gewußt, daß ich nach Bozen komme. Es wäre doch leicht gewesen, ein Telegramm zu schicken: »Bitte nicht kommen, muß mal eben heiraten« oder so ähnlich.
Diese Frage ist unbeantwortet geblieben, bis zum heutigen Tage. Ich habe nur eine Erklärung: sie hat das alles gar nicht ernst genommen. Sie hat gar nicht gewußt, was mit mir los war. Es ist die einzige Erklärung, die bleibt.
Dieser Tag war für mich so etwas, was Stefan Zweig eine Sternstunde nennt. In dem Sinn, daß er mein ganzes weiteres Leben bestimmte. Als ich da auf meinem Balken saß, hatte ich einige Male das Bedürfnis in die Tiefe zu springen, aber da ich nie ein besonders mutiger Mensch war, war ich auch dazu zu feige. Ich saß also unbeweglich da, bis es dunkel wurde, schlich mich dann hinaus, wankte zum Bahnhof, setzte mich auf dem Bahnsteig auf eine Bank, um auf den Zug nach München zu warten, sah wie er einfuhr, sah die Leute aus- und einsteigen, sah den Zug wieder abfahren, und da fiel mir ein, daß ich ja eigentlich hätte einsteigen sollen. Ich hatte es vergessen. Ich hatte überhaupt alles um mich herum vergessen. Es war ja auch ganz egal. Ich konnte ja auch den nächsten Zug nehmen oder den übernächsten oder einfach hier sitzenbleiben. Es war ja alles egal.
Jedenfalls muß ich irgendeinen Zug genommen haben, denn ich fand mich in München wieder und begann sofort mit dem Abbruch aller Brücken nach Bozen. Meiner Tante schrieb ich, daß ich in diesen Sommerferien leider nicht

nach Bozen kommen könnte. Ich hätte durch Zufall ein Engagement gefunden. Man hatte sich inzwischen mit meinem Theaterwunsch abgefunden. Das mit dem Engagement war natürlich gelogen, ich wollte nur nie mehr in die Nähe der Stätte meiner Schmach und Menschen begegnen, die von dem Vorfall wußten und denen gegenüber ich mich als lächerliche Figur fühlte.

Schauspielschule

Der Sommer war grauenvoll, alles in den Sommerferien, nur ich ganz allein in München. Dauernd sah ich Lizzie um eine Hausecke biegen. Sie hatte immer so einen schwarzen Hut mit was Gelbem drauf getragen, den ich sehr liebte. Überall sah ich diesen verdammten Hut und ich dachte immer, da kommt sie! Es war keine Halluzination, das mit dem Hut, aber wahrscheinlich war das damals Mode, und jedes weibliche Wesen trug so einen Hut. Ich wußte nicht, wo ich hingehen sollte. Der Englische Garten war voll von Pärchen, nur ich hatte niemanden und war der einsamste Mensch der Welt.

Aber ich habe es tatsächlich geschafft, habe jahrelang weder Bozen noch meine Familie wiedergesehen. Es war keineswegs leicht, weder menschlich, noch wirtschaftlich gesehen, aber auch hier war es der unbeugsame Wille, der es mich schaffen ließ. Ich wollte niemanden von früher mehr sehen. Ich wollte nicht! Ich wollte nicht! Ich wollte auch nicht, daß sie mit Fingern auf mich zeigen, und erst nach fünf Jahren habe ich zum erstenmal wieder meinen Fuß vorsichtig auf Bozener Boden gesetzt und auch da beschlich mich noch das sonderbare Gefühl, es würde gleich ein schwarzer Hut mit was Gelbem drauf um die Ecke biegen.

Dann hatte ich auch noch großes Pech mit meinem

möblierten Zimmer. Die Pension, in der ich gewohnt hatte, mußte ich aufgeben, denn mit meinem unvorsichtigen Gerede vom Engagement hatte ich auch auf meinen Wechsel verzichtet. Mein Zimmer, mein möbliertes, war insofern ganz komfortabel, es verfügte nicht nur über ein Bett, es hatte auch ein Sofa, und das war äußerst notwendig, denn nach einer Viertelstunde Bettliegen kamen die Wanzen, angezogen durch die Wärme, dann mußte ich einen Platzwechsel auf das Sofa vornehmen – auch für eine Viertelstunde –, denn dann hatten sie das spitzgekriegt, inzwischen war das Bett abgekühlt, und so brachten die Tierchen in meine Nächte eine gewisse Kurzweil. Wirtschaftlich gesehen hatte ich auch noch Glück, indem zu dieser Zeit in Geiselgasteig ein Film gedreht wurde – »Nathan der Weise«, und da wurden laut Anschlag auf der Uni ein paar hundert Studenten als Statisten gesucht. Es war kein Honiglecken, dieser Job.

Es war einer der heißesten Sommer, und wir wurden hineingesteckt in eiserne Rüstungen, und die Aufnahmeleiter behandelten uns außerdem wie den letzten Dreck. Der Film wurde von einer Berliner Firma gedreht, und seitdem habe ich eine Allergie gegen Berliner Aufnahmeleiter-Töne. Wenn ich einen höre, der anfängt herumzuschreien, brennt bei mir die Sicherung durch, und ich habe später, als ich es mir leisten konnte, manche Mäuler gestopft.

Gegessen habe ich, wenn ich nicht gerade Komparserie machte, in der Volksküche in der Schellingstraße. Vor dem Lokal stand eine Schiefertafel; darauf war mit Kreide die Speisekarte geschrieben – meistens »Linsensuppe ohne: 20 Pfg. – Linsensuppe mit: 30 Pfg.«. Das ›mit‹ waren drei Stück von einer Wurst heruntergeschnitten. Man nahm eine von den Blechschüsseln, die herumstanden, ging damit an einen Schalter, reichte die Schüssel plus 20 resp. 30 Pf. hinein, bekam die mit dem Menü gefüllte Schüssel zurück und setzte sich an einen langen Tisch. Im Abstand von 1,50 m ungefähr hingen an der Tischkante drei dünne Kettchen; an jedem dieser Kettchen waren je 1 Löffel, 1 Gabel und 1 Messer befestigt – konnten also nicht geklaut werden. Nach dem Mahle hatte man die benutzten Requisiten auf den Tisch zu legen, von Zeit zu Zeit ging jemand mit einem Eimer vorbei und schwenkte die Sachen ein bißchen im Wasser – von wegen der Hygiene – und ließ sie wieder hängen für den nächsten. Das war nicht so schlimm, denn wichtig war nur, daß der Löffel einigermaßen sauber war. Messer und Gabel waren mehr zur Schau, denn es gab ausschließlich Linsensuppe.

In meinem Wanzenzimmer hatte ich dann noch etwas vergammelte Margarine im Fensterbrett liegen – warum gerade dort, das weiß ich nicht, denn es war doch Sommer. Daß diese Situation den Gedanken in mir immer stärker werden ließ, daß es so nicht weitergehen könne, wird man verstehen, aber vorläufig war gar keine Aussicht auf irgendeine Änderung. Ich kannte niemanden, schloß mich an niemanden an, war gehemmt, hatte keinerlei Begabung, die irgend jemand hätte bemerken können – mit einem Wort: ich war im höchsten Grade überflüssig.

Aber irgendein Instinkt muß mich doch geleitet haben, ich hatte nämlich ein junges Mädchen kennengelernt, die war Kassiererin an den Münchener Kammerspielen, damals in der Augustenstraße, und die konnte ich überreden, jeden Morgen, wenn ich mich an der Tageskasse vorbei ins Theater schlich, wegzugucken, denn es durfte natürlich kein Unbefugter – und ich war im höchsten Grade unbefugt – vormittags ins Theater.

Es war reines Mitleid von ihr, denn für irgendwelche Beziehungen war ich viel zu ›Lizzie-geschädigt‹. Also, zwischen der letzten und vorletzten Reihe hockte ich mich auf den Fußboden, damit man mich nicht sah.

Es war eine etwas unbequeme Schauspielschule, aber es muß auf mich einen ungeheuren Eindruck gemacht haben, denn ich weiß heute noch ganze Probenabläufe – heute noch nach 65 Jahren! Regisseur war meistens der ganz ausgezeichnete Forster-Larrinaga, von dem heute kein Mensch mehr etwas weiß – sehr zu Unrecht, und spielen tat meistens ein Fräulein Elisabeth Bergner, von dem man später viel hörte – sehr zu Recht.

Da in vielen Stücken, besonders in klassischen, immer eine ganze Menge junger Leute herumstanden als Diener, als Wachen oder so, und ich wußte, daß diese Schauspielschüler waren, die bei Falckenberg, so hieß der Direktor, als Eleven engagiert waren, und ich mir dachte, das, was die machen, kannst du doch eigentlich auch, faßte ich mir dann eines Tages ein Herz und drang in das Büro vor. Aber nicht bis zu Falckenberg – Gott behüte! –, sondern nur zu seinem geschäftlichen Direktor, der Bing hieß. Der hörte mich an und sagte darauf folgenden Satz: »Schauen Sie, Sie sind so klein und Sie sind so mies und lispeln tun Sie auch noch – was wollen Sie beim Theater?« Damit war ich wieder draußen.

Das Dumme an der Sache war, daß der Mann recht hatte, denn eines Tages habe ich doch ein Mitglied der Kammerspiele, ein prominentes Mitglied, überreden können, mir ein paar Stunden zu geben. Der Kollege hieß – damals war er noch kein Kollege – er hieß Arnold Marlé und hatte eine rechte Not mit mir. Ich habe nur drei oder vier Stunden gehabt, denn da gerade bekam ich mein erstes Engagement und fuhr aus München weg.

Ich erwähne die Sache auch nur, weil ich Jahre später in Hamburg jenen Kollegen wiedertraf. Ich hatte inzwischen schon eine kleine Karriere gemacht und da erzählte mir Marlé, daß er damals verzweifelt war und nicht wußte, wie er mich von dem unseligen Gedanken abbringen könnte, diesen Beruf zu ergreifen, denn ich hatte alles gehabt, was ein Mensch haben kann, um nicht zum Theater zu gehen. Ich war klein und unscheinbar, habe gelispelt und hatte, wie er sich ausdrückte, ein Organ wie ein zerbrochener Nachttopf.

Nun, das Organ habe ich immer noch, es hat mir nicht geschadet, und lispeln tue ich auch noch, ich kann es nur manchmal ganz geschickt kaschieren, aber wer Ohren hat zu hören, der hört es.

Ich erzähle das so ausführlich, weil ich vielleicht damit Mut machen kann, besonders wenn sich bei einem jungen Menschen nicht gleich alle Türen öffnen. Überwundene Hindernisse sind manchmal besser, als gar keine, und in einer Rolle, die man schwer in den Griff kriegt, ist man meistens besser als in einer, die man aus der Westentasche spielt. Drum merke: »Keine Angst vor schlechten Zeiten, das Pendel schlägt nach *beiden* Seiten.«

Frankfurt an der Oder 1922

Alles geht einmal zu Ende, und eines Tages geschah ein Wunder. Ich bekam einen Brief von meinem Vater, in dem er meinte, wenn ich es denn schon nicht lassen könnte und ich unbedingt diesen idiotischen Beruf ergreifen wollte, dann sollte ich doch mal an einen Herrn Heinz Sailer schreiben, der wäre gerade Intendant in Frankfurt an der Oder geworden und wäre wahrscheinlich gerade dabei, ein ganzes Ensemble neu zusammenzustellen und vielleicht … und so weiter und so weiter.

Ich habe natürlich sofort dorthin geschrieben und bekam postwendend einen Vertrag für die Spielzeit 1924 als »erster jugendlicher Komiker«. Das war für einen absoluten Anfänger eine ungeheure Sache und eigentlich völlig unüblich. Hier hat mein Vater etwas Großartiges für mich getan und wenn er sich auch sonst nicht um mich gekümmert hat, muß ich ihm danken. Protektion? Gewiß! Aber Protektion ist ja in unserem Beruf nur möglich bis zum Start, ab da mußt du dir selbst weiterhelfen, denn nur das, was du am Abend, wenn die Lichter brennen, ablieferst, das gilt! Wenn der »Lappen« erst mal hochgegangen ist, dann hilft dir keine Protektion mehr.

Das Risiko für den Intendanten war übrigens nicht so groß, denn wenn ich versagt hätte, wäre es wohl schlimm gewesen, aber mehr für mich als für ihn, denn damals gab

es noch den Probemonat. Dazu muß ich erklären, was ein Probemonat ist oder vielmehr war, denn diese Einrichtung gibt es Gottseidank nicht mehr.
Wenn also ein Theaterdirektor die Saison begann, hatte er das Recht, einen engagierten Schauspieler nach einem Monat wieder zu entlassen. Man stelle sich das bloß mal vor, du wirst engagiert, ziehst mit Sack und Pack nach Frankfurt an der Oder oder sonstwohin und stehst nach einem Monat wieder im Freien. Kriegst natürlich für den Rest der Spielzeit nichts mehr. Welch eine Macht liegt da in den Händen des Direktors! Der kann sich von jedem Fach, damals gab es noch Fächer, zwei oder drei engagieren, zwei erste Helden, drei Salondamen, wohl wissend, daß er von jedem Fach nur einen oder eine behalten wird. Und wer dann im ersten Monat eine Lippe riskiert oder sonst irgendwie nicht brav ist, fliegt raus. Zivilcourage wurde klein geschrieben, das erzog natürlich zum Duckmäusertum, das sich noch lange nach Abschaffung dieses Sklavenparagraphen in unserem Beruf erhalten hat. Von der Situation der weiblichen Mitglieder wollen wir gar nicht reden.
Aber was scherte mich damals der Probemonat, ich konnte meine Koffer, oder besser gesagt meinen Koffer packen und ade München, ade Kutscher, ade Doktor der Theaterwissenschaft und hoffentlich auch ade Lizzie.
Frankfurt an der Oder war entzückend, das Stadttheater, so wie man sich ein Stadttheater in einer kleinen Stadt vorstellt, allein in einem Park gelegen – reizend. Die Kollegen alles junge Leute, wenn auch älter als ich, sie spielten ja auch andere Fächer, aber im Prinzip ein junges Ensemble, der Intendant ein Schatz. Er war mir vom ersten Augenblick an sympathisch und hatte unsere Herzen sofort gewonnen, als er uns in seiner Begrüßungsansprache mitteilte, daß er von seinem Recht, mehrere Leute desselben Faches zu

engagieren und dann auszuwechseln, keinen Gebrauch zu machen gedenke. Er hätte soviel Vertrauen in uns, daß wir es schon schaffen würden, und er würde den Probemonat für eine unmoralische Einrichtung halten. Daß man für den Mann durchs Feuer gehen mußte, war doch klar. Mich nahm er beiseite und sagte: »Hören Sie, Sie sind Anfänger, das muß aber bitte niemand wissen, ich habe es niemandem gesagt, und Sie tun auch gut daran so aufzutreten, daß es keiner merkt.« Das war nun leichter gesagt als getan, und ich kriegte erst mal einen großen Schreck. Ich, der ich bis jetzt ohne Selbstbewußtsein durchs Leben gegangen war, sollte mich von heute auf morgen völlig ändern. Es war ein Schock, aber ein heilsamer Schock.

Ich kam auf die erste Probe, es war der »Schüler« im »Faust«, und benahm mich, wie ich es von der letzten Reihe der Kammerspiele vom Fußboden aus beobachtet hatte, und keiner hat bemerkt, wie mir das Herz bis zum Hals schlug. Ich muß es also ganz gut gemacht haben. Sailer, unser Intendant, spielte den Mephisto, und merkwürdigerweise mußte ich immer, wenn ich ihm zusah, an meinen Vater denken, ich wußte nicht warum.

Ich spielte eine herrliche Rolle nach der anderen. Ob das immer so gut war, möchte ich bezweifeln, aber München und die Uni und die Volksküche begannen zu verblassen, nur Lizzie flackerte noch ein wenig am Horizont, und die mußte auch noch weg. Und zu diesem Zweck begann ich meine eigene Therapie zu entwickeln. Ich schmiß meine Hemmungen über Bord, und zwar gleich alle und zwar gleich so, daß aus dem kleinen zitternden Fischlein ein Hecht wurde, und zwar ein Hecht im Karpfenteich.

Ich muß zugeben, es begann eine Zeite, in der keine, die einen Rock trug, vor mir sicher war, und ich muß zugeben, daß diese Zeit über Gebühr lange gedauert hat. Und einmal

auf den Geschmack gekommen, habe ich natürlich gar nicht daran gedacht, die Sache wieder aufzugeben, ich berauschte mich erst mal an den Erfolgen.
Heute weiß ich, daß diese Erfolge nicht etwa meiner ungeheuren erotischen Ausstrahlung zu verdanken waren, sondern es verhält sich folgendermaßen: Erfolge geben Mut und Siegeszuversicht und wenn ein Mann mit einer solchen Siegeszuversicht ausgestattet ist, bildet sich um ihn ein Magnetfeld, und diesem Magnetfeld hat er zu verdanken, daß die Sache so gut läuft. Was er seiner Unwiderstehlichkeit zuschreibt, ist nichts weiter als ein medizinisch-physikalisches Phänomen.
Ich hatte natürlich damals weder Zeit, noch Lust, noch Hirn, die Sache selbstkritisch zu betrachten, sondern berauschte mich an den Erfolgen, außerdem schob ich alles auf Lizzie. Die Sache hat sich dann leider zu einem Sport ausgeweitet, der mir noch viel Kummer bereiten sollte, denn es gab manche Dame, die das nicht gerne mitansah, und sie hat sich teils gerächt, teils verflüchtigt. Ich kann ihnen das nicht übelnehmen, aber es war nicht meine Schuld, Schuld war eben Lizzie.
Dieses erste Engagement in Frankfurt an der Oder war also auf der ganzen Linie ein Erfolg. Zwei Stücke sind mir in besonderer Erinnerung, das eine war die »Verschwörung des Fiesko zu Genua« von Schiller, in dem ich den Mulai Hassan spielen durfte, das andere war »Peterchens Mondfahrt«, in dem ich Peterchen war.
Zwei recht verschiedene Stücke und zwei recht verschiedene Erlebnisse. Im ersten Fall hatte ich mir zurechtgelegt, den Mohren in Fiesko nur mit einem Lendenschurz bekleidet, also fast nackt und braun angemalt zu spielen und sehr viel herumzuturnen, ein bißchen so, wie man eigentlich sonst den Puck im »Sommernachtstraum« spielt. Ob das richtig war, möchte ich heute nicht untersuchen, jedenfalls

kam die Wirkung in diesem Fall von der Bewegung, wenn sie überhaupt kam.

Ich erzähle von dieser ausgefallenen Kostümierung so ausführlich, um den Kritiker zu entschuldigen, der am nächsten Tag eine Kritik über den Mulai Hassan schrieb, den Heinz Sailer spielte. Er hatte, leichtfertig wie sie ja meistens sind, kein Programmheft gelesen, weil er sich, nicht ohne eine gewisse Berechtigung sagte: ›Ich kenn doch sowieso alle, was brauch' ich ein Programmheft.‹

Er hatte mich also für Sailer gehalten, aber warum? Es müssen die Bewegungen gewesen sein, und so war es auch. Freunde und Bekannte bestätigten mir, daß sie alle, als sie mich da herumhüpfen sahen (vom Gesicht war nicht viel zu sehen, und dunkel ist es auch meistens im Fiesko), eine solche Ähnlichkeit mit unserem Intendanten feststellten, daß auch sie dieser Verwechslung erlegen wären.

Jetzt hätte ich eigentlich hellhörig werden müssen, aber ich war zu naiv. Erst später, als das Engagement längst der Vergangenheit angehörte, klärte mich eine Tante, also eine Schwester meines Vaters, dahingehend auf, daß es sich bei meinem geliebten Intendanten um einen unehelichen Sohn meines Vaters, also um meinen Halbbruder gehandelt hat. Er wußte es natürlich und wollte meinem Vater, oder vielmehr seinem Vater, den Gefallen mit dem jungen Anfänger tun. Er ist ja auch nicht schlecht damit gefahren, aber das konnte er nicht wissen. Das Risiko ist er immerhin eingegangen, und das muß ich ihm danken, wie ich ihm überhaupt viel zu verdanken habe.

Er war nicht nur ein hervorragender Regisseur, er war auch einer der liebenswertesten Menschen, die mir in meinem Leben begegnet sind; ich habe ihn zehn Jahre später wiedergetroffen, und wir haben am Hamburger Thaliatheater jahrelang als Kollegen gearbeitet, mochten uns besonders gern, haben, obwohl jeder wußte, was der andere

wußte, nie darüber gesprochen und waren bis zu seinem Tode per »Sie«. Wir haben beide die Hemmschwelle nicht einreißen können, obwohl wir es gerne getan hätten.
Es tut mir heute noch leid, daß ich es nicht geschafft habe, aber er hat es ja auch nicht geschafft, obwohl er zehn Jahre älter war und erfahrener im Umgang mit anderen. Es sollte eben nicht sein. Jedenfalls ich werde ihn nie vergessen, und vielleicht freut er sich da oben, wenn er das liest, aber da mir der Glaube an ein Weiterleben nicht vergönnt ist, wird es damit wohl auch nichts werden. Aber ich schreib's auf alle Fälle mal hin – kann man's wissen?
Die fröhliche, gnadenbringende Weihnachtszeit kündigt sich in einem Stadttheater meistens damit an, daß ab November ein Kindermärchen gegeben wird. In unserem Fall war es »Peterchens Mondfahrt« und obwohl es ein Kindermärchen ist, ist die Geschichte nicht ganz jugendfrei. Die beiden Geschwister, Peterchen und Anneliese, werden meistens von Kindern gespielt, aber entweder waren keine da, oder unsere jugendliche Naive (ich habe schon gesagt, daß es damals noch Fächer gab) und ich, also wir waren als die Jüngsten im Ensemble dazu ausersehen, das Geschwisterpaar zu spielen. Wahrscheinlich wirkten wir auch noch wie halbe Kinder, daß man uns diese Rollen abnahm. Außerdem war das ganze Stück sehr jung besetzt, auch die Vater- und Mutterrolle, ohne Rücksicht auf Wahrscheinlichkeit, ein Märchen eben.
Das Stück beginnt damit, daß Peterchen und Anneliese brav im Bett liegen, und Mütterchen setzt sich zu ihnen und singt ein Lied über den Maikäfer. Ein schönes Lied – ein langes Lied – ein Dreistrophen-Lied. Nun begab es sich, daß Kollegin Mutter (eine Gesangsschülerin, daher die Besetzung mit dieser Rolle) sich gerade zu dieser Zeit in meinem Magnetfeld befand und es begab sich ferner, daß Schwesterchen und Mütterchen sich, aus einem mir unbekannten

Grunde, nicht mochten. Ich hatte nichts damit zu tun, aber ich war, wie sich bald herausstellen sollte, das Opfer, oder besser gesagt, der Nutznießer dieser Situation, denn eines Nachmittags, während der ersten Strophe – ich hörte andächtig zu, denn das Lied ist sehr hübsch, und sie sang es auch sehr hübsch – spürte ich eine merkwürdige Irritation, und tatsächlich schob sich, sachte, sachte, die rechte Hand von Schwesterchen Anneliese in meine Nähe. Wenn ich jetzt sage: »Ich wollte meinen Augen nicht trauen«, so entspräche dies zwar meinem Überraschungszustand, wäre aber insofern recht unglücklich ausgedrückt, als die Augen, in diesem speziellen Fall, am wenigsten in Mitleidenschaft gezogen waren. Nach der ersten Schrecksekunde hatte ich mich schnell gefangen und da mir gerade einfiel, daß man aus allem das beste machen soll, war ich charakterlos genug, dem Schicksal seinen Lauf zu lassen.
Was sollte ich denn auch machen – bei offener Bühne? Anneliese behauptete zwar nachher, ich wäre ihr deutlich entgegengekommen, ich will das nicht näher untersuchen, jedenfalls angefangen hat sie! Das hat sie auch zugegeben, aber gleich hinzugefügt, ich solle mir bloß nichts einbilden, das gelte alles nicht mir, es wäre ihr nur spontan eingefallen, daß sich hier eine gute Gelegenheit bot, ihrer Gegnerin eins auszuwischen. Sozusagen im Handstreich, und Gelegenheiten soll man beim Schopfe packen! Was auch wieder nicht korrekt ausgedrückt ist.
Wie dem auch sei, erst mal auf der schiefen Ebene, rutscht man furchtbar leicht weiter, und so wurde dieses Spiel zum Bestandteil der Märchenaufführungen. Wir brachten es im Laufe der Serie zu immer größerer Perfektion, wußten genau Bescheid über die Länge der drei Strophen und hatten, was das Timing betraf, die Sache bald fest im Griff. Ich mußte dabei immer an den Witz von den Orchestermusikern denken, die, in der Eile zusammengewürfelt und

schlecht probiert, sich kurz vor Beginn des Konzerts damit trösten, daß sie gegenseitig versprechen: »Beim Schlußakkord treffen wir uns wieder«.
Das haben wir auch immer geschafft, nur nach einer Anzahl von Aufführungen, muß Mütterchen etwas gespannt haben, denn sie ließ plötzlich eine Strophe weg. Aber wir waren schon zu routiniert, als daß uns eine solche Unregelmäßigkeit aus dem Konzept gebracht hätte. Das wäre auch nicht gut gewesen, denn wir mußten gleich nach Ende des Liedes vergnügt herumtollen, in langen fließenden Nachthemden – und wie hätte das ausgesehen!
Während ich das hinschreibe, wird mir erst bewußt, welche Ungeheuerlichkeit wir uns damals geleistet haben. Und wenn ich bedenke, daß ich heute einen derartigen Respekt vor der Arbeit auf der Bühne habe, daß es mir unmöglich ist, eine Bühne zu betreten, ohne den Hut abzunehmen, und mit großem Mißvergnügen sehe, daß sich die jungen Leute heutzutage auf der Bühne benehmen wie in der Kneipe, dann komme ich zu der Einsicht, daß man eben doch der Jugend manches nachsehen muß. Sie wissen es eben nicht besser. Das wird einem erst klar, wenn man sich an seine eigenen Jugendtorheiten erinnert. Auch Lampenfieber wird ja bei zunehmendem Alter immer stärker, weil einem die Verantwortung, die man übernommen hat, dann erst richtig zum Bewußtsein kommt.
Meine Jugend bewirkte noch etwas, es wurde mir nämlich immer schwerer, junge Rollen zu spielen. Man findet das bei jungen Schauspielern oft, und es ist eine ganz normale Erscheinung. Es ist die Flucht in die Charge, die bei Anfängern fast immer einsetzt.
Es ist nämlich viel leichter, einen Alten zu spielen, dem man womöglich auch noch irgendeine Auffälligkeit, also einen Dialekt oder Stottern oder noch besser ein Gebrechen anhängen kann. Da gibt es dann viele Hilfsmittel, die man

heranziehen und hinter denen man sein eigenes hilfloses Ich verstecken kann. Perücke, Bärte, Nasenkitt. Aber auf alle diese Mittel verzichten und so sein wie man wirklich ist, das ist das schwerste, und mancher lernt es nie. Vielleicht ist es bei anderen Kollegen anders, bei mir jedenfalls hat die Zeit der Charge eingesetzt, und obwohl ich sie alle gespielt hatte, die Lanzelots, die Anatols und die Peterchens – richtig wohlgefühlt habe ich mich nur, wenn ich mal Alte spielen durfte, und Maske machen war das Schönste. An einem solchen Abend eine Stunde früher in die Garderobe zu gehen zum Maskemachen und dann herauszukommen und ganz harmols an einem Kollegen vorbeizugehen und nicht erkannt zu werden – das war der Gipfel der Wonne.
Ich darf sagen, daß ich eine große Fertigkeit entwickelt hatte, auf die ich sehr stolz war. Ich kann heute noch hervorragend umgehen mit Nasenkitt und Mastix. Alles Künste, die nicht mehr gefragt sind. Wer macht heute noch Maske? Kein Mensch mehr, aber als ich noch mit falscher Glatze, weggeschminkten Zähnen und geklebtem Bart arbeitete, das waren noch Zeiten!
Sie sind vorbei, wie so manches aus unserem Beruf vorbei ist, aber dafür sind wir jetzt saturiert und gesellschaftlich anerkannt. Zu meiner Zeit hieß es noch: »Hängt die Wäsche weg, die Komödianten kommen!« Diese Zeiten wurden mir so recht bewußt, als das Engagement in Frankfurt an der Oder zu Ende ging, leider zu Ende ging, denn Sailer hatte sich mit den Stadträten verkracht. Sein Spielplan war ihnen nicht vaterländisch genug. Sie wollten weniger Wedekind oder besser gar nicht Wedekind, sondern mehr ›Wilhelm Tell‹. Er demissionierte, und wir lagen damit auch auf der Straße, denn kein Nachfolger hätte es wagen dürfen, irgendeinen aus dem linken Pack, die sich mit Sailer solidarisch erklärt hatten, für die nächste Spielzeit zu übernehmen.

Es war eine schöne Zeit gewesen, leider zu kurz, wir zerstoben in alle Himmelsrichtungen, ich habe keinen mehr wiedergesehen außer einem jüdischen Kollegen, mit dem ich mich befreundet hatte. Er hieß Walter Gussmann und war unvorsichtig genug, sich noch im Jahre 33 in Berlin aufzuhalten, dann hörte ich nichts mehr von ihm. Ich fürchte, daß ihn die braune Walze überrollt hat und daß er ein Opfer des Herrenvolkes geworden ist.
Wenn man schon eine Art Chronik schreibt, darf eine Zeiterscheinung nicht vergessen werden, die ich beinahe vergessen hätte. Ungefähr in der Mitte des Engagements wurde die deutsche Mark plötzlich von einer schweren Krankheit befallen – der Schwindsucht. Die Gage, die du bekamst, behielt ihren Wert höchstens eine Stunde, manchmal noch weniger. Daher wurde sie täglich ausbezahlt und zwar so, daß man unmittelbar nach Erhalt, sofort und ohne jeden Aufenthalt, alles Nötige einkaufen mußte, und man tat gut daran, alles auszugeben, bis auf den letzten Pfennig. Man stürzte vom Lohnbüro im Laufschritt zum Kolonialwarenhändler oder zum Friseur oder sonstwohin, um möglichst schnell das Geld wieder loszuwerden.
Fragen Sie mich nicht nach dem Warum dieser Erscheinung, es war eben so, und wir nahmen es einfach hin, wie wir einen Erdrutsch auch hingenommen hätten. Das Ganze hieß Inflation, und die gibt es heute noch in vielen Ländern. Ich weiß auch nicht, wie die Zeiten wieder normal wurden, ich verstehe überhaupt nichts von all den Dingen, die mit Geld zusammenhängen. Und wenn ich später gelegentlich mal versucht habe, mit Geld irgendwie Geschäfte zu machen, hatte es jedesmal katastrophale Folgen.

Unerfreuliches Zwischenspiel

Das Engagement in Frankfurt an der Oder war zu Ende, also auf nach Berlin. Nicht um dort zu spielen, Gott behüte, sondern weil dort die Agenten saßen.
In den Monaten vor Beginn einer neue Saison kamen die Intendanten dorthin, um entstandene Vakanzen aufzufüllen oder neue Ensembles zusammenzustellen. Damals gab es in Deutschland noch unzählige Provinztheater, und man kann sich nicht vorstellen, was sich bei den Agenten so alles getan hat. Stellungssuchende Schauspieler standen vom dritten oder vierten Stock auf der Treppe bis hinunter auf die Straße. Auf die Dorotheenstraße – ich werde den Namen nie vergessen. Also jeden Tag dorthin und jeden Tag vorsprechen. Es gibt Vorsprechspezialisten, sie enttäuschen zwar meistens, wenn man sie auf die Bühne stellt, aber erst mal sind sie im Vorteil. Wer etwas vom Theater versteht, läßt sich daher nur sehr ungern vorsprechen, sondern versucht, sich im Gespräch oder in einer kleinen Probe ein Bild zu machen. Es gibt allerdings auch heute noch Regisseure, die richtige Vorsprechveranstaltungen abziehen. Vor denen ist zu warnen, denn das sind meistens Angeber, die aus der Situation eine Befriedigung ganz eigener Art beziehen, und denen geht man besser aus dem Weg.
Irgendwie muß es mir gelungen sein, ein Engagement zu ergattern, allerdings nur an einer Wanderbühne, dem

»Ostdeutschen Landestheater«. Sie bereiste, wie der Name schon sagt, den ostdeutschen Raum Angermünde, Eberswalde bis hinauf nach Stolp in Pommern. Alles mit der Eisenbahn und alles natürlich dritter Klasse und die schlechtesten Hotels und in den schlechtesten Hotels die schlechtesten Zimmer, denn vor fahrenden Komödianten mußte man, wie gesagt, damals noch die Wäsche weghängen. Es war wohl eine Schmiere, aber nur vom Technischen her gesehen, vom künstlerischen Standpunkt war es nicht mal das, und ich habe dieses glorreiche Unternehmen auch völlig vergessen und weiß nichts mehr darüber.
Lassen wir's dabei bewenden. Nichts gegen die Schmiere! Glücklich der, der einmal an einer Schmiere war, denn diese Erfahrung gehört zur Entwicklung, und deshalb ist das jetzt folgende Erlebnis (Bozen) eines der wichtigsten meiner Laufbahn.

Bozen 1923

Irgendwie war es mir gelungen, einen Wiener Agenten auf mich aufmerksam zu machen und der bot mir an, bei einem Unternehmen mitzuwirken, das es sich zur Aufgabe gemacht hatte, mit ein paar routinierten Komödianten eine Anzahl Vorstellungen zusammenzuschustern, die ausgerechnet im Stadttheater Bozen zur Darbietung gelangen sollten. Auch die dazugehörigen Proben sollten an Ort und Stelle stattfinden.
Ein großes Hindernis erhob sich vor diesem Angebot. *Bozen!* Ich hatte doch einen Schwur getan! Wegen Lizzie! Und es waren erst fünf Jahre vorbei! Was tun? Arbeitslos sein oder meinen Eid über Bord werfen, das war hier die Frage. Jetzt sollte es mir zugute kommen, daß in meinem Gymnasium auch ein paar Jesuiten ihr Lehramt ausgeübt hatten, denn folgende Überlegungen gingen mir durch den Kopf. Ich wußte, daß von meiner Familie sowieso kein Mensch ins Theater ging und in ein gelegentliches obskures Gastspiel schon gar nicht, und der Gefahr, daß jemand zufällig meinen Namen lesen könnte, entging ich dadurch, daß ich ihn umdrehte, ich fungierte also als H. Torsch. Das schien mir schon mal ein genialer Einfall zu sein. Dazu kam der Glücksfall, daß das Ensemble nicht im »Greifen« wohnte, sondern im »Citta di Bolzano«, was eine zufällige Entdekkung unwahrscheinlich machte. Denn ein aufrechter Deut-

10 *In Brünn 1924–1926: jugendliche Komiker trugen damals Mittelscheitel*

9 *In Leonard-Bernstein-Pose: Dirigent – das wäre mein Traumberuf gewesen (vorhergehende Seite)*

11 *»Der Kongreß tanzt« mit Lilian Harvey, 1933. Für alle drei Herren, den Engländer, den Franzosen und mich in derselben Rolle, hielt sich der Erfolg in Grenzen.*

12 *Meine erste Frau Carola*

13 *Ruth Hausmeister, meine zweite Frau, mit unseren Töchtern Kathrin und Sabine*

14 *Meine Erstgeborene: Tochter Sabine*

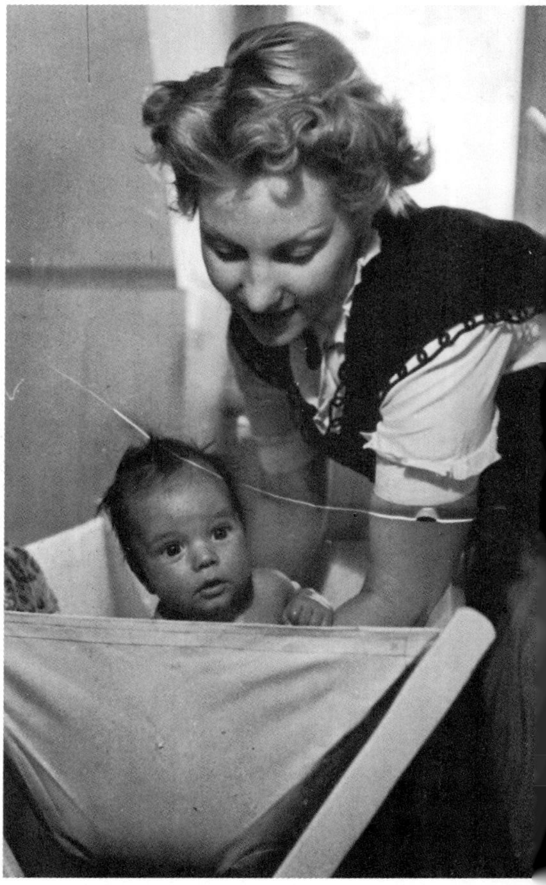

15 *Karin Jacobsen, meine dritte Frau, mit unserem Sohn Alexander*

scher besuchte den »Greifen« und kehrte dem »Citta di Bolzano« den Rücken, schon seines italienischen Namens wegen, denn das Andreas-Hofer-Syndrom war noch stark und der Krieg noch nicht lange vorbei. Es brodelt ja heute noch gelegentlich in der Gegend.
Also, nach dieser Sophisterei waren meine Hemmungen noch nicht weg, aber doch sehr reduziert, außerdem blieb mir gar nichts anderes übrig, und es war gut so, denn mit dem Engagement in Bozen begann für mich jene Zeit, in der ich alles gelernt habe, was man in diesem Beruf wissen muß. Nicht weil alles so gut und vorbildlich, sondern weil alles so schlecht und katastrophal war.
Es begann also meine Schmierenzeit, von der ich schon sagte, daß ich sie jedem Anfänger wünsche! Eine Gefahr allerdings ist dabei, die Gefahr nämlich, daß man nicht rechtzeitig den Absprung findet. Die Gefahr, daß man von den Dingen, die man auf der Schmiere gelernt hat (lernen mußte) nicht rechtzeitig wieder Abschied nimmt, um sie später wegzulassen.
Auch bei uns ist das Weglassen die große Kunst, man muß aber wissen, was man weglassen will. Das ist wie bei der Malerei. Bewußt weglassen kann man aber besser, was man früher selbst getan hat. Deshalb bin ich ein Verfechter der Schmiere.
Hier in Bozen handelte es sich allerdings um eine Schmiere in ihrer primitivsten Form, was das Technische betraf, die andererseits aber dadurch geadelt wurde, daß sich das Ensemble, im Gegensatz zum ›Ostdeutschen Landestheater«, aus lauter hervorragenden Leuten zusammensetzte. Sie hatten halt den Anschluß verpaßt und waren nun hier gelandet. Es waren alle, außer mir, erfahrene Komödianten und das war auch gut so, denn die Arbeitsweise in unserm Fall brachte es mit sich, daß ohne routinierte Praktiker der ganze Laden nach drei Tagen aufgeflogen wäre. Ich konnte

von jedem dieser Kollegen eine Menge lernen, und das war für mich das Positive an dieser Veranstaltung. Da in Bozen sowieso kein Mensch ins Theater ging, der Besuch also sehr zu wünschen übrigließ, war die Möglichkeit einer zweiten Aufführung so gut wie nie gegeben. Trat sie doch einmal ein, so sprachen wir mit Galgenhumor von einem Serienerfolg. Das bedeutete: Jeden Tag und manchmal jeden zweiten Tag ein neues Stück. Das bedeutete: Für jedes Stück nur eine oder höchstens zwei Proben. Das bedeutete: Den ganzen Tag probieren und die ganze Nacht lernen.
Jetzt, indem ich das hinschreibe, wird mir ganz übel. Wie war das möglich? Es war möglich, durch einen ganz besonderen Umstand. Ich habe schon gesagt, daß erfahrene Komödianten am Werk waren, die die Stücke (die auch danach ausgesucht wurden) größtenteils schon irgendwo gespielt hatten. Außerdem hatte jedes Mitglied ein sogenanntes »Repertoire« abzugeben. Das ist ein Verzeichnis aller gespielten oder studierten Rollen. Diese Rollen muß er abrufbereit im Kopf haben. Hat er es nicht, macht er sich eines Vertragsbruches schuldig.
Ich weiß nicht, ob es das heute noch gibt. Ich hatte natürlich auch ein »Repertoire« schon für die Agenten, damit diese wissen, für welche Fächer sie anbieten sollen. Daß dieses »Repertoire« erlogen war, versteht sich von selbst. Es ist ja auch nur als Richtlinie gedacht, und jeder Arbeitgeber weiß, was damit los ist. Nur wenn einmal der Ernstfall eintritt, und du mußt heute abend den Oswald in den »Gespenstern« spielen, weil du ihn auf dem Repertoire hast, und kennst kein Wort dieser Rolle, dann ist die Situation gar nicht lustig. Und diese Situation trat halt bei mir fast täglich ein. Und nur der Tatsache, daß ich ein junges unverbrauchtes Hirn hatte, war es zu verdanken, daß ich mit den anderen Schritt halten konnte. Die Frage nach der Qualität erübrigt sich, wichtig war, daß wir über die

Runden kamen und daß am Schluß der Vorhang fiel. Am Schluß und nicht unfreiwillig in der Mitte!
Dieses Ausgeliefertsein allen möglichen Katastrophen erzeugte in uns ein ungeheueres Gemeinschaftsgefühl. Wenn einer merkte, daß der andere anfing zu »schwimmen«, griff er sofort rettend ein. Mißgunst gab es nicht, das hätte auch zur Katastrophe geführt.
Mit Bewunderung erinnere ich mich heute noch an unseren Souffleur (in diesem Fall ein Mann, was selten ist), der hatte eine Begabung, die ich nie wieder angetroffen habe. Er soufflierte einem nicht nur Worte oder kurze Satzteile, nein, er hatte eine Technik, den ganzen Satz aus dem Kasten heraufzuschießen. Das war ungeheuer und gab eine Sicherheit, die ich gar nicht beschreiben kann. Er ging sogar noch weiter, er sagte manchmal auch, was man zu tun hatte. Ich sehe mich heute noch mit einem Kollegen auf der Bühne sitzen, und wir redeten, mehr oder weniger flüssig, unsern Text, da ertönte von unten »aufstehen und raus«, und in unser beider zögerndes Aufstehen, weil keiner genau wußte, wer gemeint war, kam noch mal von unten ein kategorisches »Nicht Du – Du«! Begleitet von einer Handbewegung, die jeden Zweifel erstickte.
Ein Künstler seines Faches! Und da man heute vor Theatern so viele Skulpturen aufstellt, deren Bedeutung meist nur schwer erraten werden kann, und da heute so viele goldene Kameras, Bildschirme, Oscars und was weiß ich verliehen werden, frage ich: Wo bleibt der goldene Souffleurkasten für diesen Mann?
Es gibt eine Menge Episoden, die ich an dieser Stelle erzählen könnte und die, im Augenblick, da sie passierten, irrsinnig komisch waren, aber ich versage es mir, weil ich die Erfahrung gemacht habe, daß komische Begebenheiten nicht mehr komisch sind, sobald man versucht, sie nachzuerzählen. Dazu gehört eine Spezialbegabung, die ihre

komische Wirkung weniger aus der erzählten Begebenheit bezieht als vielmehr aus der Art, sie zu erzählen. Hier bringt nicht der Inhalt die Wirkung, sondern die Verpackung. Eine besondere Fertigkeit hat mein geschätzter Kollege Gustav Knuth entwickelt, er hat eine ergötzliche Art, Theateranekdoten zu erzählen, aber auch da ist festzustellen, daß alles davon abhängt, daß ›er‹ sie erzählt. Sobald sie aufgeschrieben werden, ist jede Komik weg.

Soviel über Theateranekdoten, aber ich schweife ab, zurück nach Bozen.

Es ist ein schwieriges Unterfangen, denn schon bei dem Versuch, den Tagesablauf zu beschreiben, gerate ich in die größten Kalamitäten.

Also jeder Tag, oder jedenfalls jeder zweite, begann damit, daß wir uns auf der Bühne versammelten, mit dem jeweiligen Textbuch in der Hand und der Unternehmer (Direktor nannte er sich) erst mal fragte: »Wer von Euch hat das Stück schon mal gespielt?« Und fast immer meldete sich jemand, denn, wie schon gesagt, es waren alles alte Hasen. Der Betreffende erhielt dann die Aufgabe, als Regisseur zu fungieren. Daß auf dem Theaterzettel der Name des Direktors als Regisseur verzeichnet war, versteht sich von selbst. Der mit dieser ehrenvollen Aufgabe Betraute konnte nicht mehr tun, als für ein bißchen Ordnung zu sorgen, indem er festlegte: »Da trittst Du auf, hier bleibst Du stehen, dort gehst Du ab.« Bei einem Dreiakter schluckt das mehr Zeit, als man glaubt. Dekorationen hatten wir nur zwei: Einmal »Freie Gegend«, das war ein Prospekt mit lieblichen Bergen, und einmal »Zimmer innen«, das war auch ein Prospekt mit gemaltem Herd und Buffet. Zum Beispiel war das in »Kabale und Liebe« bei der Familie Miller – das ging ja noch. Mit einem großen Schreibtisch dazu war es dann das Arbeitszimmer des Präsidenten und mit einem großen Bett das der Lady Milford.

Auch die Kostümfrage wurde ähnlich gelöst. Bei Luise und ihrer Mutter war da keine Schwierigkeit, irgendwelche Fetzen passen immer. Bei den Männern war die Sache schon weniger einfach. Es stand völlig außer Frage, daß der Inhaber eines Gehrocks verurteilt wurde, den Wurm zu spielen, ob er wollte oder nicht. Er wollte natürlich, denn der Wurm ist eine interessante Rolle. Daß er besser die Luise gespielt hätte, steht auf einem anderen Blatt. Ich bekam die ehrenvolle Aufgabe, den Kalb darzustellen, nicht weil man mir soviel Komik zugetraut hätte, sondern ich war als einziger im Besitze eines Fracks und da der Kalb ein Hofmarschall ist, war Frack naheliegend. Das hätte zwar auch ein Kellner sein können, aber mit einer roten Schärpe war der Hofmarschall fertig.

Den Frack besaß ich aus folgendem Grunde: Nach Schluß der Spielzeit in Frankfurt an der Oder versuchten ein paar Übriggebliebene, die Sommermonate dadurch zu überbrücken, indem sie, auf eigene Rechnung, Operette spielten. Hier war ich der Tanzbuffo: »Komm Liebchen, wander mit Deinem Leander« oder »Komm mit nach Varasdin, solange noch die Rosen blühn« und so fort. Und ein Tanzbuffo ohne Frack? Unmöglich! Sailer meinte, als er noch Intendant war, ich sollte doch mal in den Fundus gehen und mir einen Frack aussuchen und mit dem Zurückgeben nicht so furchtbar eilig sein. So habe ich also meine Karriere auf einem gestohlenem Frack aufgebaut.

Dann hatten wir einen Kollegen aus Wien, der sich durch besondere Eleganz seiner Anzüge auszeichnete, also der geborene Präsident. Aber nur, was den Anzug betraf. Sonst war er genau das Gegenteil, klein, O-beinig, außerordentlich liebenswert. Dazu noch mit einem entzückenden Wiener Dialekt behaftet, hatte er etwas von Hans Moser, der ja auch außerordentlich liebenswert wirkte. Liebenswerter, als er war. Infolgedessen hatte dieser Kollege auch den größten, um nicht zu sagen, den einzigen Lacher des Abends, als er sagen mußte: »Wenn ich auftrete, zittert ein Herzogtum.«

Von meiner Leistung als Kalb möchte ich gar nicht reden. Nur insofern ist darüber zu berichten, als hier jener Fall eintrat, der eigentlich nicht eintreten sollte. Ich hatte mir in der Eile für die Rolle einen schrecklich manierierten Ton zurechtgelegt, weil mir gar keine Zeit blieb, mich richtig damit zu beschäftigen. Und als ich Jahre später, an einem richtigen Theater mit sechs Wochen Proben, die Rolle spielen durfte, hatte ich doch tatsächlich meinen Bozner Ton noch so im Ohr, daß es mir nicht gelang, mich davon zu lösen. Und so blieb zeit meines Lebens der Kalb eine zwar gerne, aber nicht gut gespielte Rolle.

Ich erwähne dies, um ein Beispiel zu geben, wie gefährlich es ist, wenn man sich nicht rechtzeitig von festgefahrenen Fehlern lösen kann.

Ganz schwierig wurde die Sache beim Ferdinand, den man sich nun mal immer in Uniform vorstellt, was auch richtig ist. Aber woher nehmen? Wir hatten im Fundus einen alten Umhang gefunden, eine Art Kutschermantel und eine preußische Pickelhaube. Das mit dem Mantel mochte noch angehn. Die Pickelhaube allerdings, das war unmöglich. Etwas Militärisches wollten wir aber haben, also machten wir es so, daß er die Pickelhaube wohl aufsetzte, aber, da er in großer Eile hereinkam und es bei Schiller sogar heißt »er fliegt auf sie zu«, gelang es ihm, sehr geschickt die Kopfbedeckung »im Fluge« in eine Ecke zu feuern, so daß man wohl den Eindruck hatte: Da war doch irgendwas Militärisches? Aber er machte das so schnell, daß der Zuschauer nicht genau mitkriegte, was er da auf dem Kopf gehabt hatte.

Wenn ich es mir recht überlege, haben wir uns ganz überflüssige Sorgen gemacht, denn bei dem heutigen

Regietheater kümmert sich kein Mensch mehr um solche Kleinigkeiten. Wenn man »Othello« in irgendwelchen Klamotten aus dem Abfalleimer spielen kann, warum dann nicht auch »Kabale« in Jeans oder nackt oder was weiß ich wie?

Eigentlich waren wir die Vorläufer des modernen Theaters, wir haben es bloß nicht gewußt. Ein kleines Erlebnis am Rande:

Am Tage vor der Aufführung von »Kabale« trafen wir einen sehr prominenten Kollegen vom Staatstheater München. Er hieß Otto Wernicke. Als er hörte, was wir am nächsten Tag vorhatten, und er gerade in München den Miller gespielt hatte und überhaupt immer zu Scherzen aufgelegt war, schlug er uns vor, morgen die Rolle mit uns zu spielen. Wir stimmten begeistert zu, und er kam auch gleich mit auf die Probe, die er dann auch ganz leitete, denn er hatte die Sache ja am besten im Kopf. Die Probe mit ihm war ein Vergnügen, das einzige, was mich irritierte, war, daß er für meinen Geschmack zu sehr nach unseren Kolleginnen schielte, ich betrachtete das damals als *mein* Ressort. Aber ich muß zugeben, daß er in der Rolle wunderbar war. Kostümlich halfen wir uns damit, daß wir ihm eine grüne Gärtnerschürze verpaßten – ich weiß eigentlich nicht warum –, jedenfalls gab mir diese Kostümierung Gelegenheit zu der recht ungehörigen, aus purer Eifersucht resultierenden Bemerkung, wir hätten mit dieser Kostümwahl den Bock zum Gärtner gemacht.

Zehn Minuten vor Ende einer jeden Premiere erschien ein Taxi an Bühnenausgang. Diesem Taxi entstieg unser Direktor, öffnete den Kofferraum, entnahm demselben einen Lorbeerkranz mit Schleife, begab sich damit hinter die Bühne und wartete auf den Schlußapplaus, der merkwürdigerweise auch tatsächlich immer einsetzte. Das Publikum war eben damals noch sehr höflich, Buhs gab es noch nicht.

Der Applaus reichte zwar nur für einen, oder höchstens zwei ›Vorhänge‹, bei denen wir uns, mehr oder weniger verlegen, verbeugten. Ich habe übrigens dieses Gefühl der Peinlichkeit bis heute nicht abgelegt – im Gegensatz zu unserm Direktor. Der mischte sich mit affenartiger Geschwindigkeit noch vor dem ersten Vorhang unter uns und nahm die Ovationen als Regisseur entgegen, ohne zu merken, wie peinlich die Situation war, wenn schon nicht dem Publikum gegenüber, das ahnungslos war, dann doch immerhin uns gegenüber, die wir Bescheid wußten. Es war ein schöner, großer, teurer Lorbeerkranz, aber da er nach jeder Vorstellung benutzt wurde, hat sich die Ausgabe für ihn sicher rentiert. Er hatte auch eine Schleife, darauf stand: »Auf Wiedersehen.« Er wollte wohl damit andeuten, diese Inschrift drücke den Wunsch der Kulturverwaltung von Bozen aus!
Ich weiß auch nicht, wie es passierte, aber bei der letzten Vorstellung, er hatte natürlich den Kranz nicht kontrolliert, stand auf der schönen, weißen Schleife plötzlich: »Auf Nimmerwiedersehen.«
Die Menschen sind schlecht, und man kann niemandem trauen.
Unser Abschied hingegen war tränenreich. So ungefähr muß es Hochseilartisten zumute sein, wenn sie sich trennen müssen. Und da mich inzwischen natürlich auch noch zarte Bande mit dem Ensemble verknüpften, suchte ich den Abschied nach Möglichkeit hinauszuzögern. Was mich in Berlin erwartete, war klar, und so überlegte ich mir, daß es schließlich egal ist, ob ich an der Spree oder an der Donau am Daumen lutsche – es ist höchstens ein Unterschied im Dialekt. Also auf nach Wien! Auf diese Weise blieben wir wenigstens alle zusammen – wenn auch nur im Kaffeehaus.
Ich liebe Wien! Ich weiß nicht, woher das kommt, aber auch

die Arbeitslosigkeit ließ sich leichter im Cafe Dobner ertragen, als im Romanischen Café an der Gedächtniskirche, das es damals wenigstens noch gab. Und sitzen konnte man mit einer Melange den ganzen Tag und sämtliche Zeitungen lesen, und kein Mensch nahm es einem übel, wenn man keine zweite Tasse bestellte, und seine Telefongespräche konnte man dorthin bestellen und wenn angerufen wurde, kam der Ober mit der Mitteilung, daß der Herr Baron am Telefon verlangt werde. Es war dann meistens die Agentur am Apparat mit der Nachricht, daß das erhoffte Engagement diesmal leider doch nicht geklappt habe, aber vielleicht das nächstemal. Also ging der Herr Baron wieder Zeitung lesen.

Als ich dann, viele Jahre später, in Wien, im Theater an der Josephstadt richtig engagiert war und als erste Rolle den »Revisor« von Gogol spielte, fiel mir noch etwas auf, das für Wien typisch ist: Wenn du in Berlin einen Erfolg hast, weiß es am nächsten Tag die ganze Branche und alle kulturell Interessierten. Wenn du aber in Wien einen Erfolg hast, weiß es morgen auch der Straßenbahnschaffner. Das ist der Unterschied! Nun, eines Tages klappte es doch. Wie und warum weiß ich nicht mehr – jedenfalls nicht durch Vorsprechen –, und ich hatte einen Vertrag in der Hand nach Brünn.

Brünn

Brünn hatte einen recht guten Ruf, lag in der Tschechoslowakei und galt als Sprungbrett nach Wien oder Prag. Immerhin war gerade Paul Hörbiger – oder war es Attila – eben von Brünn nach Wien engagiert worden. Ich trennte mich schwer von Wien und Wienerin, und auf nach Brünn. Und wieder einmal hatte ich Glück.
Mit Brünn begann das erste Licht am Horizont meiner bis dahin nicht vielversprechenden Kariere aufzuleuchten. Als erstes fiel mir auf, daß ich noch nie, und in keiner Stadt wieder, eine so große Anzahl gutaussehender Männer und Frauen gesehen hatte. Die Mischung zwischen Tschechen und Österreichern, die Mähren eben, faszinierten mich vom ersten Augenblick an. Und die Männer trugen ihre Anzüge, als wollten sie den Fremden zeigen, daß die tschechischen Schneider nicht umsonst als die besten der Welt gelten. Außerdem waren sie voll Lebensfreude und Heiterkeit und kannten überhaupt keine moralische Verlogenheit. Wenn ihnen etwas Spaß versprach, dann taten sie es, ohne zum Nachbarn zu schielen, der seinerseits mit seinen eigenen Angelegenheiten zu beschäftigt war, um sich um die Moral seines Nachbarn zu kümmern. Jeder tat, was er wollte, und keiner redete dem anderen drein. Mir war das alles sehr sympathisch, und ich habe mich gleich wohlgefühlt.

Was inzwischen aus diesem Menschenschlag geworden ist, wage ich gar nicht zu denken, denn es ist ja eine Zeit über sie hereingebrochen, in der sie das Lachen sicher verlernt haben. Ich brauche nicht extra zu betonen, daß es fast alles Juden waren. Aber damals war alles noch heiter und unbeschwert, und niemand ahnte die Apokalypse, die hereinbrechen sollte. Infolgedessen waren sie noch ein aufgeschlossenes, verständnisvolles und interessiertes Publikum.
Das Theater selbst erinnerte ein bißchen an Frankfurt an der Oder, insofern, als auch hier lauter junge, ambitionierte Kollegen versammelt waren. Es hatte nur dadurch einen größeren Rahmen, als es über zwei Häuser verfügte und drei Kunstgattungen. Ein Haus (das kleinere natürlich) war dem Schauspiel vorbehalten, das große beherbergte die Oper und die Operette. Das war schon mal etwas ganz Neues für mich und faszinierte mich enorm. Daß es in der Oper eine Loge gab, die nicht verkauft wurde, sondern von den Mitgliedern des Hauses jederzeit, auch während der Vorstellung, betreten werden konnte, war für mich erst mal gar nicht zu fassen. Nachdem ich es aber begriffen hatte, war ich aus dieser Loge überhaupt nicht mehr wegzukriegen. Sie befindet sich meistens unmittelbar neben der Bühne, direkt über dem Orchester. Am Montag wurde im Schauspiel nicht gespielt, und es war klar, daß ich nicht nur montags in besagter Loge saß, sondern auch an jedem freien Vormittag und fasziniert den Proben und vor allen Dingen den Orchesterproben, beiwohnte. Man konnte ungehindert das Orchester und den Dirigenten beobachten, und das nahm mich derart gefangen, daß ich heute noch einige Opern im Kopf habe, so, als hätte ich sie dirigiert. Ich habe sie auch dirigiert, indem ich mir den Klavierauszug und manchmal auch die Partitur besorgte und zu Hause die Sache noch mal durchdirigierte. Für mich

allein! Bis ich vor Muskelkater nicht mehr konnte. Das ist nämlich ganz schön anstrengend!
Es ist mir heute noch schleierhaft, wieso ich nicht Opernregisseur oder Dirigent geworden bin. Aber es hat offenbar nicht sein sollen.
Erst mal hatte ich sowieso mit dem Schauspiel alle Hände voll zu tun. Das Arbeitstempo erinnerte insofern ein bißchen an Bozen, als wir auch hier eine, eigentlich nicht zu vertretende, Probenzeit von einer Woche, höchstens zehn Tagen hatten. Hier drängt sich wieder das Wort Schmiere auf, denn das ist einfach zu wenig, um eine anständige Vorstellung zustande zu bringen. Auf der anderen Seite zwang uns diese Situation zu äußerster Probenkonzentration, und deshalb ist es mir heute ganz schrecklich, wenn auf der Probe, statt zu probieren, herumgequatscht wird. An einem Theater, das dank seiner Subvention es sich leisten kann, drei oder vier Monate an einem Stück herumzudoktern, und seine Probenzeit mit weltanschaulichen Diskussionen ausfüllt, könnte ich gar nicht existieren.
Was meine Rollen betraf, war ich im ersten Jahr meines Engagements nicht sehr glücklich, durch eigene Schuld übrigens. Ich hatte mich selber, durch meine Maskenmacherei (ich habe darüber schon berichtet) in ein Rollenfach hineinmanövriert, in dem meistens kein Blumentopf zu gewinnen ist. Alte verschrobene Typen, die in vielen Stücken vorkommen, aber eben nur vorkommen und weiter nichts.
Wir spielten damals sehr viel französische Schwänke, und die enthielten fast immer eine komische Figur im dritten Akt und eine jugendlich-komische Hauptrolle, die durch das ganze Stück ging. Diese Hauptrolle spielte immer ein junger Kollege, dessen Namen ich vergessen habe. Ich durfte im dritten Akte dann meine mehr oder weniger komische Leistung abziehen. Nicht jede Dritte-Akt-Rolle ist

so gut wie der Frosch in der »Fledermaus«. Nun ja, ich war an der Situation selbst schuld und der für das Fach des jugendlichen Komikers engagierte Kollege war seinerseits völlig unschuldig.

Das heißt, so unschuldig war er auch wieder nicht, wenn auch auf einem andern Gebiet. Denn ich glaubte nicht fehlzugehen in der Annahme, daß er sich über Gebühr oft am Bühneneingang der Oper aufhielt, just dann, wenn das Training zu Ende war, und nach einer bestimmten jungen Dame schielte. In diesem speziellen Falle aber wollte ich gerne meine Hauptrolle behalten, und daher begann mir die Sache zu stinken.

Aber noch ehe ich meine Gegenmaßnahmen treffen konnten, kam mir der Zufall oder das Schicksal oder die Vorsehung oder wer auch immer zu Hilfe, und zwar so: Ich war dafür bekannt, daß ich immer sehr früh im Theater war. Ich kann es nicht leiden, auf den letzten Drücker zu kommen, und ich mag es auch heute noch nicht, wenn ich es bei anderen sehe.

Aber plötzlich begann eine Zeit, da wurde ich nachlässig, kam im letzten Moment mit heraushängender Zunge ins Theater gerannt, eine Unart, die überhaupt nicht zu mir paßte. Da wir eine Gemeinschaftsgarderobe hatten (zu einer Einzelgarderobe habe ich es erst sehr spät gebracht), konnte ihm mein plötzliches Zuspätkommen nicht entgehen, und er rügte mich mit Recht. Daß ich die Rüge hinnahm, ohne patzige Widerworte zu geben, verblüffte ihn. Er schob es sofort auf mein schlechtes Gewissen, was auch den Tatsachen entsprach, wenn auch in einem ganz anderen Sinn, als er vermutete. Er brachte mich nämlich sofort in Verbindung mit seiner Freundin. Eine Verbindung, die gar nicht bestand und ein Verdacht, der nur auf sein mangelndes Vertrauen zu ihr aufgebaut war. Man konnte förmlich sehen, wie sich hinter seiner Stirn finstere Ver-

dächtigungen zusammenbrauten, ob ich nicht etwa die Zeit des ersten und zweiten Aktes nach dem Motto verbracht hätte: »Spielst Du meine Rolle – bums ich Deine Dame.« Dabei waren, in diesem Falle, die beiden Verdächtigten so unschuldig wie Philemon und Baucis. Es verhielt sich einfach so, daß durch eine momentane Probenzusammenballung weder für die Herrn vom Schauspiel noch für die Damen vom Ballett die Zeit blieb, ihren privaten Ambitionen nachzugehen. Man mußte also auf den frühen Abend ausweichen, und da bot sich die Zeit zwischen dem ersten und zweiten Akt geradezu an. Daß man dann manchmal in Zeitdruck geriet, mein Gott, wer macht keine Fehler.
Der überlogische Leser wird jetzt vielleicht fragen: »Und was war mit dem späten Abend?« Er möge diese Frage bitte verdrängen, denn er würde mich zwingen zuzugeben, daß die Ballerina meines Herzens schließlich auch in festen Händen war, und das Ganze ist schon unmoralisch genug. Durch alle diese widrigen Umstände hatte mein jugendlich-komischer Hauptrollenspieler keine rechte Lust mehr an seinen ersten und zweiten Akten, und er äußerte den Wunsch, uns alle im nächsten Jahr zu verlassen. Glücklicherweise erreichte ihn ein ehrenvoller Ruf nach Chemnitz, und wem ein Engagement nach Chemnitz gelang, dessen Karriere galt als sicher. Deshalb folgte er natürlich diesem Ruf, und seitdem hat man nie mehr etwas von ihm gehört.
Nicht nur er, auch andere Kollegen fanden den Absprung nach oben. Unsere Soubrette ging nach Wien und machte dort eine schöne Karriere. Sie hieß Lotte Lang, und wir freuten uns alle sehr über ihren Aufstieg, denn sie war eine reizende Kollegin gewesen und sehr beliebt bei den Brünnern und bei uns. Und unser lyrischer Tenor Julius Patzak ging nach München und einem internationalen Aufstieg entgegen. Ich erwähne dies, um zu zeigen, daß in

Brünn doch ein paar ganz gute Leute engagiert waren. Auch Rudolf Carl, unser erster Komiker, darf nicht unerwähnt bleiben. Auch er ging nach Wien, wo ihm allerdings Hans Moser vor der Nase saß. Beide hatten eine große Ähnlichkeit in der Art ihrer Komik. Wäre *ich* Paris gewesen, hätte den Apfel *er* bekommen.

Das zweite Jahr in Brünn könnte ich pauschal mit dem ersten behandeln und beenden, wäre nicht ein Fall eingetreten, der den Chronisten zwingt, hier zu verweilen.

Das Ende einer alten und der Beginn einer neuen Saison bringt Veränderungen mit sich. Diese Veränderungen kündigen sich schon an, bevor sie Tatsache geworden sind, ich weiß nicht wie, wahrscheinlich durch Feuer oder Trommelzeichen, wie im Busch. Und so trommelte die Nachricht durchs Ensemble, daß eine neue Salondame ins Haus stünde und daß es sich hier um eine ausgesprochene Sexbiene handeln solle. Der Ausdruck ist natürlich nicht gefallen, ich weiß nicht mehr, wie man so was damals nannte. »Ach, um Gotteswillen, schon wieder« wird der Leser sagen, aber ich muß diese Geschichte erzählen aus zwei Gründen. Erstens muß ich sie erzählen, »nicht um mich zu beriehmen«, wie der alte Jude seinem Rabbi bei der Beichte sagt,« sondern um mich zu beknirschen«. Und zweitens muß ich sie erzählen, weil daraus für junge Männer eine wichtige Lehre zu ziehen ist. Und da ich jetzt eh schon alles vorweggenommen habe, kann ich mich kurz fassen.

Also sie kam, sah und siegte! Es war um mich geschehen, und zwar das erste Mal wieder seit Lizzie. Sie war kaum drei Tage da, da zogen wir schon zusammen. Was sie an mir gefunden hat, kann ich nicht sagen, die Wege der Damen sind manchmal wundersam. Vielleicht reizte es sie, daß ich um einige Jährchen jünger war, und vielleicht sprangen dadurch ihre mütterlichen und erzieherischen Instinkte an.

Ich sage mit Absicht und ohne Nebengedanken »erzieherische«, denn ich behaupte, daß es ein großes Glück ist, ich möchte eher sagen, eine Notwendigkeit für einen jungen Mann während seiner Entwicklung, einmal neben und mit einer Frau zu leben, die um einiges älter ist als er.
Ich jedenfalls lernte enorm von dieser Konstellation, im täglichen Leben, im Umgang mit Menschen, in der Konversation, in Taktfragen, bei der Arbeit, auf der Bühne, im Bett, in allem. Sie hieß Inez Allegri, und es gibt keine bessere Beschreibung einer Persönlichkeit als es, in diesem Fall, der eigene Name zu tun vermag. Man braucht nur den Nachnamen aus dem Italienischen ins Deutsche zu übersetzen. Alles an ihr war heiter. Aber nicht im Sinne einer aufgesetzten Betriebsnudel-Heiterkeit, sondern es war eine ruhige, überlegene Heiterkeit, der sich niemand entziehen konnte.
Wir blieben lange zusammen, auch nach unserer Brünner Zeit. Aber eines Tages rächte sich der Altersunterschied doch und als eine 16jährige Tänzerin in Düsseldorf auftauchte, die dann auch meine erste Ehefrau wurde, habe ich sie verlassen mit sehr, sehr schlechtem Gewissen.
Ihr habe ich einen großen, nein den größten Teil meiner Entwicklung zu danken, was ich hiermit tue. Leider kann sie es nicht mehr lesen.
Noch etwas Positives ist über Brünn zu sagen, es war wirklich ein Sprungbrett, insofern nämlich, als es kaum notwendig war, bei Agenten herumzusitzen und zu warten, daß man mal jemandem vorsprechen durfte. Es kam schon mal einer nach Brünn, um sich junge Schauspieler anzusehen und gegebenenfalls auch mal zu engagieren. Auf diese Weise kam ich zum erstenmal an ein richtiges Theater, ans Schauspielhaus Düsseldorf. Ein Sprung, der größer aussah, als er war.

Düsseldorf 1926

Zwar befand ich mich in bester Gesellschaft junger, talentierter Kollegen, die sich alle später einen Namen gemacht haben: Alice Treff, Walter Richter, Karl Paryla. Wir vier waren es auch, die maßgeblich den Spielplan trugen, aber leider waren die räumlichen Verhältnisse desolat. Es gab nur ein Haus, und zwar die Oper (was allerdings wieder den Vorteil der Opernloge hatte), das Schauspiel war in einer Art Kino oder Varieté oder so etwas ähnlichem untergebracht und so wurde es auch behandelt. Der Intendant interessierte sich nur für die Oper, was ich unter diesen Umständen verstehen kann. Was wir im Schauspiel machten, war ihm ziemlich egal. Und nicht nur ihm, auch das Publikum nahm uns nicht sonderlich zur Kenntnis. Wer etwas auf sich hielt und »in« sein wollte, ging ins »Schauspielhaus«. Das war ein Privattheater, geführt von dem Ehepaar Dumont-Lindemann und weit über die Grenzen Düsseldorfs berühmt. Wir hingegen waren im höchsten Grade überflüssig, und alle Kollegen, die dort spielen durften, wurden von uns beneidet.
Und so ist aus der Düsseldorfer Zeit (sie dauerte nur ein Jahr, denn jeder bemühte sich, da schnell wieder wegzukommen) eigentlich nichts Wesentliches zu berichten, wenigstens was den beruflichen Sektor betrifft.
Privat war schon mehr los. Denn es ergaben sich, dadurch

daß wenigstens ein vernünftiger Spielplan ablief, weniger hektische Probenzeiten, mehr freie Tage und daher auch mehr Privatleben, als ich bisher gewohnt war. Dies wurde ausgefüllt mit Besuchen in der Opernloge (es gibt Opern, die ich heute noch auswendig kenne) und andererseits mit Reisen nach Mainz. In Mainz war meine Salondame aus Brünn gelandet. Meine Opernleidenschaft war groß genug, um mit dem Gedanken zu spielen, alles hinzuschmeißen und Dirigent zu werden. Aber das Spiel war schnell zu Ende, denn als ich bei meinen diesbezüglichen Recherchen erfuhr, was man da alles lernen muß, habe ich reumütig beschlossen, das zu bleiben, was ich sowieso war.

Ich muß hier die bedauerliche Feststellung einfügen, daß ich offenbar veranlagt bin, immer den Weg des geringeren Widerstandes zu wählen. Ich gebe es nicht gerne zu, aber ich habe mich später noch oft bei dieser recht negativen Eigenschaft ertappt. Aber immerhin: Ich liebe die Oper! Es gibt Leute, die sagen: »Oper ist Quatsch!« Sie sind nicht bereit, Konzessionen in bezug auf Logik zu machen und verlangen einen Naturalismus, auf den man in der Oper eben zu verzichten bereit sein muß.

Natürlich ist es äußerst ungesund, mit einem Dolch im Rücken oder einer Kugel im Herzen, noch eine lange Arie zu singen. So ein Unterfangen endet ja auch meist tödlich. Und die Unvorsichtigkeit, mit der Schmuggler, Verschwörer und Entführer meistens zu Werke gehen, indem sie, gerade mitten in ihrer lichtscheuen Tätigkeit, zu singen anfangen und dazu noch alle zusammen, ist ein für jeden Kriminalromanleser ärgerlicher Vorgang. Auf der anderen Seite gibt es aber wundervolle Sterbearien und herrliche Schmuggler- und Verschwörerchöre, und daran sollte man sich halten.

Auch bei Picasso sitzt das rechte Auge auf dem linken Knie und kein Mensch regt sich auf.

Allerdings, Oper ist eine Kunstgattung, die nur in Vollendung zu ertragen ist. Es müssen erstklassige Virtuosen am Werke sein! Nur noch zwei Kunstgattungen stellen diese hohen Ansprüche: das Ballett und das Boulevardtheater. Diese drei Sparten sind – zweitklassig dargeboten – nicht zu ertragen. Deshalb sind sie ja auch so schwer. Da muß einer sein Handwerk können, da kann man nicht schwindeln, da heißt es, Farbe bekennen.

Der Klassiker, das Drama, das Volksstück, das geht alles irgendwie durch, wie ja überhaupt das Schwere leichter ist als das Leichte. Von der völlig unkontrollierbaren sogenannten modernen Literatur und von der Art, wie sie heute von jugendlichen Regisseurwunderkindern dargeboten wird, möchte ich gar nicht reden. Darüber wird man in ein paar Jahren sowieso zur Tagesordnung übergehen.

Doch darüber an anderer Stelle. Laßt mich bei der Oper bleiben. Zwei Opern gibt es, die kann ich auswendig! Von vorn bis hinten und zurück. »Carmen« und »Aida«! Und das kam so: Wenn man abends freihatte, war meistens Oper, und da man sowieso warten mußte, bis die Dame des Herzens fertig war, blieb einem gar nichts anderes übrig als in die Loge zu gehen, und da nun gerade »Carmen« und »Aida« zwei Opern sind, in denen das Ballett von Anfang bis Schluß zu tun hat, wurde die Kenntnis dieser beiden Opern eben lückenlos. Anfangs zugegebenermaßen aus erotischen Gründen, dann aber fasziniert von der Musik, die ja in beiden Fällen hinreißend ist. Und auch heute noch versäume ich keine Gelegenheit, wenn in irgendeiner Stadt eine der beiden Opern gegeben wird. Und da bin ich beim Thema »Carmen«! Diese Oper wollte ich immer mal inszenieren. Leider hat es mir nie jemand angeboten, aber ich kann es mir nicht verkneifen, eine kleine Kostprobe zu liefern.

Carmen

Also vorweg und prinzipiell: Wenn es überhaupt eine Oper gibt, in der Erotik eine große Rolle spielt, dann ist es »Carmen«. Und daran wird immer vorbeigespielt. Ich finde, Folklore und Kastagnetten und so Sachen, das ist ganz nett, aber zu wenig für drei Stunden. Fangen wir gleich mal an: I. Akt: Piazza, alles schön und gut, aber es muß eine Möglichkeit gefunden werden »Marktplatz« und »Wachstube innen« gegeneinander auszutauschen, ich werde später erklären, warum. Also erst mal Marktplatz – Knabenchor. Die Kinder kommen ausgelassen und freuen sich auf die gleich eintreffenden Soldaten, indem sie selber einen solchen Aufmarsch spielen. Das geht dann meist so vor sich, daß die armen Kinder sowohl den musikalischen als auch den choreographischen Teil gleichzeitig bewältigen müssen, was meist über ihr Vermögen geht. Und ich habe noch keinen Knabenchor gesehen, bei dem nicht entweder die tänzerische oder die musikalische Seite geschmissen wurde. Ich habe nie begriffen, warum man das nicht aufteilt. Ich würde »Schnell hereingestürmt wie's Wetter« von einem Chor junger Stimmen singen und den tänzerischen Teil von Balletteleven vorführen lassen, die dann aus dem dämlichen Marschieren, das immer an dieser Stelle exerziert wird, sogar eine Militärparodie machen könnten. Damit würde vermieden, daß die armen Kinder bereits mit angstverzerrten Gesichtern auftreten und ihre Augen sich krampfhaft am Dirigenten festsaugen, während sie ihre Mützen in die Luft werfen und so tun, als wären sie irrsinnig vergnügt und ausgelassen, und der Zuhörer, der die Oper kennt, bekommt schon feuchte Hände, weil er weiß, jetzt kommt gleich der erste Schmiß.

Der Applaus nach dieser Nummer erinnert mich immer an die Erleichterung im Zirkus, wenn der Artist nun also doch nicht vom Trapez gefallen ist.

Man komme mir bitte nicht mit dem Argument: »Aber es sind doch Gassenjungen, die sollen ja gar nicht richtig tanzen können und auch nicht singen.« Auf der Bühne dargestelltes Nichtkönnen, das aus tatsächlichem Unvermögen besteht, ist Dilettantismus und ohne jede Wirkung.

Weiter: José bekommt Besuch von seiner Braut Micaela, infolgedessen Duett: »Ich seh' die Mutter dort...«. Na ja, sehr hübsch, halt ein bisserl lang. Ich würde versuchen, hier mit einer leicht humorigen Rückblende zu arbeiten, denn daß erst sie sitzt und er steht und dann beide sitzen und bei der Kadenz dann beide stehen, ist halt auch nicht so toll originell.

Außerdem reizt der Text dazu, ihn mit Humor und Ironie aufzulösen. Nun könnte man über das Thema »Text in der Oper« eine ganze Dissertation schreiben. In vielen Fällen sollte man sich ihm mit den Augen der Nächstenliebe nähern, denn wer will sich ernsthaft mit einem Text auseinandersetzen, der etwa lautet: »Dahin, was mir wert und teuer, das Glück meiner Seele entflohn, indessen du, ein Ungeheuer in seinen Armen, lachest Hohn«.

So was geht eigentlich nicht, aber erstens wirkt gesungener Unsinn weniger unsinnig als gesprochener oder gar gelesener. Zweitens versteht man ihn meistens nicht, was der Sache sehr zugute kommt, und drittens handelt es sich fast immer um eine Übersetzung.

Aber ich kenne auch deutsche Originaltexte, sei es nun vom großen »Richard« oder »Hugo von«, die der Gefahr unfreiwilliger Komik nicht entgangen sind.
Weiter: Daß alle Zigarettenmädchen auch starke Raucherinnen sein müssen, damit sie bei ihrem Auftritt »in die Lüfte« blasen können, ist den Regisseuren offenbar nicht auszureden.
Jetzt kommt die wichtigste Szene des ersten Aktes. Die verhaftete Carmen überredet den Bewacher José, sie entkommen zu lassen, und das tut sie, indem sie ihm etwas von einer Kneipe bei Lillas Pastia vorträllert, in der es Manzanilla zu trinken gibt, den er sich auch in der Stadt kaufen kann. Diese Szene muß so gespielt werden, daß »Draußen im Wald von Sevilla« noch ganz andere Freuden auf ihn warten. Natürlich muß das Lillas-Pastia-Lied dann in die Wachstube verlegt werden, denn mitten auf der Piazza kann man das nicht spielen – *wenn man es richtig spielt.*
Habe ich mich klar ausgedrückt?
José läßt also Carmen entkommen und wird nun seinerseits festgenommen, um dann im zweiten Akt nach Verbüßung der Strafe sich seinen Lohn zu holen.
II. Akt: Bei besagter Lillas Pastia. In diesem Akt passiert die entscheidende Szene der Oper, in der immer, aber wirklich immer, vorbeigespielt wird. Doch ich will nicht vorgreifen. Erst einmal sind wir beim ersten Auftritt Escamillos, des Bassermanns unter den Stierkämpfern. Und jetzt begibt sich meist etwas Sonderbares. Escamillo kommt also und singt sein »Auf in den Kampf...« Da der arme Mensch nichts anderes gelernt hat und sich andererseits vor Carmen, auf die er fliegt, ins rechte Licht setzen will, was man ihm nicht übel nehmen kann, singt er natürlich vom Stierkampf. Wovon soll er auch schon singen? Von einer Sache also, die alle Anwesenden genügend kennen, da jeder schon mit drei Jahren seinen ersten Stierkampf

gesehen hat. Nun, lieber Leser, paß mal auf, wenn Du Carmen siehst, was der herumsitzende Chor bei diesem Lied treibt. Es ist ein Erlebnis zu beobachten, wie der eine Chorherr dem anderen auf die Schulter schlägt, ein erstauntes Gesicht macht, als wollte er sagen, »hör doch nur ein Stier, das muß aber ein großes Tier sein und gefährlich, oh, wie ich mich fürchte«. Und vor lauter Spannung, was noch alles an schauspielerischen Glanzleistungen von den über die Bühne verteilten Chorherren geboten wird, bin ich so abgelenkt, daß ich den Auftritt Escamillios gar nicht richtig mitgekriegt habe, und schon ist er wieder weg.

Über den mitspielenden Chor wäre eine ganze Abhandlung zu schreiben. Jetzt mal ganz abgesehen von »Carmen«, sondern allgemein. Diese Frage ist immer offen, trotz Felsenstein, der ja eine maximale Lösung gefunden haben soll.

Weiter: Escamillo geht also wieder weg, nachdem er sein Pfauenrad vor Carmen ausgebreitet hat. Und der Zuhörer ahnt, daß die beiden Herren noch rechte Unannehmlichkeiten haben werden, denn José muß doch gleich kommen, schließlich singt ihn ein bekannter Tenor, und nur für den ersten Akt wird man ihn wohl nicht engagiert haben, und tatsächlich kommt er, zwar nicht sofort, aber er macht schon außerhalb beträchtlichen Lärm, indem er sich der Schmugglerkneipe singend nähert, um dann mit dem langgehaltenen Ton leibhaftig in der Tür zu stehen. Ein sehr effektvoller Auftritt, den man so lassen sollte, obwohl ich im allgemeinen gegen diese Singerei hinter der Bühne bin. Zum Beispiel würde ich immer eine Möglichkeit suchen, die Arie des Ernesto in »Don Pasquale« nicht hinter der Bühne singen zu lassen, man tut dem Publikum keinen Gefallen, und ich empfinde es als Gemeinheit gegen den lyrischen Tenor, der sich diese wunderschöne Arie hinter der Bühne abquälen muß.

Warum gibt man ihm nicht dafür ein eigenes Bild, kleine Laube in der Nähe des Hauses, oder so?
Aber ich schweife ab.
Also, José ist gekommen, hat seine Strafe abgesessen und hat Urlaub bis zum Zapfenstreich, und nun geht's los. Carmen bringt ihn dazu, Zapfenstreich Zapfenstreich sein zu lassen, den Beruf hinzuschmeißen und bei den Schmugglern zu bleiben. Und hier fange ich an, mich zu ärgern, denn es ist läppisch, einem durch Film und Striptease geschulten Publikum einreden zu wollen, daß es genügt, wenn eine Dame ein paar Kastagnetten in die Hand nimmt, einen spanischen Tanz andeutet und dazu Tralala singt. Nein, also wirklich, so geht es nicht! Dabei brauchte man musikalisch gar nichts zu ändern, die Tarantella ist sehr schön und das Tralala lang genug.
Und mit »Tralala« kann man alles ausdrücken, *wenn man es ausdrücken kann,* und es müssen nicht unbedingt Kastagnetten in die Hand genommen werden. Diese würde ich dem Orchester überlassen. Carmen sollte die Hände frei haben, und wenn irgendwo in der Musikliteratur ein Striptease begründet ist, dann hier. Und wenn hier eine beginnende Kopulation immer wieder bedroht wird durch die Trompeten aus der Kaserne, die schließlich immer stärker werden und die Liebesszene, die aber dann auch wirklich eine sein muß, »interruptieren« (man erlaube mir diesen Ausdruck an dieser Stelle), und wenn dann José hervorwürgt: »Ich muß heim zum Appell« und die vergeblich halbausgezogene Carmen dann der heilige Zorn packt und sie ihm seine Anhängsel – ich meine Degen, Gürtel, Patronentasche und so – vor die Füße schmeißt und sagt: »Du Feigling, hau doch ab!« dann hat das eine wirkliche Dramatik, dann sitzt die daran anschließende Blumenarie auch ganz anders, wenn vorher die Fetzen geflogen sind...
Ich weiß, daß das alles gar nicht zu machen ist, denn erstens

wird man nicht zwei Sänger finden, die das können und wollen, und zweitens keinen Intendanten, der sich auf so was einlassen will, und drittens, selbst wenn man die ersten beiden Hindernisse überwunden haben sollte, kannst Du so was nur machen, wenn diese beiden Darsteller jeden Abend singen und da bist Du beim heutigen Opernbetrieb schon mal aufgeschmissen, denn spätestens bei der dritten Vorstellung kommt ein ganz anderer José aus Amerika und eine Carmen aus Belgrad, und sie nimmt wieder die Kastagnette und macht Tralala, weil sie das so gewöhnt ist, und er wartet diese Nummer ab und erklärt dann, daß er zum Appell müsse und singt dann in Gottesnamen noch die Blumenarie. Ich weiß also, daß das gar nicht realisierbar ist. Aber laßt mich ein bißchen spinnen. Nehmen wir mal an, die Szene wird so gespielt, wie ich sie mir denke (selbstverständlich im Zimmer von Carmen und nicht im Wirtshaussaal) und die beiden werden von Sergeant Zuniga in flagrantissimo überrascht, dann bleibt José gar nichts anderes übrig, als sich den Schmugglern anzuschließen, und das Finale ist mit Recht die Krönung des Aktes.
III. Akt: Gibt regielich meiner Ansicht noch am wenigsten her, erstens ist es immer dunkel, und das habe ich persönlich sowieso nicht sehr gerne.
Dunkle Bühnen mag ich nicht, die Bühnenbildner mögen das sehr, denn mit gelben, grünen und roten Scheinwerfern kann man so schön schummeln. Für die Sänger bringt das gar nichts, denn wenn ich nur Schemen sehe, dann höre ich auch nicht lange zu. Ich finde, der Akteur auf der Bühne kann verlangen, daß man ihn sieht. Ob Sänger oder Schauspieler. Wenn ich kein Auge sehe, bin ich nach spätestens einer halben Stunde nicht mehr interessiert. Deshalb bin ich auch ganz gegen die neue Mode, mit Masken spielen zu lassen. Das hat Strehler mit »Diener zweier Herren« angefangen, aber auch nur stellenweise.

Wie dem auch sei, ich will als Zuschauer die Augen des Darstellers sehen, sonst bin ich ungehalten. Aber ich schweife schon wieder ab.

Wir sind also im Schmugglerakt, Kartenlegen ist vorbei, auch Micaelas Auftritt, es kommt zum ersten Zusammentreffen Escamillo – José. Kaum haben sie erkannt, daß sie Rivalen sind, kommt es zum Kampf, der meistens so vor sich geht, daß die beiden mit gezogenem Messer im Kreis um einander herumtapsen, so daß das entsetzte Dazwischenspringen Carmens und der übrigen Schmuggler ohne jede Berechtigung stattfindet, denn die beiden tun sich gar nichts – kann man auch nicht verlangen, denn Tenor und Bariton werden noch gebraucht. Hier hätte ich einen Vorschlag: Das Publikum ist vom Film mit seinen Western und Prügelszenen so verwöhnt, daß ich hier einen Trick anwenden würde, den ich schon bei anderen Gelegenheiten mit Erfolg angewandt habe, nämlich einen unmerklichen Austausch der Sänger gegen zwei gleichgekleidete Artisten oder Freistilringer oder so.

Die müssen dann einen richtigen Kampf einlegen wie bei Sergio Leone. Hierbei kommt die Dunkelheit zu Hilfe. Ein solcher Tausch ist verhältnismäßig leicht zu bewerkstelligen, es braucht nur der Auszutauschende z. B. an einer Felswand vorbeilaufen, die ihn eine Sekunde verdeckt, und wer dann hinter der Mauer wieder zum Vorschein kommt, ist bereits das Double. Das merkt kein Mensch.

Der Rücktausch ist bei der Verwirrung – hervorgerufen durch die Auftritte Carmens und des Chors – ein Kinderspiel. Dadurch bekommt der Akt einen unheimlichen Auftrieb, denn an dieser Stelle hängt die Sache immer ein bißchen durch, vor allem durch das läppische Getue der beiden Kampfhähne, die keine sind.

Sollte hier nicht genug Musik sein, würde ich versuchen,

den Dirigenten zu überreden, bei Bizet eine kleine Anleihe zu machen. So also würde ich den dritten Akt vorschlagen, und ich glaube, es ist nicht die schlechteste Idee. José hat also die Nase voll und haut ab.
Akt IV: Carmen, inzwischen Escamillos Geliebte, will als letzte die Arena betreten und wird von José aufgehalten, der inzwischen recht heruntergekommen ist und wild entschlossen, Carmen zu zwingen, auf den Anblick ihres neuen Geliebten als strahlender Sieger in der Arena zu verzichten und statt dessen mit ihm, dem Verlassenen, ein Duett zu singen.
Dieses Duett gehört für mich zu einer der schönsten Stellen dieser Oper. Um zu verhindern, daß es vor der Arena mitten auf dem Vorplatz gesungen wird, was ich einfach nicht gut finde – erstens wegen der Intimität des Duetts und zweitens weil jeden Augenblick jemand kommen kann –, würde ich folgendes vorschlagen: José, der auf Carmen einredet, wieder zu ihm zurückzukehren, treibt sie einen Gang entlang, der sich um die Arena herumzieht, so daß beim ständigen langsamen Drehen der Bühne die Arena als solche immer mehr verschwindet und wir nur noch den Gang haben. Diese Situation ist für Carmen ungleich gefährlicher als draußen im Freien. Das Duett müßte so eingeteilt sein, daß Carmen immer mehr zurückweicht, bis am Schluß wieder der freie Platz mit der großen Treppe zur Arena erscheint. Carmen sieht hier eine Möglichkeit zur Flucht, rennt die Treppe hinauf und wird auf der letzten Stufe von José abgefangen und erstochen. Inzwischen habe ich wieder einen Tausch vorgenommen, und der Fallartist, der jetzt Carmen ersetzt (kein Problem, da Carmen beim Treppenlaufen nur von hinten gesehen wird), fällt die Treppe herunter und ist tot. Während dieses Falles füllt sich die Bühne schlagartig, nicht kleckerweise, nein, man weiß nicht, wo sie alle herkommen, sie sind einfach da und

stehen erstarrt. Keiner rührt sich. Dann Josés letzter Satz. – Vorhang.
Wenn man das so liest, klingt es, als meinte ich es nicht ernst. Aber das Duett ist in seiner Dramatik so stark, daß ich garantiere, daß bei dem Schluß niemand lacht. Es kommt immer darauf an, *wie* etwas gemacht wird.
Aber keine Angst. Diese Inszenierung wird es nie geben, ich habe das alles nur zu meinem Vergnügen hier aufgeschrieben, denn wenn ich's schon nicht machen durfte, so wollte ich es mir wenigstens mal von der Seele geschrieben haben.
Noch mal also, ich liebe die Oper!

Carola

Nach dieser kleinen Abschweifung zurück zur Orchesterloge in der Düsseldorfer Oper! Hier gab es für mich einen Blickfang besonderer Art, und zwar in allen Opern mit Ballett und in Carmen vor allem.
Innerhalb der Ballettgruppe bewegte sich eine sechzehnjährige Schönheit, die alles in den Schatten stellte, was sich spanisch zu geben versuchte. Sie war als Gruppentänzerin eigentlich fehl am Platze, weil sie jede Gruppe, ohne es zu wollen, durch ihr Aussehen sprengte: kohlpechschwarze Haare, große dunkle Augen, tiefbraune Haut und ein Temperament dem Aussehen entsprechend. Sie war in elfenhaften Ballettdarbietungen schwer einzusetzen, daher wurde sie, obwohl sie noch Gruppentänzerin war, mit vielen Solopartien betraut, vor allem wenn es sich um Nationaltänze handelte. Ihre Spezialität waren: »Carmen«, »Aida«, »Verkaufte Braut«, »Feuervogel«, »Polowezer Tänze«. In »Schwanensee«, »Giselle«, Dornröschen« und im Tü Tü hingegen gab es geeignetere Vertreterinnen.
Wir waren viel zusammen, und für Inez Allegri drohte Gefahr. Inez war die klügere und erfahrenere, Carola immerhin die um 22 Jahre jüngere und reizvollere. Eine Zeitlang überlappten sich die Ereignisse, aber als das Düsseldorfer Engagement zu Ende ging und die Frage der endgültigen Übersiedlung in eine andere Stadt auftauchte,

mußte ich mich entscheiden. Ich bat Carola, mit nach Hamburg zu gehen. Ich sah große Auseinandersetzungen auf mich zukommen, denn Inez saß ahnungslos in Mainz, und bei gelegentlichen Besuchen von ihr in Düsseldorf oder von mir in Mainz war ich zu feige, es ihr zu beichten. Ich habe es von Besuch zu Besuch hinausgeschoben, wie die meisten Männer. Inez hatte bereits ein Sommerhaus für unsere Ferien an einem bayrischen See gemietet. Kurz vor Ende des Düsseldorfer Engagements habe ich mich endlich entschlossen, ihr reinen Wein einzuschenken. Diese Reise nach Mainz und die folgenden Tage sind kein Ruhmesblatt in der Geschichte meines Lebens. Ich nahm Carola mit, ich dachte, das würde mir helfen.

Ich erlebte einen schlimmen Zusammenbruch, und er war nicht gespielt. Einen Kummer nicht lindern zu können, den man selbst verschuldet hat, ist schrecklich. Die Situation zog sich über drei Tage hin, und Carola war einigemale im Begriff, die Flinte ins Korn zu werfen. Meine Tätigkeit in diesen drei Tagen bestand größtenteils darin, entweder Samariterdienste in der Wohnung von Inez zu leisten oder zum Bahnhof zu eilen, um Carola daran zu hindern, mit dem nächsten Zug abzufahren.

Endlich saßen Carola und ich in einem Zug, der uns für immer von Mainz wegbrachte, und ich werde das Bild einer einsamen und – wie mir schien – gealterten Frau, die diesem Zug regungslos nachblickte, nie vergessen.

Für Carola war es leicht, in jeder Stadt, in die ich eventuell verschlagen würde, ein Engagement zu finden, denn wenn sie vortanzte, war sie auch schon engagiert. Mir ging es nicht so, wenn ich vorsprach.

Sie wurde an die Hamburger Staatsoper engagiert, und wir lebten die nächsten elf Jahre zusammen. Im Sommer fuhren wir immer nach Spanien, denn es machte ihr einen besonderen Spaß, und sie war sehr stolz darauf, daß sie in

Barcelona, Sevilla, Alicante immer gebeten wurde, beim Stierkampf in der Bürgermeisterloge Platz zu nehmen, weil sie spanischer aussah als alle Damen in der Arena. Ich war damals noch zu jung, um die Grausamkeit dieser Sportveranstaltung zu empfinden, außerdem war ich von der ganzen Atmosphäre zu beeindruckt. Heute brächten mich keine zehn Pferde mehr zu einem solchen Schauspiel.

Nach zehn Jahren heirateten wir, und das war auch das Ende unserer Beziehung. Ein Jahr später waren wir geschieden. Warum? Ich weiß es nicht. Ich glaube, daß wir beide im Moment unseres Zusammentreffens noch zu jung waren (sie war sechzehn – ich sechsundzwanzig –) und daß die Entwicklung eines jeden von uns eben in verschiedenen Richtungen lief. Schuld hat keiner, wie ja überhaupt nie nur einer schuld hat. Sie hatte viele Jahre später eine Tanzschule in Berlin, das Carola Krauskopf-Ballett, und meine Töchter aus zweiter Ehe hatten bei ihr Tanzunterricht.

Ich könnte das Kapitel Düsseldorf abschließen, aber ich habe das Gefühl, daß ich ein ganz kleines Erlebnis berichten sollte, einfach deshalb, weil es vielleicht eine Hilfe sein kann, falls ein junger Leser Theaterambitionen hat. Es handelt sich nur um ein Gespräch, sonst nichts.

Eines Tages ließ mich mein Intendant Walter Bruno Iltz nach einer Vorstellung, eine der wenigen übrigens, die er besucht hatte, in sein Büro kommen und hielt mir einen Vortrag. Es war ein langer Vortrag mit wohlgesetzten Worten, er dauerte sicher eine Stunde, und am Ende wußte ich nicht, was er eigentlich gesagt hatte. Es ging mir wie Faust, ich war so klug als wie zuvor. Er hatte eine Begabung, die man bei manchen Menschen findet, stundenlang zu reden und dabei nichts zu sagen. Ich bewundere diese Leute. Das ist das Holz, aus dem Politiker geschnitzt werden. Ein ganz besonderes Phänomen in dieser Fertigkeit war Joseph Goebbels. Ich erinnere mich, daß es mir ein ganz besonderes masochistisches Vergnügen bereitet hat, seine Leitartikel im »Reich« zu lesen. Es waren lange Artikel und sie lasen sich eigentlich auch ganz flüssig, man merkte erst gar nichts. Nur wenn man fertig war und sich die Frage vorlegte: »Was stand eigentlich darin?« mußte man ehrlicherweise antworten. »Nichts«.

Aber ich schweife schon wieder ab, ich muß mir das abgewöhnen, also zurück zu Iltz. Einen Satz hat er doch gesagt, der mich lange verfolgt hat. Also innerhalb seiner Rede, die, soweit ich verstanden hatte, eigentlich ganz positiv war, was die Beurteilung meiner Schauspielerei betraf, fiel der Satz: »Außerdem sind Sie sehr natürlich und davor müssen Sie sich hüten, Sie geraten in die Gefahr, zum ›Kotzen‹ natürlich zu werden.« Genauso hat er es gesagt, und ich war entsetzt. Ich ging von ihm weg und dachte mir: ›Dieser Idiot, der hat doch keine Ahnung, es gibt doch nichts Besseres als natürlich zu sein.‹

Es hat lange, jahrelang gedauert, bis ich dahintergekommen bin, daß der Mann völlig recht hatte. Und wenn ich heute im Theater sitze und sehe, wie an manchen Bühnen die Herrschaften da oben eine Privatunterhaltung veranstalten und es ihnen schnurzegal ist, ob die Zuschauer auch Zuhörer sind, und wenn die Darsteller ihren Text dahernuscheln, ohne daran zu denken, daß jeder, auch der auf einem billigen Platz ganz hinten, mit dem Kauf der Eintrittskarte das Recht erworben hat, jedes Wort zu verstehen, dann muß ich immer an den Ausdruck meines Intendanten denken, dem ich Unrecht getan hatte.

Aber ich war damals noch nicht so weit. Ich habe einmal über diese und andere Fragen, die die Technik meines Berufes betreffen, einen Aufsatz geschrieben, und es scheint mir an der Zeit, ihn an dieser Stelle einzuschieben. Außerdem muß ich noch eine Unterlassungssünde ausbügeln.

So viele meiner Kollegen lassen es sich nicht nehmen, in ihren Memoiren auch mal Kritiken über sich zu zitieren. Auch mir sei diese kleine Eitelkeit erlaubt: »Herr Schroth brachte den zweiten Akt des Stückes durch sein provinzielles Gehabe um den letzten Rest seiner Möglichkeiten.« Geschrieben wurde diese Kritik im September 1924, als ich im Stadttheater Brünn meinen Probemonat absolvierte.

Katechismus für Boulevardspieler

Der Direktor des Brünner Stadttheaters muß sehr viel von Theater verstanden haben, denn er engagierte mich für ein zweites Jahr mit den Worten: »Ihre Kritiken in Brünn sind schlecht, aber in Olmütz haben Sie gefallen.« Olmütz war ein Abstecherort.

Also, abgesehen davon muß ich zugeben, daß mir diese Kritik viel genützt hat, denn sie hat mich angeregt, mir zu überlegen, was der Mann mit »provinziellem Gehaben« wohl gemeint haben könnte, und dadurch bin ich zum erstenmal dazu gekommen, mich selbst kritisch zu überprüfen, und dabei habe ich entdeckt, daß er völlig recht hatte. Es gibt tatsächlich so was, und da ich schon immer mal über Boulevardspielen und die Technik, die man dazu braucht, schreiben wollte, gibt mir diese Kritik einen willkommenen Aufhänger.

Es ist sicher wichtig zu lernen, was man tun soll, aber ebenso wichtig ist zu lernen, was man besser läßt. Man hat die Beherrschung seiner Mittel und des Handwerks gerade im Boulevard nötiger, als wenn man gewohnt ist, sich im warmen Pool der Klassik zu tummeln, und einen die Sprache trägt, wie das tote Meer. Da braucht es nicht mehr viel Schwimmbewegungen. Beim Boulevard ist das Wasser meistens kalt und trägt nicht von selbst. Warum hat das Wort Boulevard einen Hauch von Geringschätzung? Weil es

Erstklassigkeit verlangt, und wo gibt es die schon immer? Boulevardspielen ist entlarvend. Bei »Sein oder Nichtsein«, »Ich zählte zwanzig Jahre Königin« oder »Durch diese hohle Gasse muß er kommen« hilft das »Was« (Dichter). Beim Boulevard hilft meistens nur das »Wie« (Schauspieler). Hier heißt es Farbe bekennen.

Bei Oper und Ballett ist diese Tatsache ziemlich allgemein bekannt, beim Boulevard weniger, weil man dort die Technik weniger merkt und auch nicht merken soll, und weil es leider auch immer weniger erstklassige Boulevardvorstellungen gibt. Es gibt weder die Autoren, auch die Zahl der Schauspieler, die Boulevard spielen können, wird immer kleiner. Dazu gehört eine Spezialbegabung. Es geht auch meistens schief, wenn die großen Bühnen, die sich der Literatur (sei es modern, sei es klassisch) annehmen, zeigen wollen, daß sie auch mal Boulevard spielen können und diese Form auch noch veredeln, indem sie sich dazu herablassen. Das ist in den meisten Fällen ein Irrtum. Sie können es *nicht.*

Ich hatte einmal einen Regisseur, der sich bei mir mit den Worten einführte: »Wenn ich das Wort Boulevard höre, wird mir ganz übel.« Dieser Regisseur hat dann versucht, die Angelegenheit zu vertiefen, indem er sich bei jedem Satz was dachte und das auch spielen ließ und so aus einem spritzigen Goetz einen zähflüssigen Brei machte.

Aber zurück zu dem »provinziellen Gehabe«! Es gibt Angewohnheiten, die man so bezeichnen kann und die einem Anfänger immer wieder passieren – und nicht nur einem Anfänger. Denn wenn einer an kleinen Theatern anfängt, die zu wenig Probenzeit haben und auch keinen vernünftigen Regisseur, der ihn kontrolliert, schleichen sich gewisse Unarten ein. Und wenn dieser junge Schauspieler niemanden hat, der ihm diese Unarten bewußt werden läßt oder er nicht rechtzeitig lernt, sich selbst daraufhin zu beobachten, dann wird er sie nie mehr los. Vielleicht ist unter den Lesern der eine oder andere, der zum Theater gehen will, für den habe ich 10 Gebote aufgestellt, wenn man die beherzigt, hat man – glaube ich – eine ganze Menge gelernt.

1. Du sollst nicht während des Dialoges andächtig Deine Fingernägel betrachten.
2. Du sollst nicht beim Hinsetzen Deine Bügelfalten hochziehen.
3. Du sollst nicht beide Arme nach vorn strecken unter gleichzeitigem Festhalten der Manschetten, damit die Wäsche aus dem Ärmel kommt.
4. Du sollst nicht grundlos an die Krawatte fassen.
5. Wenn Du schon die Hände in die Hosentasche stecken mußt – vermeide es nach Möglichkeit –, dann aber auf keinen Fall nur den Daumen.
6. Für Damen: Du sollst sparsam sein im Umgang mit Schals – nicht jede ist eine Flickenschildt!
7. Du sollst sparsam sein mit Pausen. Und lerne den Unterschied zwischen Pausen und Löchern (Erklärung folgt).
8. Du sollst sparsam sein mit Interpunktionen (Erklärung folgt).
9. Du sollst den Gebrauch von Eselsbrücken vermeiden (Erklärung folgt).
10. Du sollst nicht begehren Deines Nächsten Pointe. Das heißt: Du sollst Dich ruhig verhalten, wenn der Partner eine Pointe hat und keine Spielastik machen. Beliebte Ausrede: Aber ich muß doch die Situation weiterspielen. – Mußt Du nicht! (Erklärung folgt)

Das sind nur die gröbsten Unarten, die man aber öfter vorfindet, als man meinen möchte.

Zu Gebot 7: Pausen sind etwas Wunderbares, aber nur dann, wenn sparsam damit umgegangen wird. Eine Pause *muß* begründet sein. Eine unbegründete Pause ist ein Loch, und das ist etwas ganz anderes. Es gibt Regisseure, die sind so verliebt in Pausen, daß es in ihren Vorstellungen mehr Pausen als Dialoge gibt. Das ergibt meistens eine gepflegte Langeweile.

Eine Pause ist eine Besonderheit und hat etwas auszudrükken: Spannung – Trauer – Schrecken – Freude – alles Mögliche. Eine Pause, nur um eine Pause zu machen, ist Quatsch! Darum hüte Dich vor Pausen, die einfach durch Zufall entstehen. Zu einer der häufigsten »Überflüssigkeitspausen« gehört die Trinkpause. Immer wenn gefüllte Gläser herumstehen, passiert's. Immer höre ich dann die Ausrede: ›Ja, aber ich muß ja schließlich mal trinken‹ und ›Im Leben macht man das auch so‹. Was man im Leben macht, kann man noch lange nicht auf der Bühne machen. Die Bühne hat andere Gesetze. Keinem Regisseur würde es einfallen, fünf Leute drei Stunden um einen Tisch sitzen und diskutieren zu lassen, obwohl man das »im Leben« sehr wohl tun kann. Also merke: Trinke immer so, daß Dein Trinkvorgang beendet ist, wenn Du zu reden hast. Wenn man sich vernünftig mit dem Partner abspricht, ist das alles sehr wohl zu bewerkstelligen. Die Unterbrechung eines flüssigen Dialoges, nur weil getrunken werden muß, ist von Übel und ergibt fast immer ein Loch. Und stell Dir vor, es handelt sich um eine Saufszene, und jeder trinkt, wann er will: Lauter Löcher!

Merke: Zehn Pausen in einer Vorstellung sind besser als 300, von denen 290 Löcher sind.

Zu Gebot 8: Interpunktionen sollten für Boulevardschauspieler polizeilich verboten werden! Besonders die Kommata sind Gefahrenquelle Nummer eins.

Gewöhne Dir an, darüber hinwegzusprechen, eine Sprache wird unnatürlich, wenn Du die Kommata mitsprichst, auch Gedankenstrich, Ausrufungs- und Fragezeichen, Doppelpunkte; und Ausrufungszeichen und auch Punkte bitte nicht mitspielen. Ich weiß, daß in der Schauspielschule genau das Gegenteil gelehrt wird. Aber glaube mir – der »manche tausend Jahre an dieser harten Speise kaut« –, daß ich es besser weiß.

Auch Tonwechsel bei einem neuen Gedanken ist ein alter Hut aus der Theaterschule. Es ist viel reizvoller, Gedankenwechsel ohne Übergang und ohne Tonwechsel spontan zu vollziehen, man muß es allerdings können.

Es gibt natürlich Fälle, in denen ein falsch sitzendes Komma den Sinn verändert. Solche Kommas müssen selbstverständlich gesprochen werden.

Zu Gebot 9: Eselsbrücken. Eine Angewohnheit, die ihre Entstehung der Tatsache verdankt, daß es an vielen Bühnen zu wenig Proben gibt und sich die Kollegen, die nicht genau wissen, wie ihr Satz anfängt, dahin retten, indem sie ihrem eigentlichen Satz Füllworte vorausschicken, die zu allem passen und die Schrecksekunde ein bißchen verlängern. Wie zum Beispiel »Sag mal« (wird am häufigsten gebraucht) oder »Hör mal« oder »Übrigens« oder »Was ich sagen wollte« oder auch ein langgezogenes »Ähhh«.

Je länger man das »Ähhh« zieht, um so mehr kann man bei einem guten Souffleur (die es übrigens auch nicht mehr gibt) vom nächsten Satz erhaschen. Eine Angewohnheit, die sich erhalten hat auch bei Darstellern, die die Ausrede des Probenmangels gar nicht haben, ja, ich ertappe mich manchmal selbst bei: »Sag mal« ...

Zu Gebot 10: Er spielt die Situation weiter.

Ein Beispiel: Auf der rechten Seite der Bühne hat Arlecchino gerade einen Apfel geschenkt bekommen und macht sich daran, ihn zu verzehren. Just in diesem Moment kommt links Colombine und hat ihr Auftrittscouplet. Die arme Person ist natürlich völlig vom guten Willen des Apfelessers abhängig. Wenn er vor jeder ihrer Pointen

knirschend in den Apfel beißt, ist sie mit ihrem Auftrittslied im Eimer.
Es gibt Kollegen (meistens sind es ältere Salondamen oder Komiker), die sind Weltmeister im Apfelessen. Hier schweigt des Sängers Höflichkeit, obgleich's ihn in der Kehle juckt!
Noch eines liegt mir am Herzen: Es werden so schöne Worte gebraucht: »Natürlichkeit«, »Wahrheit«, »Echtheit des Gefühls«. Klingt alles ganz wunderbar und ist in Wirklichkeit mit Vorsicht zu genießen. Zuerst einmal: Natürlich *sein* ist gar nichts. Natürlich *scheinen* ist alles!
Die Echtheit des Gefühls ist ein Schmarren, wenn Du nicht imstande bist, dieses Gefühl ins Parkett zu tragen. Was nützt mir die echte Träne der Hauptdarstellerin, wenn ich in der fünfzehnten Reihe kalt bleibe? Natürlich muß erst mal ein echtes Gefühl da sein; dann aber fängt unser Beruf überhaupt erst an, der darin besteht, die Meute, die da unten sitzt, mitfühlen zu lassen.
Genauso ist es mit der Natürlichkeit. Natürlich sein kann jeder Dilettant, damit kann man aber höchstens beim Film landen, wo einem das Mikrophon vor der Nase hängt. Wenn man beim Film einen hinkenden Schuster braucht, dann sucht man sich einen hinkenden Schuster. Der kann unter Umständen hervorragend sein. Derselbe hinkende Schuster ist aber aufgeschmissen, wenn er eine Bühne betritt.
Noch etwas: »Tempo«! Das will bedeuten, eine Szene flott spielen, also mit Tempo. Da gibt es ein Wort meines alten Kollegen Willy Maertens: »Tempo ist nicht schnell sprechen, Tempo ist schnell einsetzen.« Damit ist alles gesagt. Schnell einsetzen ist nämlich gar nicht so einfach, wie es klingt. Das heißt: Zwischen dem Ende des Partnersatzes und dem Anfang des anderen darf kein Bruchteil einer Sekunde Luft sein. Das ist keineswegs selbstverständlich, man muß genau wissen, wann der Satz des Partners zu Ende sein

wird, und man muß sich darauf verlassen können, daß besagter Partner nicht eine Silbe mehr spricht als verabredet, denn in diesem Falle ist man mit seinem Einsatz den Bruchteil einer Sekunde zu früh, und es gibt eine Überlappung.

Das mag im Moment sehr natürlich klingen, aber wenn das zum Dauerzustand wird, dann überträgt sich diese Ungenauigkeit auf den Zuschauer, er wird unaufmerksam, hört auf, richtig zuzuhören und fängt an, sich zu langweilen und zu husten.

Daher merke: Wenn im Zuschauerraum gehustet wird, suche die Ursache nicht im schlechten Benehmen des Publikums, sondern erst mal bei Dir selbst. Man kann nämlich die Leute, wenn man wirklich konzentriert einsteigt, sehr wohl am Husten hindern. Ich rede nicht von den Zeitgenossen, die ohne Rücksicht auf Verluste vor sich hinkreppezen*, gegen die ist sowieso kein Kraut gewachsen, aber bei den Hüstlern sei vorsichtig mit der Verteilung der Schuld.

Dasselbe tritt ein, wenn man Tempo erzeugen will, indem man schnell spricht. Dann artikuliert man zu flüchtig und gerät in dasselbe Dilemma, ein Fehler, der sich sehr leicht einschleicht und bei dem ich mich selbst leider immer wieder ertappe und der die beabsichtigte Wirkung sehr beeinträchtigt.

Habe ich eben das Wort »Wirkung« gebraucht? Ich bitte um Verzeihung. Es ist neuerdings nicht fein, eine Wirkung erzielen zu wollen. Ich höre oft den Satz: »Er spielt auf Wirkung.« Das soll eine Rüge sein. Ich habe noch nie begriffen warum. Es ist doch ganz legitim, daß man eine

* Kreppezen ist ein Ausdruck, der aus dem Tschechisch-jüdisch-österreichischen stammt und bedeutet: husten in seiner rücksichtslosesten Form. Wird auf der ersten Silbe betont: Kréppezen!

»Wirkung« erzielen will, sei es komisch, sei es ernst oder tragisch oder einfach nur unterhaltend, aber eine Wirkung ist es allemal.

Wenn ich eine Pointe zu bringen habe, will ich auch, daß sie belacht wird, und ich nehme an, daß auch der Autor sich so etwas erhofft hat. Aber heutzutage ist das »shocking«. Ich kenne Theater, die so fein sind, daß sie jeder Pointe möglichst aus dem Wege gehen, und so sind die Darbietungen denn auch von einer stinkenden Langeweile, aber die Künstler können von sich mit Recht sagen, daß sie nicht auf Wirkung gespielt haben.

Dazu gehören auch die Natürlichkeitsfanatiker, die sind so natürlich, daß ich als Zuschauer immer das Gefühl habe, ich störe die Herrschaften auf der Bühne in ihrer Privatunterhaltung, und dann geh' ich lieber. Die gehen auch jeder Wirkung mit Erfolg aus dem Wege.

Noch eine Warnung für Anfänger: Regisseure! Sehr gefährlich!

Es gibt da verschiedene Exemplare.

Erstens, der Schreihals: Er ist Gottseidank im Aussterben begriffen, und wo er noch auftritt, muß Du immer wissen: Je lauter, desto unsicherer! Seine Lautstärke steht im umgekehrten Verhältnis zu seinem Können. Wenn man richtig und laut genug zurückbrüllt, hält er meistens den Mund.

Zweitens, der Elefant im Porzellanladen: Er ist das gefährlichste Exemplar, weil er einen Schaden fürs ganze Leben hervorrufen kann. Dieser steht auf dem Standpunkt, daß er zuerst die Persönlichkeit seiner Schauspieler zerhacken muß, um sie dann wieder neu aufzubauen. Meistens gelingt ihm nur das erstere. Ihm ist in großem Bogen aus dem Wege zu gehen, denn hier vereinigen sich Sadismus gepaart mit Größenwahn.

Drittens, der Diskutierer: Er ist verhältnismäßig ungefährlich. Er rettet sich in Diskussionen über Textstellen oder

über weltanschauliche Fragen, weil er nicht genau weiß, wie die Probe weitergehen soll.
Viertens, der Situationserklärer: Er gehört zu den harmlosen Exemplaren. Er weiß, daß seine Stärke das Formulieren druckreifer Sätze ist, hört dieselben auch gerne und erklärt jedem Schauspieler die Situation, in der er sich in dem zu probierenden Stück befindet. Offenbar hält er Schauspieler entweder für Analphabeten oder für Vollidioten, denen man das Gelesene erklären muß, aber ich habe den finsteren Verdacht, daß es weiter nichts ist als das unbändige Vergnügen, sich selbst zuzuhören.
Am besten sagt man ab und zu »ja, ja« oder »Aha« oder so etwas Ähnliches. Kopfnicken genügt manchmal auch schon, um ihm zu zeigen, daß man seine goldenen Worte dankbar in sich aufgenommen hat. Und wenn der Schauspieler vorsichtig und geschickt mit ihm umgeht, kann er ihn behutsam dahin führen, daß wieder vernünftig probiert wird.
Am liebsten sind mir die Regisseure, die auch Schauspieler sind, und die daher wissen, wo's lang geht, und die sich darüber klar sind, daß achtzig Prozent der Regieleistung darin besteht, die richtige Besetzung zu finden, womit eigentlich alles gesagt ist.
Fünftens, die Klassikerverballhornungskünstler: Darüber habe ich einmal einen Artikel in einem Programmheft veröffentlicht. Er hat mir viel Ärger eingebracht. Der Artikel hieß »Theaterkrise.«

Theaterkrise

Die Theaterkrise, von der so viel gesprochen wird, gibt es gar nicht! In Wirklichkeit ist das eine Regiekrise. Es haben sich die Prioritäten verschoben und es ist eine Überschätzung des Regisseurs eingetreten, die unerträglich zu werden beginnt.

Als ich zum Theater ging, war der Regisseur in der Hauptsache ein Helfer seiner Schauspieler und verstand sich auch als solcher. Sein Ziel war es, eine gute Vorstellung zustande zu bringen und selber möglichst wenig aufzufallen. Heute ist das Gegenteil der Fall, da heißt es »auffallen um jeden Preis«. Es hat sich über die Theaterszene ein Heuschreckenschwarm jugendlicher (heute nicht mehr so jugendlicher) Regiekünstler ergossen, denen es gelungen ist, im Laufe der Jahre die Zuschauerräume leer zu inszenieren. Es fällt ihnen nicht im Traum ein, Shakespeare oder Goethe oder Kleist zu inszenieren, sie inszenieren in erster Linie sich selbst.

Ich halte auch diese ganzen verkrampften Versuche, dem Theater eine neue Form geben zu wollen, die Zuschauer um 360 Grad herumzusetzen, oder durch verschiedene Räume zu hetzen, die Schauspieler auf den Händen gehn zu lassen, möglichst nackt natürlich, für schwachsinnigen Quatsch. Es gibt nur eine einzige Frage, von der alles abhängt, nämlich: »Steht eine Persönlichkeit auf der Bühne oder nicht?« Wenn dies der Fall ist, dann kann da unten im Parkett heruminszenieren wer will, die Leute werden kommen. Kein Regisseur kann aus einem schlechten Schauspieler einen guten machen. Das ist eine Erfindung der Regisseure. Wohl aber umgekehrt, wenn nämlich ein Schauspieler nicht Manns genug ist, sich gegen die Schnapsideen eines modernen Regisseurs durchzusetzen, und das ist öfter der Fall als man glaubt, denn Schauspieler (und das ist ja wieder das rührende an ihnen) sind manchmal von einer Autoritätsgläubigkeit, die einem die Tränen in die Augen treibt. Ganz erklärlich, denn mit einer neuen Rolle, von der man doch nicht weiß, ob man sie schaffen wird, befindet man sich im Zustand der Unsicherheit und ist dankbar für jede Anregung und kann nicht mehr unterscheiden zwischen hilfreicher Unterstützung und angeberischem Blödsinn.

Ich bestreite nicht, daß es Regisseure gibt, die einer Vorstellung ihren unverkennbaren Stempel aufdrücken, im positiven Sinn, und ich knie vor ihnen, aber meine Knie werden nicht oft strapaziert und blick ich umher im Theater heute, so sehe ich mehr Scharlatanerie und Angabe, und dem Gast, der sich mit Grausen wendet, ruf ich zu »Warte Bruder, nimm mich mit«! Das ist die ganze Theaterkrise. Die Prioritäten müssen wieder zurechtgerückt werden, weiter gar nichts. Alles wieder auf seine Plätze! Zuerst kommt der Schauspieler, die Persönlichkeit, wenn er eine ist, aber das zeigt sich spätestens nach fünf Minuten, meistens noch früher unter Umständen, mit dem ersten stummen Auftritt, da kann man nämlich nichts kaschieren, und dann kommt lange, lange gar nichts und dann der Regisseur und wenn sich diese gesunde Reihenfolge wieder durchsetzt, dann nix Krise.

Hamburg 1927–1933

Das Engagement in Hamburg war der große Sprung, auf den man als Anfänger immer wartet. Zu meiner Zeit gab es nur ein Ziel für einen jungen Schauspieler, und das war Berlin. Berlin war die Metropole, und alles andere galt nichts. Was nicht Berlin war, war Provinz. Unter den Privattheatern zählten höchstens noch, außer der erwähnten Bühne in Düsseldorf, zwei, eines in München unter Otto Falckenberg und eines in Hamburg unter Erich Ziegel und Mirjam Horwitz.

Daß also eines Abends Mirjam Horwitz bei uns in der Vorstellung von »Was Ihr wollt« saß, war für mich nicht so aufregend, denn wir wußten, daß sie gekommen war, um die Darstellerin der ›Viola‹ eventuell zu engagieren. Aufregend wurde es erst, als sie mich ins Hotel kommen ließ und mir einen Vertrag an die Kammerspiele in Hamburg anbot. Daß sie einen ganz anderen Menschen engagierte, als sie ursprünglich vorhatte, spricht nicht gegen die vorgesehene Kollegin, das kommt öfter vor.

Mir ist so etwas auch schon mal passiert. Als ich Jahre später in Berlin eine Rolle in einem Stück von und mit Axel von Ambesser spielte, wurde ein Filmregisseur, der dringend einen Hauptdarsteller für seinen nächsten Film suchte, von irgend jemandem auf mich aufmerksam gemacht. Er kam in die Vorstellung und hatte auch nach der Aufführung seinen

Hauptdarsteller gefunden – aber leider war es Axel von Ambesser.

Solche Sachen passieren halt. Mirjam Horwitz, die Prinzipalin, versetzte mir auch gleich einen Dämpfer, indem sie sagte: »So komisch waren Sie gar nicht, aber Ihre Kollegen haben dauernd über Sie gelacht, also nehme ich an, daß Sie Humor haben. Und das sage ich Ihnen gleich, bei uns ist es verboten, die Kollegen zum Lachen zu bringen!« Ich hatte den ›Bleichenwang‹ gespielt und wahrscheinlich die Möglichkeiten dieser Rolle voll ausgeschöpft, sie reizt ja auch dazu. Ich gelobte Besserung und unterschrieb den Vertrag.

Mit dem Verbot war Mirjam Horwitz natürlich völlig im Recht, aber ich war damals noch sehr jung und voll Übermut, und es war mein größtes Vergnügen, wenn es mir gelang, meine Kollegen auf der Bühne zum Lachen zu bringen. Eine schreckliche Angewohnheit, die ich nicht leiden kann, wenn ich selbst im Publikum sitze und merke, daß die da oben auf der Bühne privaten Ulk treiben.

Ich versprach also hoch und heilig, das Verbot einzuhalten, muß aber gestehen, daß es mir sehr schwer fiel und daß auch aus Hamburg noch manche Ausrutscher zu vermelden wären.

Die größte »Lachwurzen« (so nennt man die Kollegen, die leicht zum Lachen zu bringen sind) war übrigens unsere Frau Direktor persönlich. Das war ein gewisser Trost. Ich habe mich mit ihr prächtig verstanden, sie war eine hervorragende Regisseurin, was damals bei Frauen selten war. Als Schauspielerin hatte sie ihre Grenzen, aber wer hat die nicht.

Es begann einer der wichtigsten Abschnitte in meiner Entwicklung und er dauerte immerhin von 1927 bis 1944, allerdings mit Unterbrechungen. Mirjam war es übrigens auch, die mich zwang, mit der Chargenspielerei aufzuhö-

ren, und mich meinem Alter entsprechend einsetzte. Mit anderen Worten, sie sorgte dafür, daß ich alle jugendlich-komischen Rollen spielte, an die ich mich früher nicht herangetraut hatte. Ich spielte, was die Theaterliteratur zu bieten hatte, vom Klassiker über Boulevard bis zum Musical. Ich kann das unmöglich alles im einzelnen aufzählen.
Das Theater in Hamburg ließ sich natürlich mit allem, was ich hinter mir gelassen hatte, nicht vergleichen. Es war eine richtige ernst zu nehmende Angelegenheit. Gründgens war gerade nach Berlin engagiert worden, und für Paul Kemp wurde ein Nachfolger gesucht. Das war dann ich. Außerdem fand ich mich in Gesellschaft von Anneliese Born, Albrecht Schönhals, Ernst Fritz Fürbringer, Wolf von Beneckendorf, Axel von Ambesser, Herrman Breuer und last not least Elisabeth Lennartz, die spätere Frau von Gustav Knuth. Ein Ensemble, an dem beteiligt zu sein nicht das schlechteste war.
Später kamen noch dazu Ferdinand Marian, der eine Weltkarriere gemacht hätte, wenn ihm die Sache mit »Jud Süß« nicht passiert wäre. Er war ein hervorragender Schauspieler mit einer großen Persönlichkeit. Was Politik betraf, hatte er keine Ahnung. Unglücklicherweise wurde er zu Probeaufnahmen für den Film »Jud Süß« beordert und hatte leider einen großen Erfolg bei einer Vorführung im Propagandaministerium. Es war ihm so gegangen wie mir bei meinem ersten Film, nur waren die Folgen für ihn weitaus schlimmer. Der Propagandaminister Joseph Goebbels jedenfalls bestimmte: »Der spielt den Jud Süß!«
Wir wußten natürlich alle, daß der Film ein übles, antisemitisches Machwerk werden würde, denn wir befanden uns ja schon im Dritten Reich. Aber gegen das Wort des Ministers gab es kein Aufbegehren, und auf der anderen Seite handelte es sich schließlich um eine gute Rolle und um eine enorme Chance für eine Filmkarriere. Also Marian

spielte den Jud Süß, war natürlich sehr gut, weil er gar nicht schlecht sein konnte, er war immer gut, bei allem was er machte. Er hatte auch einen großen verdienten persönlichen Erfolg, und es begann ein steiler Aufstieg beim Film. Ich bin überzeugt, wenn der Krieg und seine Folgen nicht gekommen wären, hätte er die Karriere eines Burton oder Bogart gemacht. Daß die Alliierten gerade auf diesen Film besonders wütend waren, war vorauszusehen und daß gerade die Schauspieler, die an diesem Film maßgebend beteiligt waren, die größten Schwierigkeiten haben würden, war auch abzusehen. (Werner Krauss hatte lange Jahre mit einem Arbeitsverbot zu kämpfen.) Jedenfalls durfte Marian nicht mehr auftreten.

Vielleicht hätte sich im Laufe der Jahre die Situation gelockert, wie es ja auch im Falle Werner Krauss geschehen ist, aber Marian hatte es wohl nicht abwarten wollen oder können, er hatte einen Autounfall. Sein Wagen ist gegen einen Baum gefahren. Er hatte ihn selbst gesteuert. Ob es ein Unfall war? Darüber gehen die Meinungen auseinander. Und wenn ich lese, welche Strafen in Deutschland für Mörder aus Konzentrationslagern verhängt werden (wenn diese Prozesse, Gott behüte, überhaupt zustande kommen), dann bezweifle ich, ob das mit der göttlichen Gerechtigkeit so richtig funktioniert.

Mein Prinzipal, Direktor Erich Ziegel, mußte sich erst an mich gewöhnen, erst mal war er von dem »Einkauf« seiner Frau nicht sehr begeistert, aber im Lauf der Jahre wurde es eine sehr gute Freundschaft. Als er später die Intendanz des Thaliatheaters angeboten bekam, wechselten wir alle von der kleinen Kammerspielbühne an ein richtiges großes Theater. Unsere Freundschaft ging so weit, daß ich als einziger aus dem Ensemble mit den beiden nach Wien floh. Er hatte bei Beginn der Hitlerzeit beschlossen, das Handtuch zu werfen, nicht nur wegen seiner jüdischen Frau

(Mirjam), ihm paßte auch die ganze Richtung nicht. Er glaubte, seinen künstlerischen Ruf ohne Schwierigkeiten nach Österreich mitnehmen zu können. Ein Irrtum, wie sich herausstellte. Leider gelang es ihm nicht, sein Lebenswerk in Wien neu aufzubauen. Er mußte die Segel streichen. Gründgens, der inzwischen Staatstheaterintendant geworden war, engagierte ihn – gottseidank. Mit anderen Worten, er hatte das Glück, bis zum Endsieg mit Mirjam dort unterzutauchen. Es war ein trauriges Verlöschen, das beide nicht verdient hatten.

Ich darf dieses eine Wiener Jahr, das für Ziegel und daher auch für mich erfolglos blieb, nicht an mir vorüberziehen lassen, ohne Begegnungen zu erwähnen, die mir unvergeßlich sind. Dazu gehört der außerordentlich witzige Conferencier Paul Morgan, dann der intelligenteste aus dieser Branche Fritz Grünbaum. Diese beiden waren nicht nur die klügsten Menschen, die ich kannte, sie waren auch die liebenswertesten. Dazu kam noch Egon Friedell, der nicht nur ein guter Komiker war, er hat auch eine vielbeachtete Kulturgeschichte geschrieben. Es war und ist mir unbegreiflich, wieso diese drei, die doch alle Verbindungen hatten, Gott und die Welt kannten, nicht aus Österreich verschwunden sind, bevor die Stiefel der SS über den Stephansplatz knallten. Vielleicht haben sie den Ruf, der den Deutschen vorausging, für Greuelpropaganda gehalten. Grünbaum und Morgan sind im KZ umgekommen, Friedell sprang aus dem vierten Stock, als er die Gestapo unten vorfahren sah.

Ich kehrte nach dem Wiener Zwischenspiel nach Hamburg zurück. Dort hatte sich insofern etwas geändert, als ein neuer Intendant eingesetzt worden war. Es war mein junger Kollege Paul Mundorf, der sich unmittelbar nach der Machtübernahme Hitlers als Parteimitglied zu erkennen gab und das war unsere Rettung, denn wir, das Ziegelsche

Ensemble, galten als stark linkslastig, und Mundorf war das einzige Parteimitglied, das wir vorweisen konnten. Er wurde unser Intendant, und zu seiner Ehre muß ich sagen, daß er das ausgezeichnet machte und sich jeder nazistischen Einflußnahme enthielt. Er war außerordentlich fair, obwohl er die politische Einstellung eines jeden von uns kannte.

Finanziell blieb das Hamburger Engagement weniger erfolgreich, denn ein Privattheater ist, wie der Name sagt, ein privates Unternehmen, meistens ohne, oder fast ohne, staatliche Unterstützung und muß sich selbst erhalten. Mit anderen Worten, es muß erreichen, und zwar durch die Qualität seiner Darbietung, daß möglichst viele Menschen das Theater besuchen, die Eintrittskarten kaufen und so die Kosten hereinbringen. Eigentlich ganz logisch, und man kann es dem verantwortlichen Leiter nicht übel nehmen, wenn er versucht, die Ausgaben möglichst niedrig zu halten. Und wenn man dann noch der Besitzer eines Theaters ist, an dem zu spielen sich jeder als Ehre anrechnet, dann wirkt sich das auf die Gage nicht positiv, sondern negativ aus. Denn der Schauspieler sagt sich: ›Dort werde ich ernst genommen, dort werde ich gesehn, dort gehöre ich in die höhere Kategorie – das ist ein finanzielles Opfer wert.‹ Das weiß natürlich auch der Direktor! Unsere Direktion jedenfalls war sich dieser Situation sehr bewußt und hatte lauter gute und unterbezahlte Schauspieler. Das war uns auch erst mal egal, denn es war wirklich eine Ehre, am Thaliatheater engagiert zu sein.

Der Nachteil dabei ist nur folgender: Hast Du mal irgendwo mit kleiner Gage angefangen, dann ist es fast unmöglich, davon wieder loszukommen. Jedenfalls nicht, wenn Du am selben Theater bleiben willst. Ich habe auf alle Fälle Jahre gebraucht und mußte dann zu einem recht unbequemen Trick greifen. Aber erst mal war ich hier gelandet, das war

die Hauptsache. Und da die schon erwähnte Carola mitging (an die Hamburger Staatsoper nämlich), konnten wir die beiden kleinen Gagen zusammenlegen, das ergab dann eine einigermaßen erträgliche Lebensgrundlage.
Überflüssig zu sagen, daß an bezahlte Ferien, wie an subventionierten Bühnen üblich, gar nicht zu denken war. Der Vertrag lief acht Monate, und in den restlichen vier Monaten konnte man sehen, wo man blieb. Da hieß es stempeln gehen, und zwar im wahrsten Sinne des Wortes. Jede Woche anstellen beim Arbeitsamt und die paar Groschen abholen. Die wurden nicht zugeschickt, so wie heute. Wollte man nicht stempeln, mußte man sehen, daß man für den Sommer ein Engagement bei einer Freilichtveranstaltung bekam, die aber zu meiner Zeit noch sehr selten waren. Da hatte nicht jede alte Ruine ihre Festspiele. Außerdem fand ich das gräßlich. Ich finde, wir sind kein Land für Freilichtspiele. Einmal habe ich das gemacht – in Heidelberg, und ich fand, daß es bequemere Arten gibt, sich eine Lungenentzündung zu holen. Auch in der Arena von Verona oder in den Caracallathermen kann man naß werden, aber man friert wenigstens nicht.
Außerdem war es von der Direktion auch ganz ungern gesehen, denn in den Ferien sollte man sich erholen und neue Kräfte sammeln für die nächste Saison. Wie man das ohne Geld machen sollte, dafür wurde keine Gebrauchsanweisung herausgegeben.
Ich habe diese hochkünstlerischen Freiluftdarbietungen auch sofort aufgegeben und bin lieber – ohne Geld – in die Ferien gefahren. Wir haben das so gemacht, daß wir zu viert in meinen kleinen Wagen gestiegen sind. Ich hatte ihn meinem Vater, der ihn mit Recht nicht mehr brauchen konnte, für dreihundert Mark abgekauft, er hat sich das Geld tatsächlich geben lassen, ich hatte gehofft – na ja. Wahrscheinlich wollte er mich erziehen. Die acht Liter

Benzin für hundert Kilometer haben wir uns geteilt, und als einziges Gepäck kam ein Zelt mit. Aber nicht etwa ein Zelt, wie man es heute hat, sondern eins aus dem Ersten Weltkrieg. Statt aufblasbarer Gummimatratze – die noch nicht erfunden war – wurde unter den Zeltboden Laub gelegt. Ich glaube, bei Old Shatterhand ging es komfortabler zu.
Naheliegend wäre es gewesen, wenn wir angesichts so primitiven Komforts und schlechter Finanzverhältnisse die paar Kilometer an die Nord- oder Ostsee gefahren wären. Aber nichts dergleichen, Italien mußte es sein, das nächstliegende Land von Hamburg aus. Höchstgeschwindigkeit achtzig oder neunzig Kilometer, Autobahn gab's noch nicht. Die Hinreise allein dauerte acht Tage, mindestens. Bei dieser Gelegenheit habe ich Pässe fahren gelernt, und wenn ich heute über die »strada del sol« flitze und nebenan die alte Paßstraße sehe, dann habe ich das Gefühl, einer verlassenen Geliebten wieder zu begegnen, und ich höre, wie sie mir zuruft: ›Damals warst Du froh, daß es mich gab.‹ Und so war es auch.
Ich lebte und arbeitete eigentlich hauptsächlich in der Vorfreude auf die Ferien in Italien. Das war das Land meiner Wahl, mich zog es immer dorthin, und es ist mir ja auch das große Glück zuteil geworden, dort endgültig meine Zelte aufzuschlagen. Nie wäre ich auf die Idee gekommen, meinen Wagen freiwillig nach Norden zu lenken. Damals lernte man auf Autoreisen viel mehr von dem betreffenden Land kennen als heute, wo die Autobahn um die großen Städte herumführt. Wer damals über den Brenner kam und zum Beispiel nach Neapel wollte, *mußte* durch Verona, *mußte* durch Modena, durch Bologna, durch Florenz, durch Siena, durch Rom. Die Bequemlichkeit der Umgehungsstraßen gab es nicht. Heute bin ich froh, daß man das mußte, denn abgesehen von den Schönheiten der Bauten

und Plätze dieser Städte, hätte ich zum Beispiel nie die Arena in Verona kennengelernt und hätte gar nichts von den Opernfestspielen gewußt.
Völlig ahnungslos und rein zufällig bin ich im Jahre 1932 mal dort hineingegangen. Es hat mich derart beeindruckt, daß ich kein Jahr mehr versäumt habe – außer den Kriegsjahren natürlich –, die Opernfestspiele in Verona zu besuchen.
Viele Jahre später, als mir altem Arenabesucher die dämliche Berichterstattung in Deutschland über die Hutschnur ging, habe ich einen kleinen Aufsatz und einen Brief über dieses Thema geschrieben, und da wir gerade darüber reden, lasse ich sie an dieser Stelle völlig unchronologisch folgen:

Verona

Haben Sie schon mal erlebt, wenn eine 30 000köpfige Menge plötzlich ganz still wird? Wenn auf einmal alle den Atem anhalten, trotz Limonaden- und Paniniverkäufern? Mir passierte das zum ersten Mal im Jahre 1932, und seitdem habe ich keinen Sommer die Opernfestspiele in der Arena von Verona ausgelassen.

Schon der Anfang! Wenn fast jeder im Auditorium während der Ouvertüre seine kleine brennende Kerze in der Hand hält, und Tausende von Lichtern den Dirigenten, das Orchester und überhaupt den Beginn der Vorstellung begrüßen, muß ich alter Arenabesucher immer noch gegen einen Kloß im Hals ankämpfen – und wer dafür kein Gefühl hat, sollte ins Kino gehn.

Ins Kino gehen sollten auch besser die Herren der deutschen Presse, die meistens in überheblicher, hochnäsiger Form darüber kritisch, wie sie meinen, berichten. Was man da für einen größenwahnsinnigen Stuß liest, spottet jeder Beschreibung. Gewiß, es sind nicht die Salzburger Festspiele oder Bayreuth, hier handelt es sich um etwas ganz anderes. Hier geht ein wirkliches Volksfest vor sich, hier kriegt jeder, der will, seinen Platz, und wer hier hingeht, der will wirklich seine ›Aida‹ oder ›Tosca‹ hören und nichts anderes, und auch auf die Gefahr hin, als Premierenbesucher nicht am nächsten Tag in allen Illustrierten zu stehen.

Es ist ein Jahrmarkt, gewiß, aber ein Jahrmarkt der Freude, nicht der Eitelkeiten! Den gibt es woanders.
Es sind auch nicht die Philharmoniker, die im Orchester sitzen, aber immerhin habe ich in Verona Gigli gehört und Lauro Volpi, Tito Schipa und Giuseppe Lugo, Bergonzi, Domingo, Corelli und Mario del Monaco, um jetzt nur einmal die Tenöre zu nennen. Ich könnte die Liste für jede andere Stimmlage fortführen. Also so läppisch kann die Sache doch wohl nicht sein!
Es wird den Italienern auch so gerne vorgeworfen, daß sie nur auf den hohen Ton ihres Sängers warten und dann in Beifall ausbrechen, ohne das Nachspiel abzuwarten. Das stimmt, ist aber überhaupt nicht zu vermeiden. Hier liegen ganz andere Voraussetzungen vor, es handelt sich um eine Massenkundgebung und die unterliegt besonderen Gesetzen. Es ist schon eine ganz hübsche Leistung, eine Arena dieses Ausmaßes zur Ruhe zu bringen, das gelingt nur wirklichen Persönlichkeiten, jeder andere strampelt sich vergebens ab. Es ist spannend zu erleben, wie es dem Sänger gelingt, die Menge immer mehr zu hypnotisieren, bis sie ganz still ist. Versuchen Sie es mal! Natürlich kennen neunzig Prozent die Arie und natürlich warten sie auf das C oder G, das jetzt kommen muß. Warum darf man das eigentlich nicht?
Aber es ist etwas anderes, ob 1800 wohlerzogene Leute aufmerksam zuhören, oder ob eine zwanzigfach so große Menschenmenge, die ihre Emotionen nicht so in der Gewalt hat, einem Höhepunkt entgegenfiebert. Schon daß sie sich bis zum Ende zurückhalten, ist eine enorme Leistung, und wenn nun besagter Höhepunkt, der ja nicht umsonst fast immer am Schluß liegt, zur allgemeinen Erleichterung gelungen ist, *muß* sich doch die Spannung lösen, und zwar sofort. Jetzt noch acht oder sechzehn Takte abzuwarten, ist da einfach nicht mehr drin. Jeder, der das

miterlebt hat, wird mir recht geben, für Musikakademiker ist hier kein Platz.
Apropos Platz: Ich rate zur zweiten Platzkategorie (es gibt drei). Sie heißt Prima Gradinata, ist unnumeriert, daher dritte oder vierte Reihe links wählen. Dies ist in der Nähe der Bühne (Geigenseite) und der beste Platz überhaupt. Eine Stunde vorher da sein, Zeitung mitnehmen! Wer Sinn für Folklore hat, hält die eine Stunde schon aus. Unten im Parkett sind die Plätze sehr viel teurer, zwar numeriert, aber lange nicht so gut, weder akustisch noch visuell. Viel Vergnügen!

Brief an den Redakteur einer Münchner Zeitung:
Lieber Herr Karsten Peters!
Dies ist ein Bewerbungsschreiben. Sie können es als offenen Brief betrachten, Sie können es auch in den Papierkorb schmeißen, aber loswerden muß ich es.
Zur Sache: Wer in die Arena von Verona geht, um zum Beispiel »La Gioconda« zu besprechen, müßte wenigstens in etwa wissen, was er zu erwarten hat. Es sollte sich herumgesprochen haben, daß es sich um ein Volksfest handelt und wer eine Kammerspielinszenierung von Noelte erwartet und in dieser Richtung seine Feder wetzt, ist fehl am Platze. Die Sache mit ein paar Sätzen überheblicher Arroganz abzutun, geht nicht an und wird ihr nicht gerecht. Hier muß Protest angemeldet werden.
Kitsch hin, Kitsch her, wer nicht erkannt hat, daß hier außerdem noch ganz ausgezeichnet musiziert wurde (Pradelli), wer nicht gehört hat, daß Bergonzi das »Ciel e Mar« ganz hervorragend gesungen hat, so gut wie di Stefano in seiner besten Zeit und wie Corelli heute, wer nicht bemerkt hat, daß eine Ansammlung von fünf erstklassigen Sängern am Werke war, von der sich unsere Opernbühnen einige Scheiben abschneiden könnten (dem jungen Baß prophe-

zeie ich hiermit eine Weltkarriere), wer nicht gesehen hat, daß die Kostüme nicht kitschig, sondern von besonderem Geschmack und großer Pracht waren, wer nicht begriffen hat, wie geschickt der Chor bewegt wurde und wer, last not least, die Atmosphäre nicht mitkriegt und wer, wenn die tausend Lichter brennen, nicht ein bißchen schlucken muß, der tut mir leid, und ich muß ihn bedauern!
Woher ich die Berechtigung nehme, da mir doch die Befugnis fehlt? Blick' ich umher im deutschen Blätterwald, seh' ich es wimmeln von Befugten, doch die Berechtigten sind rar.
Bewerbung: Darf ich im nächsten Sommer über Verona berichten? Mehr irren als der Herr Ihrer Wahl kann ich auch nicht!
Diese Zeilen waren mir ein Bedürfnis, halten zu Gnaden, und nehmen Sie meine Grüße als Befugten in spe,

Ihr
(Carl-Heinz Schroth)

Dieser Brief blieb natürlich ohne Antwort.

»Der Kongreß tanzt«

Beruflich ging es mir prächtig, ich spielte viele und gute Rollen, und außerdem wurde mir eine große Lehre zuteil, und diese Episode muß ich erzählen – eben weil sie lehrreich ist. Es war meine erste Begegnung mit dem Film.

Also für den Film »Die Privatsekretärin« suchte man für Renate Müller in der UFA-Berlin einen Partner. Der Regisseur Reinhold Schünzel, ein bekannter, erstklassiger Theater- und Filmmann, hatte mich gesehen und ließ mich kommen, um mit mir Probeaufnahmen zu machen.

Ich verstand mich mit Schünzel und auch mit Renate Müller sogleich prächtig und merkte sofort, daß ich hier einem hervorragenden Regisseur gegenüberstand. Er hatte in allem, was er sagte, recht, die Probeaufnahmen wurden erstklassig, und das war mein Pech. Hier zeigte es sich wieder einmal, daß Erlebnisse, seien sie positiv oder negativ, durchaus nicht immer die Langzeitwirkung haben, die sie im Moment zu haben scheinen.

Also, die Sache mit der »Privatsekretärin« war recht unsicher, man wußte noch nicht genau, ob der Film überhaupt zustande kommen würde. In dieser Situation erhielt ich einen Anruf der UFA-Berlin, daß meine Probeaufnahmen Herrn Eric Charell vorgeführt worden seien und daß er mich für seinen Film »Der Kongreß tanzt« engagieren

wolle. Niemand wird mir verübeln, daß mir hier der Spatz in der Hand lieber war als die Taube auf dem Dach.
Ich machte also einen Vertrag für »Der Kongreß tanzt«, und das war mein Fehler, aber das konnte ich nicht wissen. Ich war in Filmdingen ein Neuling, hatte keine Ahnung, wie man so etwas macht und überließ alles vertrauensvoll dem Produktionsleiter der UFA, auch die Gagenfrage. Überflüssig zu sagen, daß er mich natürlich zu einem Schandpreis eingekauft hat, was ich bald erfahren sollte, und zwar auf eine Weise, die mir eine heilsame Lehre für die Zukunft war und auch jedem eine Lehre sein soll, der dies liest. Ich bekam also Urlaub von Hamburg und fuhr nach Berlin, um dann dort einige schlimme Erfahrungen zu machen.
Der Film »Der Kongreß tanzt« war sehr hoch besetzt, und ich war umgeben von großen Stars: Conrad Veidt, Lilian Harvey, Willy Fritsch, Adele Sandrock, und auch der Regisseur Eric Charell war ein Star, nicht beim Film allerdings, aber er hatte sich einen Namen gemacht, und zwar durch sehr erfolgreiche Inszenierungen von alten Schwänken, die er mit Musik und Tanz »aufmöbelte«, und die er so zum eigentlichen Vorläufer des heutigen Musicals machte.
Das war alles sehr gut und gekonnt, nur vom Film hatte er keine Ahnung. Es war sein erster Film, den er machen durfte, und natürlich traute er sich nicht, den genannten Filmstars gegenüber den Regisseur herauszukehren. Aber er hatte einen Anfänger in seinen Händen – und mit dem wurde Regie geführt. Korrekt gesagt, er hatte deren drei. Außer mir noch einen Franzosen und einen Engländer in derselben Rolle – der Film wurde in drei Versionen gedreht. Also drei Anfänger, welch ein Betätigungsfeld! Er zwang uns zu schrecklichen Übertreibungen, indem er behauptete, es kämen im Film nur fünfzig Prozent von dem, was man machte, auf die Leinwand.
Ich wußte schon damals, daß es genau umgekehrt ist. Aber

ich konnte ihm ja nicht widersprechen, wer war ich denn? Ich mußte froh sein, mich in der erlauchten Runde bewegen zu dürfen. Jedenfalls war es eine schreckliche Zeit, und jedesmal, wenn der Lautsprecher ertönte »Pepi, bitte ins Atelier!« (Pepi hieß die Unglücksrolle), mußte ich mich beinahe übergeben. Natürlich war ich auch nicht gut in dem Film und aus dem Filmgeschäft wieder draußen, bevor ich richtig drin war. Ich habe übrigens von meinen beiden Kollegen auch nie mehr etwas gehört, es scheint ihnen ähnlich ergangen zu sein.
Mit den Stars, wie gesagt, wurde nicht Regie geführt, und so wurde der Film, auch nicht zuletzt durch die Musik von Werner Richard Heymann, ein Welterfolg. Man kann also auch an einem Welterfolg beteiligt sein und nichts davon haben. Aber immerhin habe ich ihm zwei Erlebnisse zu verdanken, von denen das zweite besonders wichtig war. Aber zuerst Nummer eins:
Wie man sich denken kann, war der junge Anfänger aus der Provinz durch die Tatsache, daß er bei jedem Schritt über irgendeinen Prominenten stolperte, sehr gehemmt und nicht im Vollbesitz seiner geistigen Fähigkeiten. Und als ihm gar die Gunst zuteil wurde, von der Altmeisterin Adele Sandrock im Atelier angesprochen zu werden: »Haben Sie Feuer, junger Mann?« war die Ehre ebenso groß wie die Schwierigkeit, denn der junge Mann hatte natürlich kein Feuer. Erstens wäre es bei dem engen Kostüm gar nicht möglich gewesen, ein Feuerzeug unterzubringen, und zweitens war Rauchen streng verboten. Aber Widerspruch gab es nicht, wenn General Adele mit einem Untergebenen sprach. Also wetzte der junge Mann in die Kantine und kam mit heraushängender Zunge und einem Paket Streichhölzer zurück und beeilte sich, die Virginia des Generals, der natürlich eine Sondererlaubnis hatte, in Brand zu setzen. Aber – war es die Verwirrung des Augenblicks, war es die

Hemmung vor der großen Persönlichkeit, war es der Wunsch, möglichst schnell zu Diensten zu sein – jedenfalls machte ich den unverzeihlichen Fehler, mein Streichholz nicht, wie es sich gehört hätte, in Richtung auf mich anzureiben, sondern entgegengesetzt, so daß die aufzischende Flamme zwar ohne Umweg die Virginia traf, zugleich aber in die Nähe von zwei Augenbrauen geriet, die sich schon bei Beginn der Prozedur unheilschwanger zusammenzuziehen begonnen hatten. Und jetzt erhob sich ein Geschrei, das das ganze Atelier zusammenlaufen ließ. Sie legte eine Szene hin, als würde sie am Spieß gebraten. Dabei war ihr nur ein kleines Streichholz zu nahe gekommen.

Es war einer der ersten Drehtage des Films, aber von diesem Tag an kannte mich jeder, denn alles fragte natürlich: »Wer war denn der Idiot, der die Adele beinahe umgebracht hätte?«

Abgesehen davon, daß ich vor Scham am liebsten versunken wäre, habe ich in meinem späteren Leben nie wieder ein Streichholz in die falsche Richtung angezündet, und wir wurden doch noch gute Freunde. Auch alle anderen Kollegen waren zu dem ängstlichen jungen Mann aus der Provinz besonders nett und herzlich, was mir im späteren Leben nicht von allen prominenten Kollegen widerfuhr, aber darauf wird noch zurückzukommen sein.

Das war das erste Erlebnis, das ich deshalb erzählen wollte, weil es lehrreich war. Und nun das zweite – noch lehrreichere:

Eines Tages, es war gerade eine Pause, weil der Kameramann mit den Beleuchtern eine neue Einstellung einrichtete (die Kollegen waren alle in ihre Garderobe gegangen, ich traute mich nicht weg, vielleicht würde mich der Kameramann gebrauchen), tat sich die Tür zum Atelier auf und herein kam – was heißt kam – hereinrauschte Herr

Pommer. Herr Pommer, muß man wissen, war der Filmboß schlechthin. Chef der UFA und sonst ein intenational berühmter Mann. Er kam herein – ich muß es leider sagen – wie sich der kleine Moritz einen Filmboß vorstellt. Hände in den Taschen, Hut im Genick, wie die Maffialeute im Film, Zigarre im Mundwinkel und stellte sich hin. Von »Guten-Tag«-sagen war natürlich keine Rede, und hinter sich einen Schwarm katzbuckelnder Assistenten.
Unglücklicherweise war ich der einzige, der sich in seinem Blickfeld befand, und ich merkte sofort an seinem angeekelten Blick und seinem Geflüster, daß die Rede von mir war. Ich spitzte meine souffleurgeschulten Ohren, und es gelang mir tatsächlich, einen Satz zu erhaschen, einen Satz, für den ich rückblickend sehr dankbar bin. Er zischte seinen Leuten zu: »Der kann gar nicht gut sein, der ist viel zu billig!« Die Lehre, die aus diesem Erlebnis zu ziehen war – nämlich: »Du wirst um so höher geachtet und um so besser behandelt, je teurer Du bist« – ist leichter zu erteilen als zu befolgen.
Erst als ich sechzig wurde, begann bei mir ein Knopf aufzugehen. Ein bißchen spät.

Kurzes Zwischenspiel München 1937

Nach der Ohrfeige von Herrn Pommer blieb mir nichts anderes übrig als reumütig und etwas angeschlagen nach Hamburg zurückzukehren, um das Leben eines bescheidenen Ensemblemitglieds wieder aufzunehmen. Aber der Satz von ihm hat mich doch verfolgt, und wenn ich rückblicke, dann stelle ich fest, daß dieser Satz, der vielleicht nur so hingesagt war, mein Leben in entscheidender Weise beeinflußt hat.

Es fing schon damit an, daß ich in Hamburg bockig wurde, wenn ich sah, daß alle Kollegen, die neu engagiert wurden, zwar die kleineren Rollen spielten, aber die größeren Gagen hatten, während es mir nicht gelang, von meiner einmal abgeschlossenen Gage im Laufe der Jahre wesentlich aufzusteigen. Ich war so wild darauf gewesen, Theater zu spielen, daß die wirtschaftliche Seite mir gar nicht so wichtig war. Wenn bei Verhandlungen die Rede auf Geld kam, war ich immer nahe daran, vor Peinlichkeit in den Erdboden zu versinken. Hier war meine Begabung gleich Null. Und eigentlich war ich immer ein bißchen verwundert und peinlich berührt, daß ich Geld nahm für ein Hobby.

Ich habe mir diese Empfindlichkeit inzwischen abgewöhnt. Natürlich nicht durch eigene Kraft, sondern mit Hilfe einer lieben Freundin. Es war Ada Tschechowa, die Tochter von

Olga und die Mutter von Vera. Sie kam leider bei einem tragischen Unfall ums Leben, ihr Flugzeug stürzte beim Landeanflug in Bremen ab. Es gab keine Überlebenden.
Dann hatte ich das Glück, von Erna Baumbauer unter die Fittiche genommen zu werden. Ohne diese beiden Damen säße ich heute noch in einem möblierten Zimmer. Und wenn mich ein Produzent fragt, was brauchen Sie an Gage, dann sage ich: »Ich habe keine Ahnung, fragen Sie Erna.«
Mein Versuch, in Hamburg aus meinem Aschenputteldasein, finanziell gesehen, herauszukommen, scheiterte immer wieder. Weder Kulturverwaltung noch Direktion hörten auf diesem Ohr, und so entschloß ich mich zu einem Verzweiflungsschritt.
Ich hatte ein Angebot von den Münchner Kammerspielen unter Otto Falckenberg und nahm das Angebot an. Eigentlich war das mehr als Schreckschuß, Hamburg gegenüber, gedacht, und so kam es mir sehr gelegen, daß München den Vertrag erst mal nur für ein Jahr machte. Falckenberg wollte mich wohl erst kennenlernen, und ich wollte ja im Grunde gar nicht von Hamburg weg. Kaum hörten die Herrschaften in Hamburg von meinem Münchner Engagement, waren alle finanziellen Bedenken ausgeräumt, und ich hatte für das übernächste Jahr endlich einen annehmbaren Vertrag.
Das ganze war recht umständlich und überflüssig, aber ich saß da mit einem einjährigen Vertrag mit München. Ich mußte also dorthin, wohl wissend, daß ich das nächste Jahr wieder nach Hamburg zurückgehen würde. Das war eine ausgesprochen dumme Situation, denn schließlich waren die Kammerspiele nicht irgendein Theater. Es wurde von Otto Falckenberg geleitet und hatte einen mindestens genauso guten Ruf wie Hamburg, wenn nicht noch besser. Da ging man nicht hin mit dem Wissen, daß man sich gleich wieder davonmacht.
Ich konnte nicht gut zu Falckenberg sagen: »April, April, ich

16–18 *Meine Liebe zur Musik beflügelte mich in dem musikalischen Lustspiel »Meine Nichte Susanne« von Alexander Steinbrecher (links mit Siegfried Breuer, Theater in der Josefstadt Wien,* 1944, *Mitte: Berlin* 1947*) und in der Titelrolle von Ferruccio Busonis Oper »Arlecchino« (Deutsche Oper Berlin,* 1947*).*

19 *Eine Glanzrolle für jeden jugendlichen Komiker: der Chlestakov in Gogols »Revisor«. Meine Partner waren in dieser Aufführung des Hamburger Thalia-Theaters,* 1948, *Wolf von Beneckendorf (links) und Erich Weiher.*

20 *Unser größter gemeinsamer Erfolg: mit Karin Jacobsen in »Die Großen Sebastians« kurz vor unserem Auftritt. Hier ein Foto aus der Kleinen Komödie München,* 1965

21 *In dem Einpersonenstück »Tagebuch eines Wahnsinnigen« nach Gogol, Werkraumtheater der Münchner Kammerspiele,* 1965

22 *In der Titelrolle von Curt Goetz' »Dr. med. Hiob Prätorius« mit Walter Gross (links) und O. E. Hasse in seiner letzten Rolle, Komödie Berlin,* 1978

23–25 *Zwei Porträtstudien und mit Richard Münch in »Niemandsland« von Harold Pinter, Inszenierung Boy Gobert, Thalia-Theater Hamburg,* 1975

habe bei Ihnen nur abgeschlossen, um die Hamburger zu ärgern.« Einen Moment hab ich mir überlegt, ob ich nicht während irgendeiner Probe einen Krach vom Zaun brechen sollte, um auf diese Weise meinen Rückgang nach Hamburg zu begründen. Diesen Plan habe ich aber dann als unwürdig wieder verworfen. Außerdem hätte er mich gezwungen, ein großes Privattheater abzuziehen, und das kann ich nicht. Ich bin im Leben ein miserabler Schauspieler, und wenn ich so etwas versuche, kommt man mir sofort drauf.

Es gibt Leute, die können das großartig. Das erinnert mich an meinen Kollegen Ferdinand Marian, der machte sich das Vergnügen, durch seine Freude am Theaterspielen (im Leben meine ich) ganze Völkerscharen zur Verzweiflung zu bringen. Ein Beispiel: Wenn man mit ihm S-Bahn fahren mußte, war er in seinem Element. Damals mußte man noch die Fahrkarte vorzeigen, indem man einzeln an einem Beamten vorbeigeschleust wurde, der nur zu diesem Zweck in einem kleinen Häuschen saß. Vor dem Beamten angekommen, begann bei Marian die Vorstellung: Erst mal wurde eine Suchnummer veranstaltet. Zwei Taschen im Mantel, vier Taschen in der Jacke, zwei in der Hose, alles ausführlich und mit einer Langsamkeit, die den Beamten in seinem Häuschen allmählich nervös werden ließ. Und je mehr Leute sich ansammelten und je länger die Schlange wurde, um so lustiger funkelten die Augen meines Ferdinands. Dann verwickelte er den Beamten in ein Gespräch über die Tatsache, daß er die Karte noch vor kurzer Zeit in der Hand gehabt hätte und vielleicht hätte sie ihm jemand gestohlen, eine so schöne Karte. Und seine Frau habe auch gesagt, er solle auf die Karte aufpassen und ihm sei das alles so peinlich, und sein Freund – »sehn Sie mal, der hier« –, der könne auch bestätigen, daß er die Karte gekauft habe. »Nicht wahr, Carlheinz, Du hast's doch gesehn? Das ist

nämlich ein Schauspieler, Sie kennen ihn nicht? Das wundert mich aber.« Und so geht es weiter, bis die Leute murren und er endlich die Karte findet, die er natürlich die ganze Zeit in der Hand gehabt hat.
Seitdem ich wußte, wie die Sache abläuft, bin ich immer *vor* ihm durch die Sperre gegangen, dann konnte ich so tun, als gehöre der Herr nicht zu mir. Ihm machte das alles einen Riesenspaß, und der Spaß für ihn war um so größer, je peinlicher mir das war. Damit es nicht langweilig wurde, spielte sich die Nummer immer in verschiedenen Dialekten ab, die er sehr gut beherrschte, oder auch mal als Kurzsichtiger oder Stotterer. Marian zum Beispiel hätte sicher einen künstlichen Krach in München glaubwürdig durchgezogen, ich hätte das nicht geschafft und letzten Endes schien es mir auch Falckenberg gegenüber nicht fair zu sein.
Ich habe mich dann doch durchgerungen, alles zu gestehen, und bin eines Tages hingegangen und habe ihm reinen Wein eingeschenkt. Er war reizend, hat es mir überhaupt nicht nachgetragen, und ich habe in diesem Jahr trotzdem viele und gute Rollen gespielt. Er hätte mich ja auch auf Eis legen können, denn ich war ja eine Eintagsfliege und zum Aufbau eines Ensembles ungeeignet. Aber Falckenberg war ein Herr! Ich habe leider nie Gelegenheit gehabt, mit ihm als Regisseur zu arbeiten, und muß dies auf der Negativseite meiner Laufbahn verbuchen.
Als Antrittsrolle spielte ich »Leonie«, ein uraltes Boulevardstück. Es inszenierte O. E. Hasse, den ich bei dieser Gelegenheit kennenlernte. Es wurde auch gleich ein schöner Erfolg, für uns beide übrigens. Außerdem hatte ich in diesem Stück eine junge Anfängerin zur Partnerin, Ruth Hausmeister, die später meine zweite Frau wurde.
Genau genommen ist also Herr Pommer der Schöpfer meiner zweiten Ehe gewesen. Wenn man diesen Gedanken

weiter verfolgt, kommt man zu der Erkenntnis, daß das ganze Leben aus Zufällen besteht. Hätte Herr Pommer den Satz nicht gesagt, wäre ich in Hamburg nicht bockig geworden wegen der Gage, wäre ich nicht bockig geworden, hätte ich nicht nach München abgeschlossen, hätte ich nicht nach München abgeschlossen, hätte ich die Ruth nicht kennengelernt. Wer ist also schuld? Herr Pommer!

Das Ensemble war erste Klasse: O. E. Hasse, Friedrich Domin, Ferdinand Marian (den ich wiedertraf), Walther Lantzsch, Carl Wery, Maria Nicklisch, Eva Lissa, Hedwig Wangel, Alice Treff. Ich habe einmal, anläßlich der Hasse-Memoiren, die nach seinem Tod vollendet wurden, ein paar Erlebnisse mit ihm zu Protokoll gegeben, die ich mit Erlaubnis des Bertelsmann-Verlages wiederholen möchte: Nach »Leonie« arbeiteten wir gleich an dem Stück »Die vier Gesellen«. Er inszenierte, ich spielte. Wir merkten gleich, daß wir dieselbe Sprache sprachen, denselben Humor hatten. Wir waren beide sehr jung, sehr übermütig und für jeden Ulk zu haben. Meine Partnerin war ein ebenso junges Mädchen, aber schüchterner als wir, noch sehr unsicher, eine Anfängerin eben, an Kollegenscherze noch nicht gewöhnt. Sie hieß Paula Denk. Ich erinnere mich an eine Spaghetti-Szene, die wir nicht miteinander verabredet hatten. Ich mußte Spaghetti essen, während Paula eine große Rede zu halten hatte. O. E. saß unten im Zuschauerraum, und ich sagte aus Jux, natürlich war das nicht ernst gemeint, ich wollte nur mal sehen, wie O. E. darauf anspringt – »Ich könnte doch da, wo Paula die große Rede hat, mit den Spaghetti ein paar Sachen machen.« Natürlich war das völlig idiotisch, ich hätte das nie gemacht, aber ich warf den Einfall mal einfach so in die Probe hinein. O. E. sprang sofort darauf an: »Wunderbar! Sie könnten doch vielleicht den Löffel in die Suppe fallen lassen, und die ganze Tomatensoße spritzt in die Gegend.«

Jeder mußte merken, daß es ein Ulk war. Nur Paula merkte es nicht. Sie war so neu, nahm alles ganz ernst und hatte die Ironie überhaupt nicht begriffen. Ihre Augen wurden immer größer, der Mund öffnete sich vor Erstaunen, sie dachte, wir meinten das alles ernst. Als wir merkten, daß Paula uns prompt auf den Leim ging, bauten wir die Geschichte erst so richtig aus und überboten uns gegenseitig an Einfällen.

Paula muß gedacht haben, zwei Irren gegenüberzusitzen, die nur davon besessen waren, sich Blödeleien mit Spaghetti auszudenken. Wir steigerten uns von Stufe zu Stufe, er saß unten, führte Regie, ich schlug alles oben vor. Paula wurde immer verzagter, bis wir schließlich ihre Verzweiflung selbst nicht mehr aushalten konnten und sie aufklärten, daß alles Ulk gewesen war. Sie war sichtlich erleichtert und sagte uns, sie hätte die ganze Zeit, während wir unseren Unfug mit ihr trieben, überlegt, ob sie nicht wieder vom Theater abgehen sollte.

Das war das erste Erlebnis, das sich mir im Zusammenspiel auf den Proben mit O. E. eingeprägt hat.

»Ingeborg« von Curt Goetz war *meine* erste Inszenierung bei Falckenberg. Da hat O. E. gespielt. Das heißt, wir haben beide gespielt. Ich hatte zwar Regie, aber wenn ich eine Szene hatte, habe ich zu ihm gesagt: »Geh doch runter und guck Dir das an.« Und wenn *er* eine Szene hatte, bin ich runtergegangen: Wir haben das »in Kompagnie« gemacht. Wir hatten da gar keine Konkurrenzgedanken, haben uns einfach aufeinander verlassen können.

Ich wußte: Wenn er etwas nicht gut fand, dann war es auch nicht gut. Und umgekehrt hat er sich wahrscheinlich genauso auf mich verlassen. Wir haben es eben gemeinsam gemacht, was ja sonst nie geht. Man kann nicht gut zwei Leute Regie führen lassen.

Aber die Geschichte, die ich eigentlich erzählen will, ist

auch so eine, die eigentlich nur für Schauspieler komisch ist, wie immer bei Schauspieleranekdoten, über die man sich untereinander totlacht, die aber für einen Dritten überhaupt nicht komisch sind. Wie natürlich auch die Geschichte mit Paula Denk.

Also: Im dritten Akt von »Ingeborg« gibt es eine Trinkszene. Peter und Ottokar, der eine der Ehemann, der andere der Liebhaber, haben eine Auseinandersetzung, die sich beim Genuß einer Bowle abspielt. Natürlich, wie immer bei Goetz, ist es keine ernste Auseinandersetzung, eine lustige, pointierte also. Da stand eine große Glasbowle mit einem langstieligen Glaslöffel. Und während der Unterhaltung schenkt sich jeder mit dem Löffel immer wieder Bowle ein, ohne es so recht zu merken, bis beide völlig betrunken sind. Eines Abends zerbrach der Löffel, und wir konnten nicht mehr einschenken und also auch nicht betrunken werden. Da holte O. E. Hasse von irgendwoher einen klitzekleinen Kaffeelöffel und sagte jedesmal anstatt: »Ich darf mir nachfüllen« – »Ich löffle mich«, »Gestatten, daß ich mich löffle«, »Darf ich mir bitte noch eins löffeln« und so fort. Und jedesmal wenn das »Ich löffle mich« kam – ich weiß nicht, ob das so überaus komisch war –, gab es einen Riesenlacher. Aufbauend auf dem Löffelwort haben wir die ganze Szene noch erweitert: »Darf ich mich auch löffeln?« »Löffeln wir uns gegenseitig?« Es war überhaupt nicht »goetzisch«, aber die Leute fanden es irrsinnig komisch. Daran erinnerte sich O. E. immer noch, er hat die Geschichte 50 Jahre später anläßlich einer Premierenfeier von »Dr. med. Hiob Prätorius« in Berlin, wo wir zum ersten und einzigen Mal wieder zusammentrafen, mit großen Vergnügen erzählt – zum letzten Mal.

Ich war nur ein Jahr lang in München, denn es war ja nur ein ›Daffke-Engagement‹, wie der Leser weiß. Ich bin sehr ungern weggegangen, ich habe mich in dem Ensemble sehr wohlgefühlt.

Nach München haben wir – O. E. Hasse und ich – uns zwar nicht aus den Augen verloren, aber künstlerisch entwickelten wir uns auseinander. So kam es auch sicher, daß wir nie Filme miteinander gemacht haben. Wir begegneten uns immer wieder, privat zum Beispiel in Prag, wo ich filmte, während O. E. am dortigen deutschen Theater engagiert war. Sonst sahen wir uns nur noch durch Zufall bei gemeinsamen Freunden – bis zum Jahre 1978, wo ich dann die Freude hatte, wieder mit ihm zusammen auf der Bühne zu stehn, wie in alten Zeiten. Leider war es seine letzte Rolle. Ich komme an anderer Stelle noch darauf zurück.

1938 zurück nach Hamburg

Endlich hatte ich eine vernünftige Gage und auch künstlerisch konnte ich mich nicht beklagen! Ich war immerhin im Laufe der Jahre zu einem wichtigen Mitglied des Ensembles geworden. Das war unter Umständen lebensrettend. Denn wir lebten bereits im ›Tausendjährigen Reich‹. Bald begann der Zweite Weltkrieg. Und wenn man nicht gewillt war, sich an demselben zu beteiligen, konnte man das nur, jedenfalls in der ersten Zeit, wenn man an einem kriegswichtigen Betrieb – und die Theater gehörten damals dazu – als unentbehrlich erklärt wurde. Ich hatte das Glück, daß mir diese Ehre gleich zweimal zuteil wurde. Einerseits vom Thaliatheater in Hamburg, andererseits vom Deutschen Theater in Berlin.

Hier muß ich nachtragen, daß inzwischen der Leiter des Deutschen Theaters in Berlin, Heinz Hilpert, durch Zufall in einer Hamburger Vorstellung saß. Es war ein Zweipersonenstück, und ich spielte es mit Carola Höhn, die einen großen Namen beim Film hatte. Er machte mir das Angebot, ans »Deutsche« zu kommen. Ich war natürlich einverstanden, Berlin war immer noch der Traum jedes Schauspielers, ich mußte aber, da ich noch in Hamburg engagiert war, den Vertrag teilen: Ein halbes Jahr Berlin, ein halbes Jahr Hamburg, und das für die nächsten drei Jahre. Dadurch kam ich in den Genuß von zwei Unabkömmlichkeitsbescheinigungen.

Das »Deutsche Theater« war ein subventioniertes Haus, ebenso wie das »Staatstheater« in Berlin, mit dem Unterschied, daß wir städtisch waren und Goebbels unterstanden, während das Staatstheater staatlich war und sich unter der Schirmherrschaft von Göring befand. Dort war Gründgens Intendant.

Ich darf bei dieser Gelegenheit gleich bemerken, daß unser »Deutsches« unter Hilpert eine Insel im wogenden Meer darstellte. Da konnte es um uns noch so nazistisch zugehen, bei Hilpert gab es nicht einmal ein »Heil Hitler«. Ich weiß nicht, wie er das machte, aber ich habe im ganzen Dritten Reich – an diesem Theater – keinen Nazi kennengelernt.

Räumlich gesehen bestand es aus zwei nebeneinanderliegenden Häusern, dem eigentlichen »Deutschen Theater« und den »Kammerspielen«. Im »Deutschen« wurden Klassiker gespielt und sonstige ›schwere‹ Literatur im wechselnden Spielplan, in den »Kammerspielen« war das Boulevard zu Hause, also auch ich. Das war sehr angenehm, denn diese Boulevardstücke wurden en suite gespielt, das heißt: ein Stück blieb täglich auf dem Spielplan, mindestens drei Monate lang. Man lief also nicht Gefahr, plötzlich auf dem schwarzen Brett lesen zu müssen – was einem im »Deutschen« sehr wohl passieren konnte –, daß man in der nächsten »Fiesko«-Premiere den dritten Mißvergnügten spielen soll. Ich werde noch Gelegenheit haben, detailliert auf eine Kammerspielvorstellung einzugehen. Jedenfalls brachte mir das Engagement zwei lebensrettende Bescheinigungen ein, und das war erst mal das Wichtigste.

Was die Hitlerzeit betrifft, muß ich feststellen, daß ich es mir leider nicht als Verdienst anrechnen kann, auf die Worte des Herrn aus Braunau nicht hereingefallen zu sein, weil diese Gefahr gar nicht bestand. Und sie bestand deshalb nicht, weil schon meine ersten Kindheitseindrücke einen Boden vorbereitet hatten, auf dem dieses Gedankengut gar nicht gedeihen konnte. Obgleich es die ersten Eindrücke eines Heranwachsenden waren und schon viele Jahre zurückliegen, erwähne ich sie erst jetzt. Denn jetzt erst haben sie sich ausgewirkt.

Erste Eindrücke

Ich weiß nicht, ob es der erste war, aber etwas ist mir als täglicher Eindruck in Erinnerung geblieben, und ich erwähne ihn deshalb, weil er – glaube ich – den Grundstein gelegt hat zu einer Aversion, die ich nie mehr verloren habe.

Ein Bild hing an der Wand! Vom Fußboden bis zur Decke, nicht zu übersehen! In Lebensgröße! Ein Pferd! Auf dem Pferd ein Mensch, in Uniform, hohes Tier – ich meine der Mensch –, viel Orden, viel Gold und das ganze in Öl! Ein Gemälde also. Und als Krönung hatte der Mensch auch noch einen Lorbeerkranz um die Schultern, einen richtigen dicken Lorbeerkranz, wie auf dem Friedhof. Mir wurde, nachdem ich in ein Alter gekommen war, von dem man allmählich verlangen durfte, daß erhebende Neuigkeiten mit der ihnen gebührenden Ehrfurcht aufgenommen werden, mit stolzer Bescheidenheit mitgeteilt, besagter Mensch sei ein Großonkel von mir, ein Generalfeldmarschall der österreichisch-ungarischen Armee – und der hatte einen Sieg errungen. Gegen wen und wo – das konnte mir allerdings keiner sagen, auf alle Fälle sei er geadelt worden. Womit ich diskret darauf hinweisen möchte, daß ich durch meine mütterliche Familie einem hohen Offiziersgeschlecht entstamme.

Der junge Adel, auf den sie alle furchtbar stolz waren, ist

allerdings wieder »futsch«, denn da er nur von männlichen Vertretern der Familie übertragen werden kann, hätte ich mich vom Bruder meiner Mutter adoptieren lassen müssen, dann wäre er erhalten geblieben. Das hätten sie auch gerne gewollt, aber da bissen sie bei mir auf Granit, mich hat schon der Ölschinken genug genervt.
Ich erzähle diese Geschichte so ausführlich, weil ich in ihr den Grund sehe, warum ich eine so tiefe Abneigung hege gegen alles, was mit Uniform, Militär, Subordination und so weiter zu tun hat. Es ist mir schrecklich unangenehm, wenn ich einen erwachsenen Menschen vor einem anderen, meist weniger erwachsenen, strammstehen sehe. Es ist mir peinlich, nicht für den, der strammsteht – er muß ja, was soll er machen –, sondern für den anderen, der sich nicht schämt, einen Menschen vor sich strammstehen zu lassen, und dies womöglich auch noch genießt! Ich weiß, was sein muß, muß sein, und ohne Disziplin geht es nicht! Man hat zwar versprochen, so um die sechsundvierziger Jahre, es sei jetzt Schluß mit Militär, und Schießen sei auch nicht mehr drin – doch die Verhältnisse, die sind offenbar nicht so.
Vielleicht kommt aus dieser Ecke auch meine instinktive Abneigung gegen große Worte, ich meine Worte, die durch ihre bloße Gegenwart zur Ehrfurcht verpflichten, die von einer Aura von Unantastbarkeit umgeben sind und vor denen man eigentlich gleich auf die Knie zu fallen hat, ohne sich kritisch damit beschäftigen zu dürfen. Denn unter Umständen würde man eventuell dahinterkommen, daß mit diesen Worten ein ganz tolles Schindluder getrieben werden kann.
So hat zum Beispiel das Wort Gehorsam für mich einen unangenehmen Beigeschmack. Ich erinnere mich gelernt zu haben, daß Gehorsam eine der größten Tugenden sei. Ich erinnere mich aber auch, daß ich schon als Kind der

Ansicht war, daß man das so einfach nicht sagen kann. Denn ich vertrat schon sehr früh einen Standpunkt, der meinen jeweiligen Erziehungsberechtigten zur Verzweiflung trieb. Ich fragte ganz bescheiden und ohne jede Aggression: »Man kann zwar kontrollieren, ob ein Befehl befolgt wird oder nicht, aber wer kontrolliert, ob der Befehl befolgungswürdig ist oder nicht?« Auf eine solche Frage erntet ein junger Mensch vom Erwachsenen erst mal fassungsloses Erstaunen und resigniertes Schulterzucken. Dabei kann ein Befehl tatsächlich idiotisch sein oder verbrecherisch und was dann? Gerade wir Deutschen haben vor gar nicht so langer Zeit eine Menge recht eigenartiger Befehle bekommen und befolgt. Jetzt sind wir mit Erfolg dabei, das alles unter den Tisch zu kehren, denn »einmal muß ja Schluß sein mit den Vorwürfen«.

Noch ein Wort gab es, mit dem ich nichts anfangen konnte und bei dem sich meine Opposition regte, das Wort »Vaterland«, das man eigentlich nur mit einer tiefen Verbeugung aussprechen darf. Nun bitte ich mir gutzuschreiben, daß, wenn ich die Nebelfetzen meiner Kindheitserinnerungen an mir vorüberziehen lasse, ein Fetzen Berlin, ein Fetzen Wien, ein Fetzen Prag, ein Fetzen Südtirol, ein Fetzen Italien dabei sind. Alles verhältnismäßig kurz und nebelhaft, und wo ich nun eigentlich mein vaterländisches Gefühl zu verankern hatte, war mir nie klar. Ich habe auch nie begriffen, warum ich mich in dieser Beziehung überhaupt bemühen sollte. Ich war auch schon immer zu dumm zu begreifen, warum eine Handlung, die der gesunde Menschenverstand verurteilt, mit einem Heiligenschein umgeben wird, sobald sie unter dem Begriff »vaterländisch« segelt. Auf diese Weise kann man jede Unsinnigkeit entschuldigen, wenn es gelingt, ihr ein vaterländisches Mäntelchen umzuhängen.

Und dann hat mich an den verschiedenen Vaterländern

auch geärgert, daß sie sich dauernd verteidigen. Ich habe unter den ganzen Vaterländern noch kein einziges gesehen, daß im Kriegsfall nicht gesagt hätte, es mußte sich verteidigen. Sie haben ja auch alle kein Kriegsministerium mehr, das heißt jetzt verschämt Verteidigungsministerium. Und dann haben es die Vaterländer so an sich, daß sie sich nach jedem Krieg verändern. Nach verlorenen Kriegen pflegen sie kleiner zu werden. Darüber wundern sie sich dann und fühlen sich als Opfer eines Schandfriedens. Jetzt kennt man sich überhaupt nicht mehr aus. Welches Vaterland ist es denn nun, für das man sich freudig zu opfern hat? Das Heilige Römische Reich deutscher Nation? Oder von der Etsch bis an den Belt? Oder bis zur Oder-Neiße oder was? Und was geschieht, wenn man so langsam merkt, daß das eigene Vaterland sich anschickt, Sachen zu machen, die man mit seinem eigenen Gewissen eigentlich nicht verantworten kann? Macht man dann mit oder sagt man was dagegen? Ist man im ersten Fall ein Patriot und im zweiten ein Nestbeschmutzer? Ich habe schon mit zwölf Jahren gewußt, daß Sarajewo ein faules Ei war, genau wie 25 Jahre später der Sender Gleiwitz. Und alles, was hinterher kam und kurz vorher schon da war, eignete sich eigentlich auch nicht dazu, um einem jungen Menschen die Brust schwellen zu lassen vor Stolz, zu diesem Herrenvolk zu gehören. Und da ich diese Zeit nicht aus meinem Gedächtnis streichen kann und will, bleibt mir gar nichts anderes übrig als das zu sein, was man einen vaterlandslosen Gesellen nennt. Es mag ja sehr ehrenvoll sein, für dasselbe zu sterben, daß es aber auch süß ist, dafür zu sterben, das nehme ich Herrn Horaz nicht ab.

Auch in der Religion fand ich keinen rechten Trost, im Gegenteil, denn als Bewohner des unmittelbaren Frontgebietes 1914–18, vierzehn Kilomter vom Misurinasee entfernt, von wo uns die Italiener mit ihren Scheinwerfern in

unser Zimmer leuchten konnten, hatte ich beinahe täglich Gelegenheit, dem Feldgottesdienst beizuwohnen. Da versammelten sich die Regimenter oder Kompanien auf einem großen Feld, dann kam die Ansprache des Kommandierenden, in der das Wort »Vaterland« am häufigsten vorkam, und dann erschien der Feldgeistliche und segnete die Waffen. Mit andern Worten, er bat den lieben Gott, doch bitte dafür zu sorgen, daß unsere Waffen möglichst viele Feinde ins Jenseits befördern mögen, und bei der Vorstellung, daß auf der andern Seite, vierzehn Kilometer weiter weg, um dieselbe Gefälligkeit gebeten wurde, kamen in mir heftige Zweifel auf und ich konnte mich des Eindrucks nicht erwehren, daß da irgend etwas nicht stimmen kann. Da muß eigentlich jeder Gott überfordert sein. Und hier war es auch noch derselbe Gott, der so über Gebühr strapaziert wurde, und unter Umständen waren es auch noch dieselben Waffen, nämlich aus derselben Rüstungsfabrik, die, wie man heute weiß, ihre Waffen im Auftrag, trotz aller Verbote, dorthin bringt, wo sie gebraucht werden, und wenn sie dieselben als Teddybären tarnt. Ich weiß, daß ich mit meinen ketzerischen Redereien viele Leute vor den Kopf stoße, aber vielleicht gibt es auch ein paar, die die Gedankengänge eines Jungen nachsichtiger beurteilen.
Da war nämlich noch etwas, was mich irritiert hat, die Sache mit der Ehre nämlich. Ich hatte in meinem kindlichen Gemüt immer angenommen, daß man eigentlich bei jedem Menschen das Vorhandensein einer solchen erst einmal annehmen sollte. Aber dann mußte ich plötzlich feststellen, daß Ehre nicht gleich Ehre ist, sondern daß es da genaue Unterschiede gibt. Wie schon beschrieben, war meine Familie mütterlicherseits eine sogenannte Offiziersfamilie von österreichisch-ungarischer Abstammung, sehr viel Vaterländer waren da versammelt, und da hörte ich oft den Satz: »Bei meiner Offiziersehre«. Ich habe mich immer

gefragt, was das ist. Ist die Ehre von denen größer oder dicker oder was? Ich empfand diese Ausdrucksweise immer als größenwahnsinnige Überheblichkeit. Die eigene Ehre betonen muß doch eigentlich nur jemand, der im bürgerlichen Sinn keine hat und sich gegen dieses Vorurteil verwahren will. So gesehen, gibt es nur eine einzige Ehre, die sich von der herkömmlichen absetzt und deshalb vom »Inhaber« hervorgehoben zu werden verdient – die Ganovenehre.

Das also waren meine ersten Eindrücke, und es ist klar, daß ein Mensch mit einer derartigen defaitistischen Vorbelastung gar nicht in der Lage war, die Ideen des Führers zu begreifen. Und schon gar nicht, wenn sie vorgetragen wurden, *wie* sie vorgetragen wurden. Die Führerreden wurden, durch Radio übertragen, im Gemeinschaftsempfang von versammelter Belegschaft gehört. Und bei jedem dieser Empfänge, wenn ich wieder einmal ein Auge in vaterländischer Begeisterung aufblitzen sah, habe ich mich gefragt: »Wie ist es möglich, daß sonst ganz vernünftige Menschen sich dieses hysterische Geschrei (auch noch in einem scheußlichen Dialekt) nicht nur widerspruchslos anhören, sondern auch noch selber in diesen Sog geraten. Aber es muß ja von da eine hypnotisierende Wirkung ausgegangen sein, sonst hätte nicht ein ganzes Volk den Verstand verloren. Es war also gar kein Verdienst von mir, hier nie in Versuchung geraten zu sein. Es war einfach nicht drin. Und als wir dann anfingen, unser Vaterland zu verteidigen, indem wir erst mal in Polen einfielen, und es dann immer so weiter ging, wurde es mein Bestreben, bei diesem Unternehmen möglichst nicht mitzumachen, und als dann das Pendel zurückschlug und jeder Mann gebraucht wurde, hatte ich nicht die geringsten Gewissensbisse, daß ich alles versuchte, um bei dieser Talfahrt an den Gefahrenpunkten möglichst ungesehen vorbeizugleiten.

Auf der einen Seite hieß es möglichst wenig aufzufallen, damit nicht irgend jemand auf einen aufmerksam wurde und sagte: »Nanu; was macht denn der noch hier? Der gehört doch an die Front.« Andererseits galt es doch, so wichtig zu sein, daß die Leitung eines Theaters mit gutem Gewissen sagen konnte: »Den brauchen wir, den können wir nicht hergeben. Das gelang mir, und es gelang mir noch mehr. Als die Bestätigung der Unabkömmlichkeit (UK-Stellung nannte man das) wirkungslos geworden war, denn die Theater hörten irgendwann auf zu spielen, wurde die Sache brenzlig. Jetzt wurde eingezogen, was nur irgendwie einzuziehen war.

Dabei hatte ich insofern Glück, als man von seiten der Musterungskommission nicht so furchtbar scharf auf Schauspieler war. Wahrscheinlich vermutete man unter ihnen zu viele unsichere Kantonisten, womit die Herren nicht unrecht hatten, und daß die Komödianten gute Soldaten abgeben würden, war eigentlich auch nicht zu erwarten. Als die Lage aber immer brenzliger wurde und für den totalen Endsieg jeder Greis und jedes Kind eingezogen wurde, gelang es nur wenigen, einen Rettungsanker zu erwischen.

Dieser Rettungsanker war die einzige noch in Betrieb befindliche Filmproduktionsstätte in Prag. Prag war zu dieser Zeit, mitsamt der Tschechoslowakei, heim ins Reich gekehrt. Genau wie Österreich, nur weniger gern. Ich hatte das Glück, eine Rolle zu erwischen in einem der letzten Filme, die noch gedreht wurden. Das bedeutete: Ab nach Prag! Das bedeutete vorläufig Schonzeit, denn es war klar, daß so ein Film, wenn man ihn erst einmal begonnen hatte, sehr langsam vom Fleck kam, denn alle Beteiligten waren bestrebt, das Ende des Filmes möglichst hinauszuziehen. Das Jahr fünfundvierzig hatte begonnen, und jeder von uns wußte, daß der ganze Spuk seinem Ende entgegenging.

An die Wunderwaffe glaubte bei uns niemand, außerdem waren wir bestens orientiert. Jeden Abend versammelten wir uns und hörten die vier Schläge aus der fünften Symphonie. Es handelte sich immer um dieselbe Runde: O. W. Fischer, Hans Albers, Paul Kemp, Rudolf Schündler, Georg Thomalla, Lotte Lang, Hertha Mayen, die Kostümbildnerin Charlotte Flemming und ich. Es war sehr aufschlußreich, aber auch sehr gefährlich, denn die Wände waren dünn. Und es gab auch einige Kollegen, vor denen man auf der Hut sein mußte, es waren allerdings sehr wenige, und man kannte sie genau. Ich kenne sie heute noch, aber man möge mir verzeihen, wenn Chronistenpflicht und Lust mich hier verlassen. Ich möchte hier den Vorhang des Schweigens herunterlassen. Diese Kollegen sind in den meisten Fällen tot und könnten sich nicht mehr wehren, also mögen sie sanft ruhen, wenn sie es können.
In dieser Situation war es klar, daß jeder von uns versuchte, wenn ein Film abgedreht war, in einen neuen hineinzuschlüpfen.

Begegnung mit Prominenten

Ich erzähle die Situation so ausführlich, weil die Prominenten-Begegnung, die ich jetzt schildern möchte, vor diesem Hintergrund ein besonderes Gewicht bekommt. Ich brauche nicht zu betonen, daß man alles annehmen mußte, was einem angeboten oder besser anbefohlen wurde. Eines Tages also erhielt ich den Befehl, mich ins Atelier zu begeben, um eine kleine Rolle als Partner des Hauptdarstellers zu übernehmen. Dieser Hauptdarsteller war ein berühmter, beim Publikum und auch höheren Ortes sehr beliebter Komiker, mit einem großen Namen. Er war auch wirklich sehr komisch, jedenfalls für Leute, die für diese Art Komik einen Nerv haben, und das waren nicht wenige.
Ich betrat also das Atelier und es fand eine Begegnung statt, wie ich sie Gottseidank nie wieder erlebt habe. Wir sahen uns, und konnten uns schon nicht leiden. Er konnte mich nicht leiden, und ich konnte ihn nicht leiden. Dazu kam, daß wir beide in der Art, wie wir einen Dialog sprachen, auf zwei verschiedenen ›Dampfern‹ saßen, so daß an eine Kommunikation gar nicht zu denken war. Er hatte eine Art, einen Dialog zu sprechen, vor der ich staunend kapitulierte. Ich war es gewohnt, sehr präzise zu arbeiten, vielleicht zu präzise, mit Stichworten und so. Aber so etwas kannte er gar nicht, lehnte er auch ab. Was bei mir Präzision war, ersetzte er durch Genialität. Er bezog seine Komik aus

einer ganz anderen Ecke. Sie bestand zu einem großen Teil darin, daß er die Sätze auseinanderriß, Worte nur halb zu Ende sprach, und wenn eine Einstellung wiederholt wurde, dieselben Sätze umformulierte, wie es ihm gerade gefiel. Das war alles sehr komisch, und nicht ohne Grund war er so populär und beliebt. Nur brauchte er eben einen Partner, der auf seine Art eingehen konnte.

Ich war damals noch nicht so weit. Heute übernehme ich diese Technik selbst, mit Erfolg. Aber damals stand ich ratlos vor seinem Redefluß und wußte nicht, wann ich mit meinen Sätzen einsetzen sollte. Einerseits traute ich mich nicht, den großen Künstler zu unterbrechen, andererseits mußte ich meine Sätze sagen, damit er wieder seine Pointe draufsetzen konnte. Mit andern Worten, ich wußte nicht, wann ich einsetzen sollte. Das spielte sich dann so ab, daß er plötzlich zu reden aufhörte und mich anschrie: »Na, was ist los? Warum reden Sie nicht?« oder: »Sind Sie meschugge? Warum unterbrechen Sie mich?« Was ich auch machte, es war falsch.

Auch der Laie kann sich vorstellen, daß unter diesen Umständen das zarte Pflänzchen kollegialer Zusammenarbeit nicht erblühen kann. So etwas zehrte an den Nerven, jedenfalls an meinen. Ich wurde von Einstellung zu Einstellung immer unsicherer, und je unsicherer ich wurde, immer wütender. Ich suchte meine Verteidigung im Angriff, wurde pampig, und das war das dümmste, was ich machen konnte. Jedenfalls endete das Unternehmen mit einem bösen Wortwechsel, und ich verließ wutschnaubend das Atelier. Man soll nie aus Zorn sein Gesicht verlieren, aber wer kann das schon immer? Diese unbedachte Handlung war unter Umständen lebensgefährlich, denn erstens war man damals mit dem Wort »Sabotage« schnell bei der Hand, und zweitens sprach sich der Krach zwischen Hans Moser und mir wie ein Lauffeuer herum, und drittens

war ich dadurch zum Abschuß freigegeben, und meiner Abreise zu einer Bewährungskompanie stand eigentlich nichts mehr im Wege.
Das war ein harter Schlag, aber ich muß zugeben, daß ich an dieser Entwicklung selbst schuld war. Aber den Drang, mich um Kopf und Kragen zu reden, hatte ich schon immer. Es ist ein Erbteil meines Vaters, der den Ruf hatte, im jeweiligen Ensemble immer ein großer Krakeeler gewesen zu sein. Das habe ich öfter zu spüren bekommen, denn immer, wenn mich jemand empfohlen hatte, bekam er erst einmal zu hören: »Um Gottes Willen, ist das der Sohn vom Heinrich Schroth? Da werden wir nur Stunk kriegen.« Als ich einmal mit meinem Vater darüber sprach, meinte er, daß er sehr wohl über seinen Ruf wisse, aber daß es nur sein übertriebenes, ausgeprägtes Gerechtigkeitsgefühl gewesen wäre, das ihn immer wieder in Unannehmlichkeiten gebracht hätte.
Ich bin sogar bereit, ihm das zu glauben, denn ich habe im Leben zu oft erfahren, wie leicht man die Beherrschung verlieren kann, wenn man Ungerechtigkeiten begegnet, ganz egal, ob man selbst das Opfer ist oder ein anderer. Ich bin für dieses Erbteil, übrigens das einzige, das er mir vermacht hat, eigentlich ganz dankbar.
Damals allerdings war die Sache sehr unangenehm. Mir wurde mitgeteilt, daß ich das Atelier nicht mehr zu betreten und weitere Dispositionen abzuwarten hätte. Der Regisseur des Films, Herr Rudolf A. Stemmle, mit dem ich sogar befreundet war, traute sich nicht, für mich einzutreten. Wer traute sich damals schon überhaupt etwas? Zivilcourage hatte Seltenheitswert, wir waren ein Volk von Duckmäusern und Drückebergern. Es galt, möglichst wenig aufzufallen, um die Zeit bis zum Endsieg möglichst unbeschädigt abzusitzen. Meine Situation war hoffnungslos. Nur eine neue Rolle in einem der wenigen Filme, die in Prag noch

gedreht wurden, hätte mich retten können. Und hier setzt mein zweites Prominentenerlebnis ein.
Im Nebenatelier wurde der Film »Shiva und die Galgenblume« gedreht – ein Film, der aus gutem Grunde nie zur Aufführung gekommen ist. Der Hauptdarsteller Hans Albers wollte in die Kantine gehen, verwechselte die Tür und wurde unfreiwilliger Zeuge meines Wortwechsels mit Herrn Hans Moser. Er wußte natürlich sofort, was die Uhr für mich geschlagen hatte und forderte mich umgehend für seinen Film an. Das Wort von Albers galt viel. Das ist um so verwunderlicher, als alle wußten, daß er dem herrschenden Regime sehr kritisch gegenüberstand und auch aus seiner Einstellung gar keinen Hehl machte. Er konnte sich das, kraft seiner Persöhnlichkeit, leisten. Er hat niemals versucht, sich lieb Kind zu machen und mit den Wölfen zu heulen, an ihm prallten die Wellen vaterländischer Begeisterung ab. Sie machten ihn nicht einmal naß.
Dank Albers war ich nicht nur fürs erste gerettet, ich hatte auch eine bessere Rolle, vor allem eine längere, das war wichtig. Und dazu war es auch noch ein besonderer Film, denn Albers flüsterte mir in einer Drehpause zu: »Übrigens, daß Du's weißt, dieser Film wird nie fertig, jedenfalls nicht mehr im Dritten Reich.« Wir hatten Februar 1945. Und so war es denn auch. An dem Film wurde gedreht und gedreht, bis uns die Ereignisse im Mai überrollten. Schließlich konnte der Drehplan nicht mehr eingehalten werden, denn jeden Tag fehlte irgendein Darsteller. Einer nach dem anderen setzte sich ab. Er verschwand einfach spurlos. Es war wie mit den zehn kleinen Negerlein. Keiner wollte den Russen in die Hände fallen, die schon fast in Sichtweite waren, während der Wehrmachtsender noch immer vom Endsieg faselte. Das Atelier und das Hotel Alkron, in dem wir fast alle wohnten, blutete langsam aus.
Alle flohen nach Österreich, nur zwei Schauspieler wollten

unbedingt nach Berlin. Alle hielten uns für verrückt, denn Berlin war kurz davor, von den Russen eingeschlossen zu werden, aber ich hatte meine Frau, Ruth Hausmeister, und meine Tochter Sabine in Berlin. Sabine ging ins fünfte Jahr und Ruth in den neunten Monat. Und daher hatte ich die Versuchung, nach Ischl zu fahren, leichten Herzens von mir geworfen, ich hatte meine Familie sowieso viel zu lange allein gelassen. Und Thomalla hatte wohl auch zwingende Gründe für seine Entscheidung, denn ohne zwingende Gründe konnte wirklich kein Mensch auf die Idee kommen, freiwillig in die Höhle des Löwen zu springen.

Es war eine abenteuerliche Fahrt, und ich werde sie vielleicht an anderer Stelle beschreiben. Erst einmal hieß es, einen Wagen zu finden, der nach Berlin fuhr – ein Himmelfahrtskommando. Tatsächlich fanden wir einen Soldaten, der den Befehl hatte, einen Lastwagen nach Berlin zu bringen, und wir verabredeten uns für den nächsten Tag. Die letzte Nacht im Alkron war makaber, das ganze Hotel menschenleer, ausgestorben, alle Zimmertüren offen. Nur eine Kollegin aus Wien und ich, wir waren die einzigen noch übriggebliebenen Gäste. Mindestens fünfhundert Betten standen zu unserer alleinigen Verfügung, die letzte Nacht, die man eventuell noch erlebte! Es war klar und konnte gar nicht anders sein, daß wir von diesen fünfhundert Betten nur eines benutzten. Dabei kannten wir uns gar nicht einmal so besonders gut. Aber die Situation war einfach zwingend. Es wurde auch weder vorher noch nachher darüber gesprochen, es war selbstverständlich. Jeder von uns hätte es als unkameradschaftlich empfunden, in dieser Lage kleinbürgerliche Vorurteile zu haben. Wußten wir denn, ob wir die nächsten Tage überleben würden? Wir haben uns nie wiedergesehen, aber aus gelegentlicher Zeitungslektüre weiß ich, daß sie überlebt hat, und ich erlaube mir, in dieser Form, einen kleinen Gruß zu schicken.

Reise nach Berlin

Die Verabredung mit dem Wehrmachtsfahrer klappte auf die Minute. Durch die Angst getrieben, fanden wir uns alle drei um vier Uhr früh pünktlich ein, und noch in der Dunkelheit ging es los. Das heißt los ging es eigentlich noch nicht, denn wir hatten bereits erhebliche Schwierigkeiten. Es stellte sich heraus, daß der Fahrer bisher Kolonnenfahrer gewesen war. Ein Kolonnenfahrer hat hinter seinem Vordermann herzufahren und sich um weiter nichts zu kümmern. Eine Eigeninitiative wird nicht verlangt, ist wahrscheinlich auch gar nicht erwünscht. Er entsprach diesen Anforderungen aufs trefflichste, und es entstand erst einmal eine Debatte darüber, welche Richtung einzuschlagen war, um aus Prag überhaupt herauszukommen. Diese Frage war noch am einfachsten zu lösen, ohne Stadtplan versteht sich, mehr dem Instinkt nach.

Aber kaum waren wir draußen, begannen die Schwierigkeiten erst richtig. Das Kartenmaterial unseres Fahrers bestand aus einem besseren Schulatlas. Und unsere Geographiekenntnisse erschöpften sich dahingehend, daß wir – um Berlin zu erreichen – so ungefähr zwischen Leipzig und Breslau nach Norden fahren müßten. Kein Mensch kann sich vorstellen, wie aufgeschmissen man ist, wenn man ohne Karte und ohne vernünftige Beschilderung eine Autoreise von vierhundert Kilometern machen soll. Wenn

man das auch noch unter ständiger Angst vor Tieffliegern machen muß und in der Ungewißheit, ob man überhaupt auf dem richtigen Weg ist, dann zehrt das ganz schön an den Nerven.
Wir fuhren den ganzen Tag, die ganze Nacht und wieder den ganzen Tag, und zwar ohne Pause. Auf die Idee, einmal Rast zu machen, wären wir gar nicht gekommen, dazu waren wir viel zu aufgeregt. Wenn einer einmal ein Nickerchen machte, fuhr einer von den anderen. An jeder Straßenkreuzung gab es Diskussionen, wo es nun lang ginge, und wenn auch viele Fehlentscheidungen getätigt wurden, die dann durch Zurückfahren wieder korrigiert werden mußten, gelang es uns doch allmählich, immer mehr nach Norden zu kommen. Wenn es dunkel wurde, setzte sich Thommy auf einen Kotflügel und ich auf den andern, um den völlig übermüdeten Fahrer aufmerksam zu machen, wenn er sich anschickte, in den Graben zu fahren. Wir fuhren ja ohne Licht. An eine Rast war schon deshalb nicht zu denken, weil wir aus dem Feindsender wußten, daß die Russen Berlin schon fast eingeschlossen hatten, bis auf einen kleinen Streifen bei Potsdam.
Das war für uns wahnsinnig wichtig, denn gerade da würden wir, von Süden kommend, Berlin erreichen. Es war so, als hätten uns die Russen die Tür aufgehalten mit dem Zuruf: »Nun macht schon! Aber dann ist Schluß!« Wir hätten uns gar keine Verschnaufpause gönnen dürfen, selbst wenn wir gewollt hätten. Aber wir wollten gar nicht. Die Sache fing an, einen sportlichen Charakter zu bekommen. Wir dachten gar nicht mehr an die Gefahr, wir dachten nur: ›Wer gewinnt?‹ Und die Gefahr war ganz schön groß. Ich möchte nicht wissen, was passiert wäre, wenn uns eine russische Patrouille als Zivilisten in einem Wehrmachtswagen erwischt hätte.
Ich habe einmal gelesen, daß in wirklicher Gefahrensitua-

tion der Mensch von einer unsichtbaren Hülle umgeben wird, die ihn daran hindert, die wahre Situation richtig mitzukriegen. So waren wir auch während der ganzen Nacht auf unserem Kotflügel eigentlich ganz ruhig. Nur bei Tag, wenn die Anspannung nachließ, dann hatte schon einmal jeder von uns seinen hysterischen Anfall – und natürlich wegen irgendeiner Nichtigkeit.
Schließlich lasen wir »Torgau« und wußten, nun kann es nicht mehr lange dauern. Torgau war irgendeine Festung in der Nähe von Berlin, das wußte man aus Wehrmachtsberichten. Hier wäre unsere Fahrt beinahe endgültig zu Ende gewesen. In Torgau mußten wir tanken, und das war auch immer ganz gut gegangen, wir hatten irgendein Schreiben von der Filmgesellschaft in Prag bekommen, daß wir im Auftrag der Reichsfilmkammer nach Berlin müßten. Das war so ein Gefälligkeitsschreiben mit irgendeiner unleserlichen Unterschrift, aber mit einem schönen Stempel, und das ging auch immer gut. Nur in Torgau nicht. Wir irrten, auf der Suche nach Benzin, durch die Gegend, fielen schon mal unangenehm auf und gerieten auch prompt dem Kommandanten von Torgau in die Hände.
Seine Einladung, doch mal gefälligst gleich zu ihm zu kommen, konnten wir schwer ablehnen. Wir folgten also derselben und winkten zaghaft mit unserem Papier, was dem General, oder was er war, ein müdes Lächeln entlockte. Er erklärte uns, daß man auf solche Leute wie wir gerade noch gewartet hätte. Wir sollten schon mal unsere Zivilkleidung ablegen, Uniformen wären genug da, es wären erst gestern, während eines Angriffs, gerade mal wieder welche frei geworden. Und es wären sicher welche dabei, die passen würden. Mein Herz machte einen gewaltigen Plumps, als es hörbar in die Hose fiel. Ich sah mich als einen der Verteidiger von Torgau in die Geschichte eingehn.

Es war alles verloren, und ich warf noch einen letzten Abschiedsblick auf Thommy. Hier vollzog sich ruckartig eine Verwandlung, wie ich sie noch bei keinem Menschen beobachtet hatte. Mein kleiner Thomalla, der am besten war, wenn er komisch schüchterne Rollen spielte, lief zu großer Form auf. Er legte eine Szene hin, die gibt's nicht einmal bei Shakespeare. Shylocks Klage um Jessica ist nichts dagegen. Er brachte es fertig, seine Umgebung davon zu überzeugen, daß eine Welt zusammenbräche, wenn wir nicht noch heute in Berlin ankämen, um einen Film anzufangen, dessen Drehbuch Goebbels persönlich geschrieben hätte und ohne den – den Film nämlich – dem Führer der ganze Endsieg keinen Spaß machen würde. Er legte eine Szene hin, die mir auch heute noch als schauspielerische Glanzleistung in Erinnerung ist. Er war auch nicht zu bremsen und wenn der General etwas sagen wollte, konnte er es gar nicht, denn Thommy machte keine Pause. Er ließ einfach keinen Platz für Einwürfe. Ich habe nicht auf die Uhr gesehen, aber das ging bestimmt eine Dreiviertelstunde so. Ich weiß gar nicht, wo er den vielen Text hergenommen hat. Der General wurde deutlich matter und konnte sich gerade noch zu einer müden Handbewegung aufraffen, die man als resigniertes »Laßt sie laufen« deuten konnte. So schnell hat noch nie jemand Torgau verlassen. Wir hatten noch ungefähr achtzig Kilometer vor uns. Für Autotouristen von heute eine lächerliche Zahl. Als wir durch Beelitz fuhren, sahen wir die ersten russischen Panzer am Waldrand stehen. Mein Herz war schon wieder auf dem Weg in die Hose, aber die Russen kümmerten sich nicht um uns. Fragen Sie mich nicht warum, ich bin kein Stratege. Ich kann mir nur vorstellen, daß sie warteten, bis sie vollzählig waren, um dann zum letzten Sturm auf Berlin anzutreten, und da hätte sie eine Jagd auf einen einsamen Wehrmachtswagen nur gestört.

Der Leser wird vielleicht schon gemerkt haben, daß Tapferkeit nicht meine stärkste Seite ist. Wir hatten noch zwanzig Kilometer nach Potsdam, aber wir wußten ja nicht, was uns in Potsdam erwartete. Zu unserer Verwunderung erwartete uns gar nichts. Potsdam war menschenleer. Wir fuhren unangefochten im Schrittempo durch die Straßen. Das einzige, was uns erwartete, war ein großer Granattrichter mitten auf der Straße. Ich schrie dem Fahrer zu »Achtung«. Durch meinen Schrei bekam er einen Schreck und trat mit aller Kraft auf's Pedal. Auf's Gaspedal. Der Wagen machte noch einen letzten Ruck und landete kopfüber mit dem Kühler auf dem Grunde des Trichters. Wir wurden alle drei im hohen Bogen herauskatapultiert. Daß wir den Flug unversehrt überstanden, war das, ich weiß nicht wievielte Wunder dieser drei Tage. Denn nach physikalischen Gesetzen hätte mindestens einer von uns von den Koffern, die hinter uns lagen und mitgeflogen waren, erschlagen sein müssen.

Es war zwar nicht das erhoffte Ende unserer Reise, aber im Grunde war ich ganz froh, daß die Viecherei der letzten drei Tage vorbei war. Irgendwie würde es weitergehen. Ich fing allmählich an abzustumpfen. Es wuchs in mir die Überzeugung, daß es mit der Tatsache, daß alles bisher verhältnismäßig gut gegangen war, irgendeine Bewandtnis haben müsse. Vielleicht hatte die Vorsehung noch etwas mit jedem von uns vor. Vielleicht war unser Ende noch nicht programmiert.

Wir saßen jetzt erst einmal am Rande unseres Trichters, keiner sprach ein Wort, es herrschte absolute Ruhe, und jeder war mit seinen Gedanken beschäftigt. Bei mir entstand das, was man im Film eine »Rückblende« nennt. Ich ließ die überstandenen Gefahrenmomente der letzten Jahre noch mal an mir vorüberziehen: Die Bombennächte in Hamburg und Berlin, die Tatsache, daß ausgerechnet

während der Nachtwache im Hamburger Thaliatheater, zu der ich immer eingeteilt war, die einzige Bombe fiel und alle drei an dieser Nachtwache Beteiligten unter sich begrub, ich war gerade nach Berlin engagiert worden und fehlte zum erstenmal. Ebenso fehlten wir in der Nacht, als eine Bombe das Bayerhaus in Berlin am Kurfürstendamm traf, in dem wir eine Wohnung hatten und in dessen Keller wir mehr als hundertmal Zuflucht gesucht hatten. Wir waren in dieser Nacht bei Freunden eingeladen. Der Keller wurde verschüttet, und die Klopfzeichen hörte man tagelang, ohne daß es möglich war, Hilfe zu bringen.
Jetzt wäre ein »Lobet den Herrn« wohl am Platz gewesen. Warum konnte und kann ich es nicht, warum nur? Gewiß, wenn ich mein eigenes Schicksal betrachte – damals und später, bis heute –, müßte ich ununterbrochen »Deo gratias« sagen. Aber das würde bedeuten, daß ich mir einbilde, einen Privatgott zu haben. Wenn ich positive Erlebnisse mit dem Gedanken an ihn verbinde, dann muß ich es doch auch bei negativen tun. Aber kann ich meine Blicke verschließen vor allem Gräßlichen, das in der Welt vorgeht? Warum müssen Millionen verhungern? Warum kommen unschuldige Kinder als Krüppel auf die Welt und müssen ein Leben leben, das keines ist. Was haben sie verbrochen? Warum müssen Menschen auf gräßliche, schmerzhafte, menschenunwürdige Weise sterben? Warum können sie nicht einschlafen? Warum gibt es soviel Ungerechtigkeit auf der Welt? Warum siegt so oft das Böse über das Gute? Warum sind die größten Grausamkeiten im Namen Gottes geschehen? Die Hexenprozesse, die Kreuzzüge, die Inquisition. Was ist das für ein Gott, der solches zuläßt? Kein Wort zum Sonntag oder Montag oder Dienstag hat mir das bisher erklären können. Gott kann nicht verantwortlich gemacht werden für das, was die Menschen anrichten? Ich denke, er hat sie erschaffen!? Und er ist doch

allwissend!? Dann hat er doch gewußt, was dabei herauskommt! Dann hätte er sie vielleicht besser nicht erschaffen? Aber diese Frage wird sich sowieso bald erübrigen, denn der Tag ist nicht weit, an dem sich die Ebenbilder Gottes gegenseitig in die Luft gesprengt und ausgerottet haben werden. Da ich aber keinem Gott all diese Dinge in die Schuhe schieben möchte, will ich lieber gar nicht glauben, daß es einen gibt. Ich müßte ihn doch sonst fürchten. Ich muß also mit dem Makel leben, ein »Ungläubiger« zu sein.

Aus diesen ketzerischen Gedanken wurde ich durch einen Motorradfahrer gerissen. Er bot sich an, einen von uns nach Berlin mitzunehmen.

Das traf sich gut, denn Thommy hatte seine Leute in Berlin. Er setzte auf und da waren's nur noch zwei. Ich wollte erst mal nach Glienicke. Glienicke ist ein Vorort zwischen Potsdam und Berlin, also nur noch zwanzig Kilometer entfernt. Ich nahm also einen meiner zwei Koffer und machte mich auf den Weg. Zu spät merkte ich, daß es sich mit einem Koffer nicht gut geht. Ich hätte besser beide genommen, wegen der Gewichtsverteilung. Aber ich war schon zu weit weg, um noch mal zurückzugehen. Außerdem hatte ich den wichtigeren Koffer bei mir, den mit den Lebensmitteln. (In Prag bekam man ja alles. Hintenherum zwar, aber alles.) Dann kam doch noch ein einsamer Leiterwagen, und der Mann nahm mich mit.

Es war die Zeit, in der jeder jedem half. Mein Herz klopfte, als wir uns dem Haus näherten. Es gehörte meiner Stiefmutter Käthe Haack, und sie hatte meine Frau Ruth und unsere Tochter Sabine aufgenommen. Würden sie alle da sein oder nicht? Es war niemand zu sehen. Kein Mensch im Garten, nur mitten auf dem Rasen lag ein bunter Ball. Ich kannte diesen Ball und wußte, das Kind ist da. Der Empfang gehört zu jenen Erlebnissen, die man nicht vergißt. Es gibt

Momente, in denen alle Spannungen weggeblasen sind, und alles ist wieder eitel Wonne. Für eine Zeitlang jedenfalls. Aber erst einmal war diese Zeit da, und es war eine schöne Zeit, eine Zeit des Zusammengehörens. Der Führer hatte sich gerade abgesetzt, es waren noch die letzten Zuckungen des Krieges durchzustehen, und der Aufenthalt im Keller war länger als außerhalb.

Hier muß ich ein Wort des Dankes sagen, denn während ich das hinschreibe, fällt mir ein, daß darüber nie gesprochen wurde. Ich muß das nachholen. Also, einen eigentlichen Keller hatten wir nicht, es handelte sich um einen Raum, den man als Souterrain bezeichnet. Es war mehr eine Kellerillusion. Im Nebenhaus, da gab es einen Keller, einen richtigen Luftschutzkeller, extra gebaut für diese Fälle. Die Leute, denen dieser Keller gehörte, waren auch ihrer Nachbarin gegenüber äußerst hilfreich. Solange dieselbe allein war. Nur als auch noch die Schwiegertochter und das Kind dazukamen, meldeten sie Protest an, indem sie meinten: »Frau Haack gerne – aber die anderen bitte nicht«. Ich erwähne die Sache nicht, um mich zu beklagen. Die Leute hatten angesichts des sicherlich kleinen Kellers bestimmt recht.

Ich erzähle dies, weil die Reaktion von Käthe festgehalten zu werden verdient. Sie verzichtete auf das Angebot und zog mit Mutter und Kind, und jetzt auch noch mit mir, in diesen völlig unzureichenden Ersatzkeller. Ich habe mich nie richtig dafür bedankt und ich meine, ich sollte es jetzt tun. Es ist sowieso reichlich spät. Daß dieser großzügige Verzicht sich letzten Endes positiv ausgewirkt hat, steht auf einem anderen Blatt, aber das konnte damals noch niemand wissen. Es haben sich, anläßlich der Eroberung, in dem Nachbarkeller gräßliche Sachen abgespielt, während bei uns ein Kind im fünften Jahr und eine Frau im neunten Monat doch einen gewissen Schutz boten und eine Mauer bildeten, die von den vielen ungebetenen Eindringlingen der nächsten Wochen erstaunlicherweise respektiert wurden.

Neues Leben sprießt aus den Ruinen

Berlin war längst erobert, nur in unserer Ecke war weiter Krieg. Die Schützengräben zogen sich durch unsere Gärten und waren mal in deutscher, mal in russischer Hand. Und wir, in unseren Kellern, natürlich auch. Endlich ging ein Schrei lauffeuerartig von Haus zu Haus: »Der Krieg ist aus!« Alle Menschen, die sich zufällig begegneten, fielen sich in die Arme. Ich kann nicht daran zurückdenken, ohne ein kleines Würgen im Hals zu spüren. Erst dann kam die Nachricht übers Radio. Wir haben uns doch tatsächlich alle eingebildet, daß es so etwas nie wieder geben würde auf dieser Welt. Die Wege Gottes sind eben unerforschlich.

Aber erst einmal war alles vorbei und meine nächste Sorge war, daß auch der neunte Monat einmal zu Ende geht. Das nächste Krankenhaus war Potsdam. Es mußte also ein Transport organisiert werden. Ich fand auch den Besitzer eines Leiterwagens, und er versprach mir, den Wagen zur Verfügung zu stellen, wenn es, und vor allen Dingen wenn er, der Wagen, soweit wäre. Dabei führte er mich an den Glienicker See und zeigte mir den Wagen. Er lag unter Wasser! »Zum Quellen!« Ich habe nie gewußt, daß solche Wagen quellen müssen. Ich gab meiner Hoffnung Ausdruck, daß der Quellvorgang bei dem Wagen früher beendet sein möge als bei der werdenden Mutter, und verabschiedete mich. Und als es soweit war, kam er tatsächlich, mit gequollenem Wagen. Er hatte auch ein Pferd besorgt. Auch dieses Pferd gehört zu den Dingen, die ich nie vergessen kann. Das arme Tier muß mal einen Granatsplitter abbekommen haben, denn es hatte im Schenkel ein tellergroßes Loch, durch das man, wenn man neben ihm ging, die Straße sah. Auch sonst sah es recht geschwächt aus, und ich hatte ein ganz schlechtes Gewissen, als ich so neben ihm auf der Straße herging. Die Straße war keine Straße, sondern eine Ansammlung von Löchern, und es war besser, gar nicht auf ihr zu fahren, sondern daneben. Das war zwar ein Acker mit lauter Furchen, aber immer noch besser als die Straße.

Und wieder geschah ein Wunder. Das Wunder nämlich, daß die Geburt nicht in einer dieser Ackerfurchen stattfand. Wir kamen tatsächlich in dem Krankenhaus an und ungeachtet des Ausgehverbots, das damals von den Russen sehr streng gehandhabt wurde, schickte man mich erst einmal wieder weg, um die Hebamme zu holen. Als ich zurückkam, war natürlich alles schon vorbei. Unsere Tochter Kathrin war auf die Welt gekommen. Die Furchen waren die besten Geburtshelfer gewesen. An Rekonvaleszenz war nicht zu denken, das Krankenhaus war überfüllt mit Verwundeten. Also zurück! Gräßlich für die Mutter, gräßlich für das Kind – und leider tödlich für das Pferd. Es hat sich noch mit letzter Kraft aufrecht erhalten, den ganzen langen Weg bis zum Haustor, dann legte es sich hin, blickte mich mit seinen großen Augen an, als wollte es sagen: »Ich hab' getan, was ich konnte, ich kann nicht mehr.« Dann legte es sich mit einem letzten Seufzer zurück. Hier habe ich zum erstenmal beim Tod eines Tieres geweint, und hier habe ich auch zum erstenmal die Frage gestellt: »Wie benehmen wir uns eigentlich dem Tier gegenüber?« Früher stand ich dieser Frage genauso gedankenlos gegenüber, wie die meisten Menschen es heute noch tun.

Das Leben ging weiter oder vielmehr es fing neu an. Ich hatte noch ein altes Fahrrad im Keller und gehörte damit zu den Reichen. Ein Fahrrad war damals das einzige Fortbewegungsmittel. Wer so etwas hatte, wurde von allen beneidet. Er durfte es nur nicht, auch nur eine Sekunde, aus den Augen lassen. Denn wer ein unbewachtes Rad sah, war damit sofort über alle Berge. Da gab es überhaupt keine Hemmungen. In dieser Frage wurde der Begriff »mein« und »dein« ganz klein geschrieben. Es wunderte sich auch niemand. Wer ein Fahrrad hatte, mußte eben damit rechnen, daß es eines Tages weg war.
Mit meinem Fahrrad also gelang es mir, Berlin zu erreichen. Es waren immerhin dreißig Kilometer und der übriggebliebene Teil der Brücken über die Havel mußte, mit dem Rad auf der Schulter, balancierend überwunden werden. Dort hatte der alte Kollege Paul Wegener in der Schlüterstraße eine Art Büro eingerichtet, in dem sich alle übriggebliebenen Schauspieler einfanden. Ich fuhr natürlich auch dorthin, aber eigentlich nicht in der Hoffnung, bald wieder Theater zu spielen, sondern mehr der Freude wegen, die man jedesmal empfand, wenn man wieder einen traf, der überlebt hatte. Das Theaterspielen war erst einmal nicht so wichtig. Wichtig war für mich, dafür zu sorgen, daß meine Familie etwas zu essen bekam, und das war mit Theaterspielen allein nicht zu erreichen.
So machte ich eine Spielpause, sattelte um und wurde Schwarzhändler. Und zu meinem Erstaunen war ich gar nicht so unbegabt, wie ich befürchtet hatte. Es fing damit an, daß ich merkte, daß Zigaretten an der Gedächtniskirche um einen Pfennig billiger waren als am Olivaerplatz. Also packte ich soviel Zigaretten, wie ich konnte auf mein Rad und fuhr von der Gedächtniskirche zum Olivaerplatz und zurück. Den ganzen Tag. Das war erst einmal der Anfang. War aber schon ganz schön anstrengend. Es kamen ja noch

die sechzig Kilometer von Glienicke nach Berlin und zurück dazu. Und alles auf dem Rad, auf das alle scharf waren. In dieser Beziehung war die Reise von und nach Berlin immer der gefährlichste Teil, denn man mußte durch Wälder und an den russischen Militärposten vorbei, und auch die waren auf Räder scharf und hatten leider auch noch ein Gewehr.

Ich hatte mir da einen ganz guten Trick ausgedacht. Die Posten dösten meistens vor sich hin und auch sonst gehörten sie fast alle nicht zu den Schnelldenkern. Man mußte sich ihnen möglichst lautlos nähern, je später sie einen entdeckten, um so besser. Hatten sie dich nämlich bemerkt, sah man direkt, wie ihr Gehirn arbeitete, und bis sie registriert hatten: »Oh, da ist ja ein Fahrrad!« und »Stoy!« rufen konnten, mußtest Du schon weit genug weg sein. Das klappte eigentlich immer. Nur einmal hat einer hinter mir hergeschossen. Bei dieser Gelegenheit habe ich eine interessante physikalische Feststellung gemacht. Die Feststellung nämlich, daß die Geschwindigkeit einer Gewehrkugel die des Schalles übersteigt, denn ich hörte zuerst den Einschlag auf den Speichen meines Rades und dann den Knall. Nach dieser physikalischen Abschweifung zurück zum Schwarzhandel.

Die Sache begann, mir Spaß zu machen. Die Zigaretten waren natürlich nur der Anfang gewesen. Ich gehörte bald zu den Fortgeschrittenen. Kerzen, Teppiche, Antiquitäten, Brillanten! Es ist interessant, wie schnell man sich eine gewisse Branchenkenntnis aneignet. Ebenso interessant ist es, wie schnell man sie wieder vergißt. Ich verstehe heute weder etwas von Teppichen noch von Brillanten.

Das größte Geschäft versprach eine Ware, von deren Existenz ich nie etwas wußte, das waren Nähmaschinennadeln. Mit einem Waggon Nähmaschinennadeln hätte man ausgesorgt, bis ans Lebensende. Ich wußte auch schon, daß es »Rundkopf«- und »Flachkopfnadeln« gab, und welche teurer waren. Ich hatte auch schon meine Abnehmer organisiert und sah mich bereits als Millionär einen geruhsamen Lebensabend genießen. Der angekündigte Waggon mußte bloß ankommen. Ich warte heute noch auf ihn. Entweder war der Waggon Nähmaschinennadeln eine unter uns Schiebern grassierende Fata Morgana, oder es hat mich jemand auf den Arm genommen. Ich glaube aber eher an das erstere, denn ich war ja nicht der einzige, der auf die Nadeln wartete. Also mit dem großen Geschäft war es nichts, aber immerhin habe ich – durch Bienenfleiß in Sachen Schwarzhandel – es geschafft, daß meine Familie in einer Zeit großer Not ganz gut über die Runden kam.

Fürs Theater war erst einmal keine Zeit, im Gegenteil, ich erinnere mich an ein zufälliges Zusammentreffen mit meinem Kollegen Karl John, der mir in freudiger Befriedigung berichten wollte, an welchem Theater er in welcher Rolle welches Stück spielte. Er erzählte mir später, ich hätte seinen Bericht wortlos und etwas unaufmerksam angehört und dann gesagt: »Das ist alles ganz unwichtig! Hast Du Pelze, hast Du Teppiche, hast Du Nähmaschinennadeln?« Aber dieser Berufsabstecher war verhältnismäßig kurz und nur der Not gehorchend.

Inzwischen hatten zaghafte Versuche begonnen, auch die kulturellen Bedürfnisse zu befriedigen. Und zwar mit großem Erfolg, denn auch hier war der Hunger groß. Barlog machte das Schloßparktheater auf. Rudolf Platte hatte ein Operettentheater am Nollendorfplatz. Unter Karlheinz Martin spielte das Hebbeltheater, und Victor de Kowa hatte ein Boulevardtheater in der Tribüne ins Leben gerufen. Dieses kam mir am meisten gelegen, und meine schüchterne Anfrage wurde von de Kowa gleich positiv beantwortet, indem er mich sofort für zwei Rollen engagierte. Ich fand das sehr nett von ihm, denn eigentlich kannte er mich gar nicht, ich hätte ja auch eine Niete sein können und einen Namen (dessentwegen man jemanden blind engagieren kann) hatte ich noch nicht. Wahrscheinlich hat ihm Käthe Haack ein bißchen zugeredet.

Gottseidank hatte er seinen Entschluß nicht zu bereuen, denn beide Stücke wurden große Erfolge. Das Theater war sehr intim, und es war sehr angenehm, dort zu spielen. Es gab keinen Vorhang, aber dafür regnete es durchs Dach. Das machte gar nichts, die Leute rückten dann eben zusammen. Und wenn der Strom ausfiel, brachte jemand Kerzen auf die Bühne, und es ging weiter. Das Publikum war ausgehungert, nahm keine Panne übel und war froh, daß überhaupt wieder Theater gespielt wurde. Das spornte wiederum uns an, und es entstand jeden Abend eine Welle der Sympathie von unten nach oben und von oben nach unten, die beglückend war.

Es war eine schöne Zeit, und wenn ich zurückblicke, eine der schönsten Zeiten meines Lebens sogar. Es war eine Zentnerlast von allen Schultern gefallen, es war die Zeit, in der man glaubte, nun würde alles anders werden. Nie wieder Krieg, nie wieder Waffen. Und wenn ein Politiker daherkam und sagte: »Mir soll die Hand abfallen, wenn ich je wieder ein Gewehr in die Hand nehme«, so hielt man das für bare Münze. Wir sind heute klüger geworden, aber nicht glücklicher.

Auch die Kultur fängt wieder an

Wir spielten als erstes Stück »Ingeborg« von Curt Goetz. Ich hatte es schon in München gespielt mit O. E. Hasse und Maria Nicklisch. In Berlin spielten es Günther Lüders, Franz-Otto Krüger und die blutjunge Ann Höling, alternierend mit der bekannten Eisläuferin Ody Holzmann. Käthe Haack spielte die Tante Ottilie. Wir machten damit ein Experiment, denn es war zum erstenmal, daß diese Rolle von einer Fünfzigjährigen gespielt wurde. Die Tante Ottilie gehört gewohnheitsmäßig in das Fach der »Komischen Alten«. Das ging sehr gut, und sie war auch sehr gut.

Das nächste Stück war »Spiel im Schloß« mit Gretl Schörg und Karl Schönböck und mir. Diese Vorstellung fand ein gewaltsames Ende, denn eines Tages kamen wir ins Theater, und alle unsere Anzüge waren weg. Geklaut! Wir mußten die Vorstellung absetzen. Heute frage ich mich, warum wir das gemacht haben. Wieso kam keiner von uns auf die Idee, einfach in unserer Privatkleidung weiterzuspielen? Kein Mensch hätte es uns übelgenommen. Aber wir glaubten offenbar, es dem Dichter und dem Publikum nicht zumuten zu können, ein Smokingstück nicht auch im Smoking zu spielen. Wir waren noch nicht so weit wie heute im Zeitalter des Regietheaters.

Schließlich machte auch das »Deutsche Theater« wieder auf. Und da ich dort, vor Schließung der Theater engagiert gewesen war, mußte ich da erst einmal wieder hin. Ich hatte ja noch einen Vertrag. Das bedeutete eine große Umstellung, denn dieses Theater befand sich in der Ostzone. Der frühere Direktor Heinz Hilpert war nicht nach Berlin zurückgekommen, also wurde das »Deutsche Theater« von der russischen Militärregierung übernommen und als eine Art Staatstheater geführt mit einem von den Russen eingesetzten Intendanten.

Ich mußte mich also von de Kowa verabschieden und wenn ich ehrlich bin, muß ich sagen: Ich glaube, er war ganz froh, daß ich wegging. Es wäre nicht mehr lange mit uns gut gegangen. Zwar bewunderte ich de Kowa, er war nicht nur ein hervorragender Schauspieler, er war auch ein unerhört charmanter Mann und eine starke Persönlichkeit. Leider aber auch von einer Eitelkeit, die keine Grenzen kannte. Unzugänglich jeder Kritik und sei sie auch noch so wohlmeinend. Er sagte mir auch einmal ganz unverblümt und in gegebener Veranlassung, wie ich zugeben muß: »Ich mag nur Leute um mich haben, die mir nette Sachen sagen.« Und die hatte er denn ja auch. Ich gehörte da nicht hin, und trotz aller künstlerischen Befriedigung fühlte ich mich, auch durch meine Veranlagung, als Fremdkörper in dieser Vereinigung – um nicht zu sagen Clique. Ich war eine Zeitlang ganz nützlich gewesen, um ein paar Erfolge zustande zu bringen, aber im Grunde waren alle ganz froh, mich loszuwerden, und ich kann das sogar verstehen.

Ich habe eine Eigenschaft, die nicht jedem gefällt. Ich habe nämlich das dringende Bedürfnis, immer zu sagen, was mir nicht paßt. Ich sollte diesem Bedürfnis etwas weniger freien Lauf lassen. Aber leider kann ich mich nicht zurückhalten, wenn ich immer wieder sehe, daß ein Großteil meiner Berufskollegen an einem schweren medizinischen Mangel leidet. Das Rückgrat ist manchmal recht schwach ausgebildet.

Die Sache mit dem »Deutschen Theater« kam mir also recht gelegen. Es war natürlich eine völlige Umstellung nötig. Die Proben für ein Stück dauerten endlos und bestanden weniger in einer vernünftigen Probenarbeit, wie ich es gewohnt war, sondern in endlosen Diskussionen. Politischen natürlich! Mir passierte das allerdings, Gottseidank, nur einmal. Ansonsten spielte ich unter der Regie des inzwischen aus russischer Gefangenschaft zurückgekehrten Gustaf Gründgens »Kapitän Brassbounds Bekehrung« von Shaw mit Käthe Dorsch, »Reisender ohne Gepäck« von Anouilh, und scheiterte an der »Russischen Frage« von ich weiß nicht wem.

Das war ein Stück, dessen Dummheit mir beim Lesen schon so auf die Nerven ging, daß ich es nicht spielen wollte. Nicht daß es antiamerikanisch war, hat mich gestört, Kritik ist gut und soll sein. Aber sie sollte schon ein bißchen Hand und Fuß haben. Die Kritik in diesem Stück aber kam so dumm, albern und dämlich geschrieben daher, daß ich außerstande war, es zu Ende zu lesen. Vielleicht bin ich ungerecht dem Stück gegenüber, vielleicht hat mich nur geärgert, daß die Rolle so schlecht war, denn in der Beurteilung eines Stückes mag ich mich irren, in der Beurteilung einer Rolle aber nicht.

Vielleicht war es also purer Egoismus, daß ich wütend ins Büro stürzte. Dort fand ich den Intendanten Wolfgang Langhoff nicht vor, nur seinen Stellvertreter Herrn Dr. Falk Harnack. Ich war gar nicht mit der Absicht gekommen, eine Polemik zu beginnen, ich wollte nur die Rolle loswerden, weiter nichts. Sicher ließ es sich auch nicht vermeiden, ein paar Worte hinzuzufügen über die Qualität des Stückes, aus meiner Sicht. Der Stellvertreter glaubte wohl, seinen Intendanten am besten dadurch zu vertreten, daß er jeden Versuch einer Insubordination im Keime erstickte. Nachdem er mir einen politischen Schulungsvortrag gehalten hatte, daß auch Schauspieler politische Menschen seien, daß man den Mut haben müsse, Farbe zu bekennen, und daß es sich hier um eine politische Aussage handele, schloß er seinen Lehrvortrag damit, daß er mir freistellte, die Rolle zu spielen oder meinen Vertrag zu lösen. Nachdem ich ihm meinerseits einen Vortrag gehalten hatte, daß ich das Stück für einen idiotischen Schwachsinn hielte und ich diese dämliche Rolle unter keinen Umständen zu spielen gedächte, wurde die Diskussion beendet – und ich war draußen.

Es war einerseits sehr befriedigend, daß ich die Rolle nicht spielen mußte, andererseits sehr unvorsichtig, denn die Engagements lagen damals nicht mehr auf der Straße herum, und die Not war immer noch groß. Jetzt fehlte die Gage und nicht nur die Gage – es fehlten die Pajocks! Ich glaube, ich muß das für jüngere Leser erklären: Im russischen Sektor bestand die Bezahlung nicht nur in Geld. Am Gagentag ging man, wie überall, ins Büro, um seine Gage zu holen. Dazu brauchte man ein Portemonnaie und einen Rucksack. Denn außer Geld bekam man eben ein Pajock. Das war ein Paket mit Lebensmitteln: Butter, Eier, Zucker, Fleisch, Milch und so weiter. Das war eine segensreiche Einrichtung, und wir wurden von unseren westlichen Kollegen sehr darum beneidet. Übrigens, es war keineswegs so, daß etwa jeder dasselbe bekam, wie man sich das in einem kommunistischen Betrieb vorstellt. Im Gegenteil, die Pakete kamen in den verschiedensten Größen zur Verteilung. Die größten Rollen bekamen die größten Pakete. Nicht nach dem Gleichheits-, sondern nach dem Leistungsprinzip. Ich fand das sehr gut, denn ich spielte immer große Rollen. Die war ich ja nun jetzt los, die Rollen und die Pajocks.

Und auch sonst ging alles schief, ich steuerte einem Tiefpunkt entgegen. Einem Tiefpunkt in jeder Beziehung.

Dazu hatte meine Frau, ausgerechnet jetzt, auch noch das dringende Bedürfnis, sich von mir scheiden zu lassen, weil sie meine Seitensprünge nicht länger ertragen wollte, wie sie sagte. Ich habe versucht, mich dagegen zu wehren, und wollte die Scheidung verhindern, schon weil ich mit besonderer Liebe an unseren Kindern hing. Kathrin war erst zwei Jahre alt, Sabine schon sieben und mir daher besonders ans Herz gewachsen. Natürlich setzte Ruth ihren Willen durch, weil sie juristisch im Recht war oder, besser ausgedrückt, weil sie den besseren Anwalt hatte.
Warum begreifen Frauen so schwer, daß Männer zwischen vierzig und fünfzig ihrem Hormonhaushalt eben manchmal hilflos ausgeliefert sind und ihm Tribut zollen müssen und daß es sich hier um eine physikalisch-medizinische Angelegenheit handelt, die mit menschlicher Qualität oder wirklicher Treue oder Liebe und so überhaupt nichts zu tun hat? Aber Ruth stand auf dem Standpunkt: »Wenn ich mein Mann sage, dann will ich das Wort *mein* mit Recht betonen dürfen.« Ich weiß nicht, ob der Standpunkt richtig ist. Es läßt sich zumindest darüber streiten, ob in einer Ehe die Betonung so sehr auf dem besitzergreifenden Fürwort liegen sollte.
Je mehr mein Stern sank, um so höher stieg Ruths auf. Sie, die im Dritten Reich ihre Schwierigkeiten gehabt hatte (wegen ihrer jüdischen Großmutter), fing jetzt neu an und kam kurioserweise just an dasselbe Theater, von dem ich gerade geflogen war, ans »Deutsche«. Später spielte sie viele Rollen, ebenso kurioserweise ausgerechnet mit de Kowa. Kurz: Sie war obenauf und ich war unten durch. Ich wohnte in einem möblierten Zimmer in der Meinickestraße und durfte hie und da meine Tochter abholen, mit ihr im Grunewald spazierengehen und sie dann wieder zurückbringen. Das war eine verdammt harte Zeit, ich möchte sie nicht noch einmal erleben müssen.

»Meine Nichte Susanne«

Von dem Sprichwort »Unglück in der Liebe, Glück im Spiel« habe ich nicht viel gemerkt. Im Gegenteil, bei mir bestätigte sich die andere Regel, nachdem, wenn man in ein menschliches Tief gerät, auch alle beruflichen Dinge mißraten. Du hast dann keine Ausstrahlung mehr, es gelingt Dir nichts Rechtes. Du wirst unleidlich, ungerecht und ekelhaft gegen Deine Mitmenschen. Das wiederum rächt sich, indem Du nicht mehr gefragt bist. Die Leute verlieren das Vertrauen und gehen Dir aus dem Weg. Das wiederum macht Dich noch unzufriedener und unleidlicher. Du gerätst in einen Teufelskreis, in den Du ganz leicht hinein, aber nur schwer wieder herauskommst. Kurz, Du bist in jeder Beziehung im Eimer. Und meiner war ein ganz großer, tiefer! Und wer mir in dieser Lage den Strohhalm reichte, dem muß ich einen Kranz winden, was hiermit geschieht.
Es gab zwei wunderschöne Theater am Kurfürstendamm, die von Max Reinhardt ins Leben gerufen waren und später von Hans Wölffer als erstklassige Boulevardtheater betrieben wurden und einen sehr guten Ruf hatten. Beide waren weitgehend zerstört, und Wölffer war noch nicht nach Berlin zurückgekehrt. Ich weiß nicht, wieso ein Herr von Biel und eine Frau Feldern-Förster in die Lage kamen, diese beiden Theater für sich zu beanspruchen. Man sagt, sie

hätten Brett für Brett zusammengetragen und mit ungeheurer Mühe die beiden Häuser wieder spielfähig gemacht. Wenn das so ist, soll man es anerkennen. Das ist ja wohl auch geschehen, denn sie fungierten als Direktoren. Sie machten auch ganz gutes Theater, nicht überwältigend, aber ganz gut. Jedenfalls hatten sie den Mut, mir eine Inszenierung anzuvertrauen, waren also die Blockadebrecher, und das muß ich dankbar zur Kenntnis nehmen und geben.

Er war eine Allerweltserscheinung, aber sie müßte man eigentlich näher beschreiben, wenn man sie beschreiben könnte. Aber sie ist unbeschreiblich. Schon bei ihrem Anblick stockte einem der Atem. Sie kam daher, als wäre sie eben einem Bild von Toulouse-Lautrec entstiegen. Sie tat nichts so wie es andere Leute tun. Sie ging nicht, sie schritt, sie saß nicht, sie thronte, sie lag nicht, sie ruhte. Wenn man sie sah, mußte man zwangsläufig an die Moulin-Rouge-Bilder denken. Ohne Zweifel ein Charakterkopf, allerdings ein bißchen in Richtung »Schneewittchen und die sieben Zwerge«. Ich meine natürlich die Hexe. Wenn man ihren Erzählungen Glauben schenken wollte, dann muß sie vor grauen Jahren irgendwo, ich glaube in Meiningen, das Publikum zu Beifallsstürmen hingerissen haben. Und sicher hat der Geheimrat persönlich ihr die Hand geküßt. Wir alle hörten uns das widerspruchslos an, obwohl wir das alles für Jägerlatein hielten, aber keiner kam auf den Gedanken zu sagen »Meine Dame, nun halten Sie mal die Luft an.« Sie war eben, bei allem Humbug, den sie von sich gab, eine so starke Persönlichkeit, daß jeder, schon aus Höflichkeit so tat, als würde er den ganzen Quatsch, der ohne Unterlaß aus ihrem Munde strömte, für bare Münze nehmen.

Dabei war sie eine äußerst liebenswerte Person. Viele, auch ich, hingen mit großer Zuneigung an ihr. Ich hätte ihr stundenlang zuhören können. Wenn sie Gäste hatte, dann hatte sie nicht Gäste, wie andere Leute Gäste haben. Nein, sie hielt Hof. Sie thronte im Bett. Sie empfing prinzipiell im Bett und wir, die wir um sie herumsaßen, waren der Hofstaat. Komparserie! Am Tag einer Premiere war immer großer Empfang. Wenn es Zeit wurde, ins Theater zu gehen, erhob sie sich ganz ungeniert aus ihrem Bett – Könige haben das so an sich –, schritt zum Schrank, stülpte eine der Moulin-Rouge-Roben über das Nachthemd, schlüpfte in ein paar Schuhe und war fertig. So schritt sie ungewaschen, unfrisiert, ungeschminkt, fürbaß über den Kurfürstendamm, Richtung Theater, um bei der Premiere zu repräsentieren. Jeder wußte das, und keiner nahm es ihr übel. Sie war eben auf der ganzen Linie eine Persönlichkeit und quod licet jovi, non licet bovi!

Sie verstand es auch noch, dafür zu sorgen, daß sie auch während der Vorstellung nicht in Vergessenheit geriet. Sie saß immer in der dritten Reihe und wartete ab, bis es auf der Bühne ganz leise wurde. Entstand dann auch noch eine Pause, war ihre Stunde gekommen. Sie drehte sich zu ihrem Nachbarn und schrie durchs ganze Haus irgend etwas Unerwartetes, zum Beispiel: »Die Kleine ist sehr begabt, ich habe sie entdeckt« oder »Das Bühnenbild ist wunderbar, war aber auch sehr teuer.« Ich weiß nicht, warum sie das tat, vielleicht wollte sie Reklame für ihr Haus machen, und sie lag damit nicht mal so falsch. Es gab Leute, die gingen nur in Premieren, um diese Szenen mitzuerleben, und es wurden Wetten abgeschlossen, nach wieviel Minuten die Sache losgehen würde. Wer der Zahl am nächsten kam, hatte gewonnen.

Sie also war meine Prinzipalin geworden, und ich durfte bei ihr, nach langer Durststrecke, wieder arbeiten. Ein allzu großes Risiko war sie allerdings nicht eingegangen, denn ich sollte ein Musical inszenieren und spielen, das ich als

Uraufführung in Wien und dann auch noch am »Deutschen Theater« in Berlin schon gemacht hatte und mit dem alle Beteiligten jedesmal einen großen Erfolg gehabt hatten. Ich machte mich also zum dritten Mal an die Arbeit zu »Meine Nichte Susanne«. Dabei wurden wehmütige Erinnerungen wach. Erinnerungen an Wien.

Ich muß den Leser um Nachsicht bitten, daß mir das Wort »Erfolg« in die Feder gerutscht ist. Er wird vielleicht bemerkt haben, daß ich mit Berichten und Erinnerungen, was Stücke oder Rollen betrifft, und die dabei gehabten eventuellen Erfolge, eigentlich recht sparsam bin. Ich bin immer wieder betroffen bei der Lektüre mancher Memoiren. Ihr größter Teil besteht meistens darin, daß uns der Autor mitteilt, welche ungeheuren Erfolge er in dieser und in jener und wiederum in dieser und in jener Rolle davongetragen hat, wie er sie angelegt hat, wie wunderbar er gewesen ist und wie auch die Kritik des Lobes voll war, wie man gleich einmal lesen könnte. Hierzu gebe ich dem Leser die eidesstattliche Versicherung ab, daß in diesem Buch, falls es überhaupt zustande kommt, nur eine einzige Kritik erscheinen wird. Der Leser hat sie übrigens schon gelesen (wenn er sie nicht übersprungen hat). Es ist die Kritik aus Brünn.

Aber bei der »Nichte« muß ich etwas verweilen, dazu zwingt mich die Chronistenpflicht und schließlich hat mich das Stück jahrelang verfolgt.

Also zurück nach Wien ins Jahr 1939. Direktor Heinz Hilpert, der mich ans »Deutsche« nach Berlin geholt hatte, war inzwischen auch noch Leiter des »Theaters in der Josephstadt« in Wien geworden, eines der schönsten Theater überhaupt und eng verbunden mit der Erinnerung an Max Reinhardt. Ich hatte das Glück, von ihm nach Wien geschickt zu werden. Es war mein dritter Wienversuch. Erst als Arbeitssuchender, was nichts brachte, dann mit Ziegel,

was mit seiner, und daher auch mit meiner, Pleite endete, und jetzt ein drittes Mal. Und endlich bewahrheitete sich das alte Sprichwort: Aller guten Dinge sind drei! Ich fing an mit dem Chlestakoff in »Der Revisor« von Gogol, spielte dann »Hokuspokus« von Curt Goetz mit Jane Tilden, und dann kam eben die Inszenierung von »Susanne« auf mich zu. Ich ahnte nicht, daß dieses Stück mich jahrelang verfolgen sollte. Es fing ganz harmlos an. Ich bekam ein Stück in die Hand gedrückt, einen alten Schwank von Labiche, ich weiß nicht einmal mehr, wie er hieß. Der Komponist Alexander Steinbrecher hatte ein paar Musiknummern dazu geschrieben, und wir wollten das Stück als Schwank spielen, mit ein paar musikalischen Einlagen. Es waren vielleicht drei oder vier Stück.
Und nun geschah etwas ganz Einmaliges, und deshalb berichte ich auch so ausführlich darüber. Ich muß vorausschicken, daß ich eine Traumbesetzung zur Verfügung hatte. Ich darf aufzählen: Christl Mardayn in der Titelrolle, für die auch die Lieder geschrieben waren, Siegfried Breuer, Hans Thimig, Prof. Alfred Neugebauer, Dagny Servaes, Hermann Pfaudler. Die musikalischen Einlagen waren erst mal nur für die Mardayn geschrieben, die das natürlich fabelhaft machte, und Steinbrecher, angeregt durch die Probenatmosphäre, fiel jeden Tag was Neues ein. Mal ein neues Lied für die Mardayn, mal was für Breuer oder Thimig. Er kam auf jede Probe mit einem Zettel, und da war schon wieder eine neue Nummer drauf. Zum Schluß hatten wir statt vier Einlagen fünfundvierzig Nummern. Und alle nach Maß geschrieben, eben für den jeweiligen Interpreten, und das war das Geheimnis des Erfolges.
Und noch etwas kam hinzu: Steinbrecher, der auch die musikalische Leitung hatte, saß jeden Abend im Orchester und spielte den Klavierpart. Das Orchester war klein, Geige, Cello, Baß, Schlagzeug, Gitarre und ein bißchen

Blech, aber groß genug für ein musikalisches Lustspiel dieser Art. Und es war so instrumentiert, daß das Klavier die Hauptstimme hatte und die anderen die Begleitung übernahmen – »das Tuchend«, wie er sich ›österreichisch‹ gefärbt, ausdrückte. Diese Art der Instrumentierung hatte eine ganz verblüffende Wirkung. Sie konnte wie ein großes Orchester wirken und sie konnte, wenn es nötig war, so diskret und zart begleiten, daß man jedes geflüsterte Wort verstand.

Mir ist so ein Arrangement nie wieder begegnet und wenn ich heute in einem Musical sitze, dreht sich mir meistens der Magen um, wenn ich höre, mit welcher Präpotenz sich das Orchester in Szene setzt und mit welcher Rücksichtslosigkeit die menschliche Stimme vom Blech zu Tode gequakt wird. Musicalleute sind nun mal keine Domingos, und Chansons müssen mit Fingerspitzengefühl begleitet werden, besonders wenn sie Pointen enthalten. Die sollte man halt verstehen! Nach diesem Abstecher in ein Fach, für das ich gar nicht kompetent bin, zurück zum Thema. Alle diese positiven Faktoren auf einem Haufen vorzufinden, gehört zu den Sternstunden jedes Regisseurs, und es wäre ganz falsch von ihm, wenn er dann den ganz zwangsläufig einsetzenden Erfolg seiner ungeheuren Genialität zuschriebe.

Also Hilpert wollte das Stück auch in Berlin haben und ich führte es zwei Jahre später 1941 noch einmal an den Kammerspielen auf, der Boulevardbühne des »Deutschen Theaters«, die von den Klassikern ein bißchen von oben herab angesehen wurde. Das veranlaßte meinen lieben Kollegen Hänschen Brausewetter, mit dem ich viele Stücke an den Kammerspielen gespielt hatte, zu folgender galgenhumoriger Bemerkung: »Die Leute gehen ins ›Deutsche Theater‹ zu Hamlet und sagen zu ihrem Chauffeur: ›Jean, nehmen Sie den Hund und gehen Sie so lange in die

Kammerspiele.‹« Das war von ihm natürlich nur der Pointe wegen so formuliert, tatsächlich hatten die Kammerspiele hervorragende Vorstellungen, aber eben keine Klassiker.
Auch hier hatte ich mit der Besetzung großes Glück. Für die Mardayn spielte die entzückende Lizzie Waldmüller, Sigi Breuer war mitgekommen und alternierte mit Hanns Brausewetter, für Alfred Neugebauer kam der hervorragende Schauspieler Erich Ponto, für Thimig spielte ich. Der Erfolg blieb uns auch an den Kammerspielen treu. Die Vorstellungen fingen am frühen Nachmittag an, damit jeder vor Anbruch der Dunkelheit, zu Hause sein konnte, denn die Luftangriffe waren an der Tagesordnung. Manchmal fand ein Angriff auch früher statt. Die Vorstellung wurde dann unterbrochen, und wir trafen uns mit dem Publikum im nahegelegenen Luftschutzkeller, um nach der Entwarnung, wenn noch Zeit blieb, weiterzuspielen. Man kam sich im öffentlichen Keller im Biedermeierkostüm etwas seltsam vor.
Als 1944 der Endsieg dann immer näher rückte, wurden alle Theater geschlossen, und es war endgültig aus. Wir zerstoben in alle Himmelsrichtungen. Ich nach Prag – das habe ich bereits berichtet –, Lizzie Waldmüller nach Wien, wo sie bei einem Luftangriff irgend etwas auf dem Herd hatte, das auf keinen Fall anbrennen sollte. Darum ging sie erst später in Richtung Keller – ein paar Augenblicke zu spät!
Brausewetter war in Berlin geblieben und am letzten – buchstäblich am letzten – Tag des Krieges verließ er nach einem, wie er meinte, beendeten Angriff seinen Keller, den er sich in seinem Garten gebaut hatte – ein paar Augenblicke zu früh!
Ich machte mich also 1947 zum drittenmal über meine »Nichte« her und hatte wieder Glück. Die Besetzung war zwar um ein paar Nummern kleiner als in Wien, aber

wenigstens hatte ich in Loni Heuser eine hervorragende Vertreterin der Titelrolle. Das Orchester mit Steinbrecher war auch nicht da, nur zwei Klaviere, aber an diesen zwei Klavieren saßen zwei Virtuosen: Erwin Bootz und Willy Mattes. Bootz war der Pianist der Comedian Harmonists gewesen, eines Sängerquintetts von Weltruf, sie mußten sich im Dritten Reich auflösen, denn zwei von ihnen waren Juden. Mattes war ein sehr bekannter Dirigent und Komponist, der meistens in Holland arbeitete – und außerdem war er der Vater eines Babys. Dieses Baby sollte Jahre später auf meinem Schoß sitzen, als ich in Hamburg den Professor Praetorius spielte. Sie hieß Eva und war schon damals sehr begabt. Also diese beiden Faktoren, oben die Heuser und unten Bootz und Mattes, waren auch wieder Garanten für den Erfolg. Der blieb auch nicht aus, und es kam sogar gleich noch ein zweiter hinterher.
Das »Cabaret Ulenspiegel« war gegründet worden und war gleich in aller Munde durch eine Inszenierung von Gustaf Gründgens, »Alles Theater«. Mir wurde die darauffolgende Inszenierung angeboten. Eine große Chance und eine große Verpflichtung! Denn nach Gründgens mußte man schon was abliefern. Auch hier hatte ich das Glück, auf eine Fülle von Mitarbeitern zu stoßen, wie ich sie mir besser nicht hätte wünschen können. Günter Neumann überschlug sich an musikalischen und textlichen Einfällen und kam, genau wie damals Steinbrecher, jeden Probentag mit einer neuen Köstlichkeit daher. Jede Nummer war ein gefundenes Fressen für Hubert von Meyerinck, Hans Deppe, Hans Nielsen, Tatjana Sais, Bruni Löbel, Georgia Lind, Ann Höling. Es war eine Revue über die Kriegs- und Nachkriegszeit, und da der Zuschauerraum voll war von Siegern und Uniformierten, ein Tanz auf dem Vulkan. Man bedenke: Ende 1947! Es wurde das Beste, was jemals über dieses Thema auf dem Cabaretsektor erschienen ist. Es

wurde ein internationaler Erfolg, an dem ich, wie schon bei dem Welterfolg »Der Kongreß tanzt«, nicht beteiligt war. Nur mit dem Unterschied, daß meine Nichtbeteiligung an dem Erfolg im Falle »Kongreß« durchaus berechtigt war, während ich mich in diesem zweiten Fall als Opfer einer Art Mafia empfand, die es damals schon gab, sie hieß bloß nicht so.

Ich hatte die Inszenierung zwar gemacht, aber dann befand ich mich in derselben Situation wie der Mohr bei Schiller. Der hatte auch seine Arbeit getan und konnte gehen. Das ging so weit, daß der bekannte Schriftsteller Curt Riess ein Buch über Berlin und speziell über den »Schwarzen Jahrmarkt« schrieb, in dem er meine Mitwirkung mit keinem Wort erwähnt. Vielleicht haben sich seine Recherchen auf Informationen von Günter Neumann und Tatjana Sais beschränkt. Schwamm drüber.

»Arlecchino«

Noch bevor die Sache mit der »Russischen Frage« passierte, gelang es mir, einer der wenigen Schauspieler zu werden, der von sich sagen kann, daß er eine Titelrolle in einer Oper gespielt hat. In der Berliner Staatsoper sollte eine Oper von Busoni herauskommen, der »Arlecchino«. Ich war damals gerade bei Langhoff engagiert, und so traf mich das ehrenvolle Los, die Titelrolle, eben den Arlecchino, zugeteilt zu bekommen. Wir waren an einem Staatstheater und auch noch im Osten, und da wurde nicht lange gefragt. Ich hätte auch nicht nein gesagt, denn der Arlecchino ist eine höchst interessante Aufgabe.

Es ist eine Sprechrolle, aber mit Einschränkung. Man kann ihn nicht einfach sprechen, wie z. B. den Sarastro in der »Zauberflöte« oder den Bassa Selim in der »Entführung«. Nein, die Oper ist durchkomponiert, also auch die Sprache des Arlecchino ist in der Partitur festgelegt, mit Pausen, mit Einsätzen, mit Achtel und Sechzehntelnoten. Genau wie bei den Gesangsstimmen. Und es ist keine leichte Musik. Ich hatte Korrepetitorproben genau wie die Sänger und mit den Sängern und war sehr stolz, daß ich genauso schnell begriff wie diese – in Einzelfällen sogar schneller, wie ich mir – etwas selbstüberheblich – einbildete.

Dabei befand ich mich in allerbester Gesellschaft. Es waren immerhin, unter anderen, Rudolf Schock, der damals

gerade anfing, und Willy Domgraf-Fassbaender, mit denen ich proben durfte. Ich hatte, durch meine vielen Musicalinszenierungen in Hamburg und Wien, eine große Routine erworben, was den musikalischen und besonders den rhythmischen Sektor betraf. Da konnte mir keiner etwas vormachen. Mit dem Singen haperte es allerdings. Ich bin nicht imstande, fehlerlos »Alles neu macht der Mai« zu singen und habe mich bei den vielen Bufforollen damit gerettet, daß ich immer erst mal das Orchester spielen ließ und dann einen Sekundenbruchteil später einsetzte, und auch dieser Einsatz bestand mehr in einer Art Rufen als Singen. Aber ich hatte vorher den Ton vom Orchester wenigstens aufgeschnappt und ich bilde mir ein, daß die Leute tatsächlich glaubten, ich singe. Es war eine raffinierte Täuschung und hatte auch noch (wie mir gesagt wurde) einen gewissen, reizvollen Verzögerungseffekt. In Wirklichkeit war es reiner Dilettantismus, gepaart mit Frechheit, aber da sich nie jemand beklagt hat, kann es wieder so schlecht nicht gewesen sein.
Also, was Rhythmus betraf, stand ich über der Sache, und das war ja im Arlecchinofall die Hauptsache. Übrigens war meine Rhythmusbegabung auch eine Spätentwicklung, denn auch da war ich als Kind von einer Unbegabtheit, die, ihrer Seltenheit wegen, Beachtung verdient und erzählt werden muß.
Ich erinnere mich an ein gräßliches Erlebnis aus meiner Kindheit. Es war eine der wenigen Gelegenheiten, bei denen ich mit meinen Eltern lebte – ich muß also noch klein gewesen sein –, da sollte ich unbedingt das Geigenspiel erlernen. Ich weiß nicht, warum das sein mußte, jedenfalls kamen sie mit einer Geige daher und erklärten mir dauernd, ich sollte doch einmal durch die geschnitzte Öffnung auf den Geigenboden gucken, da stünde ein ganz berühmter Name. Erstens war mir der Name schnurzegal,

und zweitens hatte ich nicht die geringste Begabung. Ich bekam natürlich Stunden und kann seitdem das Largo von Händel nicht mehr hören. Vielleicht habe ich, gegen meinen Willen, sogar irgendwelche Fortschritte gemacht, denn ich erinnere mich, daß ich bei einer Schulfeier im Schülerorchester irgendeinen Violinpart übernehmen sollte.
Gottseidank hat der Kapellmeister gleich bei der ersten Probe gemeint, ich sollte doch lieber ein anderes Instrument spielen. Da ich aber ein anderes Instrument auch nicht spielen konnte, wäre ich fein heraus gewesen, wenn nicht dem Kapellmeister etwas Unseliges eingefallen wäre. Er wollte wohl meine Eltern nicht kränken, indem er mich als unbrauchbar entließ, sondern er meinte, in der nächsten Musiknummer würde er mir ein Instrument geben, das man nicht erlernen müßte. Ich wußte nicht, was er vorhatte, aber ich ahnte schon wieder Schreckliches. Die nächste Nummer sollte also probiert werden, es handelte sich um ein Waldstück, ich meine ein Stück, das im Wald spielt, mit Waldhörnern und Tierstimmen und so. Er drückte mir einen länglichen Kasten in die Hand. Wenn man mit dem Daumen rechts drückte, machte er »kuck« und wenn man links drückte, machte er wieder »kuck«. Einmal hoch, einmal tief. Ich war also der Kuckuck. Nun wird man sagen: »Na schön, da kann doch nicht viel passieren, man muß doch nur drücken.« Natürlich, man mußte nur drücken, aber wann! Das war die Frage.
Nach Empfang des Musikinstrumentes und ein paar fehlerlosen Drückern begann die Probe. Ich starrte gebannt auf die Zahl sechsunddreißig. Ich hatte also erst mal sechsunddreißig Takte Pause. Ja mein Gott, wie sollte ich den siebenunddreißigsten Takt erkennen. Erst versuchte ich die Bewegungen des Kapellmeisters zu erforschen. Immer wenn er nach unten schlug, zählte ich »eins«, »zwei«,

»drei«, bei sieben hatte ich den Faden verloren und gab auf. Nun hätte ich natürlich auf die Musik achten können, wahrscheinlich liegt bei einem so einfachen Stück der Einsatz auf der Hand, da braucht man nicht zu zählen. Aber ich war viel zu aufgeregt, um irgendeinen Gedanken zu fassen, und ich wollte den armen Mann nicht enttäuschen. Ich wartete noch ein paar Sekunden und dann machte ich einfach »kuckuck«. Ich sah, wie der Dirigent zusammenzuckte. Ein falscher Geigeneinsatz ist nicht schön und er fällt – wenn man Glück hat – nicht so auf. Ein falscher »kuckuck« hingegen, mein Lieber, der haut hin! Dann machte ich noch ein paar »kuckucks«, denn jetzt war sowieso schon alles egal, dann schmiß ich den Vogelkasten in die Gegend und verließ weinend das Konzertpodium. Und doch habe ich, im Zuge der Spätentwicklung, auch dieses Manko überwunden, darum sage ich wieder einmal: »Nicht verzweifeln, Begabungen und Unbegabungen, die sich in der Jugend zeigen, bedeuten gar nichts. Das kann sich alles noch ändern.«

Also, die Proben zu »Arlecchino« schritten munter fort. Der Regisseur, Herr Völker, hatte sich einen schönen Gag für mich ausgedacht: Die Bühne war so gebaut, daß rechts ein Haus stand, ungefähr drei Meter hoch, und links auch. Vom Schnürboden hing ein Seil herunter, und ich sollte dieses Seil ergreifen und von einem Dach zum anderen schwingen. Das war ein großer Schwung, ein Schwung über die ganze Bühne. Aber da ich klein und, damals noch, sehr gelenkig war, stellte das für mich überhaupt keine Schwierigkeiten dar, im Gegenteil, ich kam mir vor wie Gene Kelly in einem Film, den ich gerade gesehen hatte. Mir machte die Schwingerei mehr Spaß als die ganze Rolle. Alles ging bestens. Die Hauptprobe war gelaufen, und nun sollten zwei Tage keine Proben stattfinden, weil das Haus einer Generalreinigung unterzogen werden sollte.

Wir setzten also zwei Tage aus, und am dritten fand die Generalprobe statt. Leider hatte während der Putzerei irgend jemand mein Seil gelöst und vergessen, es wieder festzumachen. Das Seilende oben auf dem Schnürboden war nur über eine Stange gelegt. Mein Sprung bedeutete auch das Ende der Probe. Krankenwagen, Röntgenaufnahme und Schutzengel. Ich hatte nur beide Daumen gebrochen und Rippenprellungen. Kein Grund, die Premiere nicht zu spielen, mit zwei Daumen in Gips. Im Gegenteil, es gab der Figur eine zusätzliche Farbe zum Grotesken hin, und ich habe mir schon überlegt, ob ich nicht, wenn ich mal den »Arlecchino« in »Diener zweier Herren« spielen würde, die Daumen vorher in Gips stekken sollte. Ich habe einmal mit meinem italienischen Kollegen Ferruccio Soleri, der diese Rolle am Piccolo Teatro in Mailand seit Jahren hinreißend spielt, über diese Gipsidee gesprochen, er hielt nicht viel davon. Mir wurde die Entscheidung abgenommen, denn ich habe die Rolle nie bekommen.

»Ball der Diebe« (1948)

Wie wir wissen, ist es nicht gut, wenn die Bäume in den Himmel wachsen. In dieser Hinsicht hat das Schicksal bei mir fantastisch vorgesorgt. Ich habe immer rechtzeitig eins auf die Nase bekommen, und so machte ich mich an eine Inszenierung, bei der etwas geschah, das in seiner Eigenartigkeit festgehalten zu werden verdient.
Es ging um einen Anouilh: »Ball der Diebe«. Es war ein personenreiches Stück, in Erinnerung sind mir noch Sonja Ziemann, Olga Limburg, Georg Thomalla, Hubert von Meyerinck, Erich Fiedler. Es ist nicht direkt ein Musical, aber es sind viele musikalischen Passagen drin, die in der Originalfassung von einem Flötenspieler gespielt werden. Ich weiß nicht mehr, wieso es kam, aber während der Proben bekamen wir immer mehr Spaß an der Verquikkung mit der Musik, und der Theaterkomponist Kurt Heuser, angestachelt durch mich, wurde immer produktiver, so daß wir zum Schluß mit einem Stück herauskamen, das zu einem Viertel gesprochen, zu einem Viertel gesungen und zur Hälfte getanzt wurde. Ich will es dahingestellt sein lassen, ob das richtig war. Vielleicht war es ganz falsch und vielleicht war es eine miserable Inszenierung. Das ist auch nicht wichtig, um das Phänomen zu erklären, das nun auftrat.
Es fand nämlich eine Generalprobe statt, wie ich sie weder

vorher noch nachher erlebt habe. Die Leute tobten vor Begeisterung, was auf Generalproben gar nicht üblich ist. Allerdings, wer waren die Leute? Lauter Schauspieler natürlich. Für den Uneingeweihten muß ich erklären, daß es üblich ist, zu Generalproben ein paar Leute in den Zuschauerraum zu lassen. Es handelt sich meistens um Angehörige des Hauses und um Schauspieler, die, weil sie abends selber spielen, keine Gelegenheit haben, die betreffende Vorstellung zu sehen. Man tut es auch, um die beteiligten Schauspieler, die das Stück wochenlang vor leerem Haus gespielt haben, ans Publikum zu gewöhnen. Das ist, besonders bei Lustspielen, bei denen man eine Reaktion erwartet, sehr wichtig, kann aber auch, wie wir gleich sehen werden, mächtig ins Auge gehen. Jedenfalls waren wir alle nach dieser ungeheuren Generalprobe der festen Überzeugung, daß wir morgen einen Erfolg haben werden, über den Europa sprechen würde.

Der Abend kam – und wurde ein Flop. Was heißt ein Flop, er wurde der größte Reinfall, den man sich vorstellen kann. Die Leute (diesmal keine Schauspieler) wußten überhaupt nichts anzufangen mit dem, was wir da auf der Bühne machten. An Stellen, an denen bei der Generalprobe gebrüllt worden war vor Lachen, herrschte betretenes Schweigen. Wenn wir plötzlich anfingen zu tanzen, sahen sich die Menschen im Zuschauerraum verwundert an, als wollten sie sagen: »Was machen die denn da?« Natürlich merkten wir auf der Bühne sehr bald, daß da irgend etwas nicht stimmte. Und als der erste Lacher nicht kam, der zweite nicht, der erste Tanz ohne Echo blieb, der zweite, der gestern einen Beifallssturm ausgelöst hatte, ohne jede Wirkung verpuffte, wußten wir, daß wir einer Niederlage entgegensegelten. Und jetzt fingen wir an, nervös zu werden.

Das kann man gar nicht beschreiben, das muß man erlebt

haben. Da stehst du da oben auf der Bühne, und von unten kommt dir nichts entgegen, gar nichts – höchstens eiskalte Ablehnung. Und du versuchst und versuchst, und die da unten machen nicht mit. Sie lassen dich glatt verhungern. Und die sitzen im Dunkeln, und du stehst im Licht! Das ist alles nicht so schlimm, wenn du eine Tragödie spielst. Dann kannst du dir einreden, daß die Leute so ruhig sind vor Ergriffenheit. Diese Autosuggestion ist leider fehl am Platze, wenn du Pointen an den Mann bringen sollst. Und wenn du dann merkst, daß eine nach der anderen, ohne die geringste Wirkung, den Bach hinunterfließt, dann bist du der einsamste Mensch auf der Welt. Jetzt willst du es zwingen, und das ist das Dümmste, was du tun kannst, denn jetzt wirst du verkrampft und dann gelingt dir überhaupt nichts mehr.

Wir befanden uns alle in dem eben beschriebenen Zustand, der besonders schlimm war, weil er so unerwartet kam. Wir waren, verwöhnt durch die Generalprobe, so siegesgewiß in die Premiere gegangen, und jetzt standen lauter begossene Pudel auf der Bühne herum und sahen sich ratlos an. Ich weiß bis heute nicht, was eigentlich passiert war. Aber jeder hat einmal einen Mißerfolg!

Keiner kann immer alles richtig machen, damit müssen wir leben. Und wenn die Generalprobe nicht gewesen wäre, hätten wir uns gesagt: »Wir haben eben Mist gemacht, und das ist die Quittung«. Aber was uns so irritiert hat, war die unerklärliche Diskrepanz zwischen gestern und heute. Was war geschehen?

Man kann sich vorstellen, daß wir nach diesem Reinfall lange diskutiert haben, und wir haben auch eine Erklärung gefunden. Ich erhebe aber keinen Anspruch darauf, daß das, was wir gefunden hatten, auch wirklich die Erklärung des Phänomens war oder ist. Wir retteten uns in folgende Überlegung: Die Form, die wir für die Aufführung gewählt hatten, war eine zu dieser Zeit noch völlig unübliche und deshalb dem deutschen Publikum noch ganz ungewohnt. Im Dritten Reich und während des Krieges war es von jeder Entwicklung auf dem Gebiet des Showbusineß abgeschnitten, war ihm eine Art der Darstellung, die sich ohne Übergang vom Sprechen zum Tanzen, vom Tanzen zum Sprechgesang und von dort über die Pantomime wieder zum Sprechen bewegt, völlig neu. Möglicherweise waren die Zuschauer von diesem Nebeneinander verschiedener Darstellungsarten überfordert und empfanden es eher als »Durcheinander«.

Ein paar Jahre später, nachdem sich das Publikum an amerikanische Musicals gewöhnt hatte, hätte ihm das, was wir da machten, vielleicht ganz gut gefallen. Wir waren einfach damit zu früh gekommen. Das war die Erklärung, die wir uns selbst gaben und die, ich betone es nochmals, durchaus nicht stimmen muß. Sie beantwortete auch gleichzeitig die Frage, warum die Generalprobe ein so enormer Erfolg gewesen war. Sie hat eben vor einem anderen Publikum stattgefunden. Lauter Komödianten! Und die wußten halt schon ein bißchen mehr Bescheid über das, was sich auf ihrem eigenen Sektor im Ausland, und besonders in Amerika, inzwischen getan hatte. Vielleicht, und sogar sehr wahrscheinlich, war bei dieser Erklärung mehr der Wunsch der Vater des Gedankens, denn es gab auch andere Stimmen.

So hatte ich zum Beispiel bei einem Aktschluß, der mir nicht gefiel (er war auch wirklich nicht gut), den Text geringfügig geändert, nicht ahnend, daß ich mit dieser frevelhaften Handlung dem Übersetzer einen unverzeihlichen Tort antun würde. Jedenfalls, wie mir nach der Premiere berichtet wurde, ging er wutschnaubend während der Pause von Kritiker zu Kritiker und berichtete von meinem Verbrechen an seinen goldenen Worten. Ich habe das nicht ganz verstanden, denn wenn er wirklich so gegen diese kleine Änderung gewesen ist, hätte er doch nur mit mir darüber zu reden brauchen. Das tat er aber nicht. Und da er damals bekannter war als ich und außerdem zur Zunft der Schreibenden gehörte, erhoffte er sich von seinen Kollegen ein offenes Ohr, was sie ihm auch bereitwilligst liehen.

Ihr Ärger machte sich prompt in den Kritiken bemerkbar, sie waren natürlich alle miserabel, eine offene Rüge wegen meines Eingriffs in die Kompetenzen des Übersetzers. Da eine dieser Kritiken ausgerechnet von einem der geachtetsten, wichtigsten, und auch von mir sehr geschätzten Kritiker stammte, und da ich ein ziemlich reines Gewissen hatte, denn die Änderung war wirklich zu läppisch, um so ein Gesums daraus zu machen, unterzog ich mich der Mühe, an den Kritiker einen Brief zu schreiben. Ich tue das sonst nie! Ich schickte ihm also das Buch und bat ihn, er möge mir doch mitteilen, an welcher Stelle ich eine der schriftstellerischen Glanzleistungen des Übersetzers beschädigt hätte. Ich warte nun schon vierzig Jahre auf eine Antwort, ich glaube, ich bekomme keine mehr. Ich habe ihm inzwischen verziehen!

Nachdem ich mir nun genug an die Brust geschlagen habe, will ich aber doch auch von ein paar positiven Stimmen berichten. Ich bekam eine Menge begeisterter Briefe. Unter anderem von Mary Wigman und Harald Kreutzberg. Man mag zu ihnen stehen, wie man will, immerhin waren es berühmte Namen, und es ist nicht zu leugnen, daß sie etwas von unserem Beruf verstanden, wenn auch nicht so viel wie die Herren von der schreibenden Zunft. Jedenfalls waren diese Briefe Balsam für meine vom Mißerfolg verwundete Seele.

Der Clou aber kam mit einem Klingelzeichen an der Eingangstür meiner bescheidenen Behausung in der Meinickestraße. Draußen stand ein Herr und sagte: »Mein Name ist Felsenstein, kann ich Sie einmal sprechen?« In dem Moment wußte ich, daß es nicht nur eine Floskel ist, wenn jemand sagt: »Mir blieb die Spucke weg.« So etwas gibt es tatsächlich, und ich brauchte ein paar Sekunden, bis sie wiederkam. Immerhin war Felsenstein der Intendant der Oper in Ostberlin und galt als *der* Opernmann im deutschsprachigen Raum. Felsenstein bei mir! Felsenstein kletterte fünf Treppen hoch in meine armselige Wohnung, um mir zu sagen, wie gut ihm meine Inszenierung von »Ball der Diebe« gefallen habe und ob ich nicht Lust hätte, bei ihm »Don Pasquale« zu machen.

Kann man es mir übelnehmen, daß mir von diesem Moment an die Kritiken Schall und Rauch waren? Muß ich extra betonen, daß ich plötzlich einen Fahrstuhl in den siebenten Himmel bestiegen hatte? Sollte meine heimliche Liebe, die Oper, doch noch einen Weg zu mir finden? Wir waren so verblieben, daß ich mir die Sache einen Monat überlegen sollte, denn die Entscheidung, die hier zu treffen war, hatte ja nicht nur künstlerische Gewichte! Wäre die Währungsreform nicht gekommen, nicht die Luftbrücke, hätte ich darüber nicht eine Reise nach Hamburg gemacht, um alte Freunde zu besuchen, hätte ich nicht dort eine Bekanntschaft gemacht, die mich im Westen gehalten hat, wäre ich heute vielleicht ein internationaler Opernregisseur. Vielleicht aber auch Operninspizient am Stadttheater in Jena.

Hamburg 1948

Zu dieser Zeit begab es sich also, daß die Sieger, die schließlich einen gemeinsamen Feind gemeinsam besiegt hatten, sich untereinander nicht so benahmen, wie man es von gemeinsamen Siegern eigentlich erwarten kann. Waren sie schon während der Siegerei recht uneinig, so wurden sie es anschließend immer mehr. Die Gründe zu beleuchten, darf ich befugteren Chronisten überlassen. Jedenfalls waren die Grenzen nach Berlin eines Tages geschlossen und Berlin abgeschnitten.

Da entschlossen sich die Alliierten, die »Luftbrücke« ins Leben zu rufen und retteten so Berlin vor dem Untergang. Den ganzen Tag flogen Flugzeuge nach Westberlin und brachten das zum Leben Notwendige. Lebensmittel (daher der Spitzname »Rosinenbomber«), Medikamente, Kohle! Natürlich entstand jetzt ein Klima grenzenloser Dankbarkeit. Ein Klima, in dem das schüchterne Pflänzchen des Wiederbewaffnungsgedankens kleine Wurzeln schlug, und als es dann soweit war, schoß diese Pflanze mit Macht hervor und wurde von der Mehrheit des deutschen Volkes mit einem kräftigen »Hurra!« begrüßt. Ein Ruf, der gerne aus deutschen Kehlen dringt. Ein Ruf, der nur verschüttet war, und jetzt durften wir wieder.

Fern sei es von mir zu glauben, daß die Amerikaner nicht nur gütig und hilfreich waren, sondern auch weitsichtig.

Die Flugzeuge mußten neuen Nachschub holen und waren beim Rückflug fast immer leer. Sie nahmen daher manchmal Passagiere mit, die sich auf irgendwelchen krummen Wegen diese Bevorzugung erschlichen hatten. Die Maschinen waren natürlich für Passagierverkehr nicht eingerichtet, sondern man saß gerade da, wo vorher die Fracht gelegen hatte. In meinem Fall hatte die Maschine keineswegs Rosinen gebracht, sondern Kohle, aber es spielte wirklich keine Rolle, ob man mehr oder weniger schwarz im goldenen Westen ankam. Hauptsache, man war im Schlaraffenland.

Diese Reise hatte wirklich etwas von einem Märchen. Der Sprung vom Existenzminimum zu einer Überflußgesellschaft war schon gewaltig. Da ich den größten Teil meiner beruflichen Tätigkeit in Hamburg verbracht hatte, war ich dorthin geflogen, nicht nur um mich satt zu essen, sondern auch um alte Freunde wiederzusehen. In Berlin hatte ich in dieser Beziehung Schiffbruch erlitten. Es hielt mich also nicht allzuviel dort. Mein alter Kollege Willy Maertens, der inzwischen Direktor des Thaliatheaters geworden war, nahm mich wie einen verlorenen Sohn auf. Ich mußte bei ihm wohnen und hatte noch nicht ausgepackt, da hatte ich schon die erste Probe.

Langsam begannen die Lebensgeister wieder zu erwachen, und das durchhängende Seil straffte sich. Außerdem sollte Hamburg nur ein kleiner Abstecher sein vor einem endgültigen Abschied – innerlich war ich ja schon auf dem Wege zu Felsenstein. Aber bevor diese Reise Tatsache wurde, winkte mir eine Chance, die zu ergreifen ich mir nicht verkneifen konnte. Ich weiß nicht, woran es lag, aber seit dem Fiasko mit »Der Kongreß tanzt« hat sich die Sparte Film vor mir verschlossen wie eine Auster. Und wäre das Fernsehen nicht erfunden worden, würde ich wahrscheinlich immer noch draußen vor der Tür stehen.

Das Fernsehen war in Hamburg in einem Bunker untergebracht, und hier fand auch meine erste Fernsehregie statt. Fahrenburg hieß der mutige Mann, der mich mit einer solchen betraute. Es war das Theaterstück »Wolken sind überall«, es spielten Gisela Peltzer und Harry Meyen. Damals gab es noch keine Aufzeichnungen, alles wurde live gespielt. Das heißt, die Vorführung und die Ausstrahlung geschahen gleichzeitig, und beides war nach der Sendung unwiederbringlich dahin. Auch irgendwelche Fehler waren nicht reparierbar.

Es gibt auch heute noch solche Sendungen, Gott möge mich davor bewahren. Der Regisseur saß im Regieraum und schaltete durch Hebeldruck Bildschnitte und Überblendungen selbst. Heute macht das die Cutterin. Mir hat das großen Spaß gemacht, und ich habe bei dieser Schalterei eine Menge gelernt über Schnittechnik, Blickrichtung und so. Ich erlaube mir die kühne Behauptung, daß mir niemals ein Achsensprung passieren würde. Wobei ich mir versage, dem Leser zu erklären, was ein Achsensprung ist. Es ist auch ganz unwichtig, ich will damit nur zart andeuten, daß ich nicht völlig ahnungslos bin.

Einen Menschen hat es gegeben, der an mich als Regisseur geglaubt hat, und ich habe das Bedürfnis, ihm eine Dankadresse zu widmen. Es war ein recht bekannter Filmproduzent, hieß Mainz, war vielleicht einssechzig groß und hatte daher einen Schreibtisch von fünf Meter Länge und zwei Meter Breite. Wie groß sein Bett war, weiß ich nicht, aber er hatte einen dementsprechenden Ruf.

Zu mir war er reizend, ich weiß nicht warum. Ich war ihm jedenfalls sehr dankbar, denn ich war in dieser Beziehung nicht verwöhnt von Filmleuten. Er machte mit mir einen Vertrag für die Regie des Films »Männer im gefährlichen Alter« mit Lilo Pulver, die männliche Hauptrolle sollte Gustav Fröhlich spielen. Als Fröhlich hörte, daß ein

Mensch, von dem er noch nie etwas gehört hatte, der ein purer Anfänger war und dem man wahrscheinlich erst erklären mußte, wo bei der Kamera vorne ist, als Regisseur fungieren sollte, hielt sich seine Freude in Grenzen. Er verlangte von Mainz ein Mitspracherecht bei der Regie.
Ich möchte betonen, daß ich ihm das überhaupt nicht übelnehme, und ich weiß nicht, ob ich es so gern haben würde, wenn heute ein purer Anfänger in einem Fernsehspiel, in dem ich eine Hauptrolle hätte, Regie führen sollte.
Ich erzähle die Geschichte auch nicht, um mich über Fröhlich zu beklagen, ich erzähle sie aus Dankbarkeit dem Produzenten gegenüber, der mir sein Vertrauen geschenkt hat ohne Einschränkung, und der mit einer ganzen Menge Geld auch hätte baden gehen können. Er schickte, ohne zu diskutieren, ein Telegramm an Hans Söhnker, der die Rolle trotz des Handikaps sofort übernahm, sehr gut war und mir seitdem freundschaftlich verbunden blieb.
Der Film war ein richtiger Erfolg, und es regnete plötzlich Angebote. Ich machte gleich hinterher »Fräulein vom Amt« mit Renate Holm, die eine große Karriere als Sängerin an der Staatsoper in Wien gemacht hat. Dann kam ein »Rastelli«-Stoff. Das war schon weniger lustig, weil der Produzent mir dauernd in die Regie hineinreden wollte und nachher auch noch bis zur Unkenntlichkeit an dem Film herumgeschnitten hat. Dieser Film war schon nicht mehr gut, trotzdem hat man mir noch einen Kästnerstoff gegeben, den ich durch eigene Schuld in den Sand gesetzt habe. Dann war ich so genervt, daß ich nichts mehr vom Film wissen wollte und er nichts von mir.
Das war mein Ausflug in die Filmregie, und wenn ich heute sehe, welche Verantwortung und Mehrarbeit ein Regisseur, gemessen am Hauptdarsteller hat (vorher Buch und Motivsuche, nachher Schnitt und Mischung), dann bin ich ganz zufrieden, nur als Schauspieler beteiligt zu sein.

Eines Tages meinte Maertens, bevor ich Hamburg wieder verließe, könnte ich ihm noch einen Gefallen tun und schnell ein Stück inszenieren, das ein Mitglied aus dem weiblichen Ensemble geschrieben hat. Ich dachte mir: ›Großer Gott, eine junge Schauspielerin schreibt ein Stück, das wird schon nichts Weltbewegendes sein.‹ Ich nahm also das Buch sehr skeptisch entgegen, las es – und war begeistert! Es hieß »Der Mann, mit dem ich verheiratet bin« und behandelte ein Heimkehrerproblem auf eine derart taktvolle Art, daß ich auf die Autorin sehr neugierig wurde. Am nächsten Tag lernte ich sie kennen und flog sofort auf sie. Ich beschloß, das Stück nicht nur zu inszenieren, sondern auch zu spielen, mit ihr natürlich. Sie hieß Karin Jacobsen, und ich spielte mit ihr nicht nur dieses Stück, sondern auch das nächste und das übernächste und so fort, und es entstand eine Partnerschaft, die ich fairerweise nicht totschweigen darf.
Es stellte sich sehr bald heraus, daß wir in allen Dingen, die bei einer Partnerschaft wichtig sind, frappierenderweise harmonierten. Wir hatten denselben Humor, lachten über dieselben Sachen, fanden dieselben Sachen schlecht oder gut und hatten vor allen Dingen auch dieselbe Art, einen Dialog zu sprechen. Auf der Probe genügte ein Augenzwinkern, und jeder wußte, was der andere meinte. Es gab überhaupt keine Diskussion. Wir fingen an, einen ungeheuren Spaß daran zu finden, einen Dialog so auszuarbeiten, als sei er auf den fünf Zeilen eines Notenpapiers geschrieben. Wir legten alles minuziös fest. Jede Pause, jedes »piano«, jedes »forte«, jedes »langsam«, jedes »schnell«. Ich gebe zu, daß wir das ein bißchen weit trieben, und es gab Leute, die sagten: »Das ist aber recht manieriert, was Ihr da macht!«
Aber erstens hatten wir einen unbändigen Spaß daran und zweitens einen großen Erfolg damit. Man konnte unsere

Vorstellung mit der Stoppuhr verfolgen, sie war festgelegt auf die Sekunde. Auch die Lacher, die von außen kamen, waren einkalkuliert. Man kann natürlich einwenden und man hat es auch getan: »Wo bleibt die Ursprünglichkeit? Wo bleibt die Eingebung des Augenblicks?« Unsere Antwort lautete: »Auf der Strecke!« Wir hielten beide mehr von Präzision als von der Eingebung. Wenn sich einer von seiner künstlerischen Eingebung heimsuchen lassen will, dann soll er das auf der Probe machen. Aber während der Vorstellung habe ich es gar nicht gern, wenn ein Kollege plötzlich etwas anderes macht, als wir verabredet hatten. Unser Beruf basiert auf gegenseitiger Verabredung, und ich muß mich darauf verlassen können, daß mein Partner sich an diese, wenn sie einmal getroffen ist, auch hält. Er kann sich ja auch auf mich verlassen. Andernfalls brauchen wir ja keine Proben, dann spielt eben jeder so, wie im Augenblick seine Eingebung ist. Das wird dann eine feine Vorstellung! Besonders beim Lustspiel kommt Präzision vor Begabung!
Bei den geschilderten Voraussetzungen konnte es gar nicht ausbleiben, daß wir diese künstlerische Übereinstimmung zum Hauptberuf machten, aus einem festen Engagement auf die freie Wildbahn wechselten und anfingen, uns als Boulevardpaar, das ausschließlich zusammenspielte, einen kleinen Namen zu machen.
Erst einmal heirateten wir, und vier Jahre später gaben wir unser Hamburger Engagement auf. Es ist ein großes Wagnis, ein festes Engagement mit bezahlten Ferien ohne zwingenden Grund aufzugeben und sich am freien Wettbewerb zu beteiligen. Besonders wenn es sich nicht um *eine*, sondern um *zwei* Karrieren handelt, die gleichzeitig gestartet werden sollen. Man muß sich das schon reiflich überlegen. Es kann auch schiefgehen. Aber wenn ich mir heute rückblickend die Situation meiner Kollegen von damals ansehe, wenn ich sehe, wie sie dasitzen, sie, die vor dreißig

Jahren die Stützen des Repertoires waren. Heute spielen sie kleine und kleinste Rollen, ohne Widerworte, nur um die Gage nicht zu verlieren, von den (zum xtenmal gewechselten) Direktoren unwillig durchgeschleppt, weil bei deren Dienstantritt als Überbleibsel des Vorgängers und leider inzwischen unkündbar, vorgefunden und als ungeliebter Ballast bis in die Komparserie abgedrängt, dann sinke ich auf die Knie, richte meinen Blick gegen Mekka, neige mein Haupt in Dankbarkeit und sage mir: ›So hättest du auch enden können.‹

Wir beide sind rechtzeitig vom Boot gesprungen, wie Wilhelm Tell. Aber die Ungewißheit, daß der Sprung gelingt, war bei uns größer. Er hatte immerhin die Tellplatte, auf die er springen konnte, und die war aus festem Stein. Wir hatten nicht einmal das. Es gab damals nur einen einzigen Privattheaterdirektor, der sich für uns als Paar interessierte, das war Gerhard Metzner mit seiner »Kleinen Komödie«.

Deshalb zogen wir auch nach München in der Hoffnung, daß, sollten wir dort Erfolg haben, es sich allmählich herumsprechen würde und wir, im Laufe der Zeit, uns einen Namen machen würden, und zwar so, daß nicht *wir* froh sein mußten, wenn uns einer engagierte, sondern *er,* wenn er uns bekam. Doch vom Sprung aus dem Boot bis dahin ist ein weiter Weg.

Die »Kleine Komödie« in München

Also, Ade Hamburg und auf nach München mit Sack und Pack und Kind und Hund! Apropos Hund: Unserem Schäferhund Rilo wollte ich die lange Autofahrt nicht zumuten, also kam er mit dem Flugzeug nach. Ich hätte das nie gemacht, hätte ich gewußt, was ich dem Tier damit antue. Ich wurde vom Flugplatz angerufen: »Ihr Hund ist da, aber den werden Sie nicht durchbringen.« Als ich ihn sah, schwor ich mir, daß ich nie wieder ein Tier einer solchen Quälerei aussetzen werde. Drei Tage rechneten wir mit seinem Tode, dann fing er langsam an, sich zu erholen. Es war das zweite Mal, daß mir bewußt wurde, wie gedankenlos wir uns manchmal einem Tier gegenüber benehmen. Erst das Pferd in Berlin, dann der Hund in der Kiste. (Große Tiere werden in einer Kiste befördert, eine unvorstellbare Quälerei!)

Heute, dreißig Jahre später, lebe ich mit Barbara (meiner vierten und letzten Frau) in Italien auf dem Lande. Wir haben wieder zwei große Tiere, und wenn wir die nicht mitnehmen und tierwürdig versorgen können, dann muß ich auf das lockendste Engagement verzichten. Ich weiß, das kann man leicht dahersagen, wenn man imstande ist, sich seine Spaghetti zur Not auch ohne Engagement kaufen zu können. Ich weiß auch, daß unsere Freunde und Bekannten uns für spinnert halten. Ich weiß auch, daß wir

»die beiden Verrückten mit ihren Hunden« sind. Wir tragen es mit Fassung, und wenn wir morgens beim Frühstück sitzen, mit den drei Tieren um uns herum, dann sind wir fünf: Bello, der Schäfer, Flicka, der Collie (oder die Collie?) und Marty, die Katze. Marty deshalb, weil wir sie an einem Dienstag fast verhungert und erfroren gefunden haben (Martedi).
Die Platzverteilung am Frühstückstisch ist festgelegt und durch Gewohnheitsrecht erworben. Trotzdem flackern an manchen Tagen die alten Kampfhandlungen wieder auf. Eine kleine Kriegsberichterstattung am Rande: Ich hatte immer einen sehr gemütlichen Eckplatz. Rechts eine Wand, hinter mir eine Wand und vor mir die Schmalseite des Frühstückstisches. Ein Meter nur, aber mehr braucht ein einzelner Mensch nicht. Die Längsseite haben Barbara, Flicka und Marty. Ich gebe zu, daß mein Platz der beste ist. Das kriegte eines Tages auch Bello spitz und beanspruchte den Platz zwischen mir und der rechten Wand. Also mußte ich einen Meter nach links rücken, so daß ich nur noch mit meiner rechten Körperhälfte am Früstückstisch teilhabe. Ich tat dies sowohl notgedrungen als auch ein bißchen geschmeichelt.
Bello hat also jetzt die Ecke, und Flicka sieht das mit gemischten Gefühlen. Man merkt deutlich, wie es in ihrem Kopf arbeitet und wie ein Schlachtplan entwickelt wird. Es ist immer derselbe und immer wieder fällt mein Bello darauf herein. Sie verläßt die Küche (wir frühstücken in der Küche), schleicht auf leisen Sohlen zur Eingangstür, öffnet sie und begibt sich zum Gartentor. Dort veranstaltet sie ein aufgeregtes Gebelle, als wäre der Briefträger da. Der Briefträger ist der Todfeind, wie immer. Bello im Glauben, daß er Flicka beistehen muß, wetzt, unter Aufgabe seines Platzes, hinaus, und hinter dem Tor steht niemand. Bis er gemerkt hat, daß er wieder einmal geleimt worden ist und

zurückkommt, ist der Platz besetzt. Jetzt liegt sie dort, hat die Augen zu, stellt sich schlafend und weiß von nichts. Er guckt verdutzt, läßt die Ohren hängen und legt sich resigniert zu meiner Linken. Das ist auch ein schöner Platz, es ist halt nicht die Ecke. Er könnte Flicka leicht wegjagen, denn er ist der Stärkere, aber dazu ist er zu gutmütig, außerdem haben sie sich das so eingeteilt, daß sie im Haus das Sagen hat und er im Garten.

Das Frühstück ist übrigens der schönste Teil des Tages und ungeheuer wichtig. Da hat man die ganze Familie beisammen und kann sich aufeinander konzentrieren. Die Einflüsse von außen kommen noch früh genug. Es ist die beste Zeit für Gespräche – Gespräche zwischen uns fünf natürlich. Denn Barbara und ich, wir wissen, daß die anderen drei jedes Wort verstehen, und dann sagen wir ihnen auch schon mal unsere Meinung. Zum Beispiel: »Wieso sitzen wir eigentlich hier in der Wildnis? Doch nur euretwegen! Wenn wir euch nicht am Hals hätten, könnten wir ein freies Leben führen, in fremde Länder fahren, im ›Traumschiff‹ mitspielen, das mußten wir absagen. Warum? Wegen euch! Damit ihr nicht alleine seid! Wißt ihr das überhaupt? Ihr haltet das alles für selbstverständlich! Wißt ihr überhaupt, wie gut ihr's habt? Wenn wir spazierengehen, dann seht euch mal die vielen Hunde an, die an der Kette sind. Wenn wir euch nicht hätten, dann hätten wir viel, viel weniger Ärger!!« Und dann fügen wir ganz leise hinzu, so daß sie es nicht hören: »Und viel, viel weniger Glück.«

Nach diesem Abstecher in die Tierpsychologie zurück zu den Tatsachen. Gerhard Metzner hatte gleich nach dem Krieg ein Privattheater in München ins Leben gerufen, die »Kleine Komödie«. Es war ein reizendes, nicht zu kleines, nicht zu großes Haus und galt als eines der besten seiner Art in Deutschland. Es gab keinen Star, der sich zu gut gewesen wäre, bei Metzner zu spielen, die meisten rissen sich sogar darum. Daß er das schamlos ausgenutzt hat, kann ich ihm eigentlich nicht übelnehmen. Er wäre ein schlechter Geschäftsmann gewesen, hätte er, z.B. in unserem Fall, nicht sofort gemerkt, daß unsere Ungeschicklichkeit im Verhandeln grenzenlos war. Da er gewußt hat, daß wir zusammen spielen *wollten,* tat er so, als täte er *uns* einen Gefallen mit diesem Doppelengagement. Niemals hätte er zugegeben, daß er diesen Gefallen in erster Linie *sich* tat, und immer waren unsere Erfolge größer als unsere Gagen. Metzner war kein großer Regisseur, aber er war der geborene Theaterleiter. Er hatte einen unfehlbaren Instinkt für Stücke und die Fähigkeit, die richtigen Leute an den richtigen Platz zu setzen und war fast unschlagbar in der Wahl des Regisseurs und in der Besetzung der Rollen. Metzner hatte fast nur Erfolge und einen erstklassigen Ruf. Er engagierte uns sehr gerne, obwohl er ganz gegen unsere Art, einen Dialog zu sprechen, war. Aber andererseits wußte er, daß die Vorstellungen, für die wir verantwortlich zeichneten, zwar mal gut, mal weniger gut sein würden, er wußte aber auch, daß *etwas* nie eintreten würde – es würde nie langweilig werden – und das ist schon allerhand.

Vor allen Dingen engagierte er uns immer dann, wenn er in die Ferien gehen wollte. Er versicherte mir, daß unser Engagement die einzige Zeit sei, in der er jemanden in seinem Theater wußte, dem er das Ruder überlassen konnte, ohne in den Ferien Angst haben zu müssen, daß in seinem Laden alles drunter und drüber geht. Das hat uns sehr geschmeichelt. Leider war er sehr krank und starb viel zu früh.

Natürlich handelte es sich um ein reines Privatunternehmen ohne Subventionen und lebte von dem, was in die Kasse kam, war also auf Erfolg angewiesen. Irgendwelche Experimente waren da nicht zu machen und gehörten auch gar nicht hin. Metzner pflegte das niveauvolle Boulevard-

stück in erstklassiger Besetzung und Darbietung, wobei es meistens mehr auf das »Wie« ankommt als auf das »Was«. Diese Theater sind mit staatlichen oder städtischen Bühnen gar nicht zu vergleichen. Es gibt kein festes Ensemble, keinen wechselnden Spielplan, sondern die Schauspieler werden für eine Produktion engagiert. Das heißt, für ein Stück und für die Dauer der Laufzeit eben dieses Stückes. Je größer der Erfolg, um so länger die Laufzeit, je länger die Laufzeit, um so länger das Engagement, je länger das Engagement, um so länger hast du zu leben.
Es liegt also in deinem eigenen Interesse, daß das Stück ein Erfolg wird. Eigentlich ist das ganz logisch und in den meisten Ländern gar nicht anders üblich. Diese Form unterscheidet sich enorm von staatlich oder städtisch subventionierten Unternehmungen. Beide haben ihre Berechtigung, beide ihre Vor- und Nachteile. Wenn ich ein Stück besetzen muß, und ich kann unter allen freien Schauspielern des Landes aussuchen, habe ich es leichter, als wenn ich mir aus einem festengagierten Ensemble meine Leute herausfischen muß. Die Intendanten dieser Ensembletheater behaupten zwar immer, sie könnten jedes Stück besetzen, wenn es aber darauf ankommt, hat man erhebliche Schwierigkeiten.
Glaubt ein Regisseur, in Frau X und Herrn Y die geeigneten Vertreter gefunden zu haben, heißt es: »Die kannst du nicht haben, die spielt im Nebenhaus die Lady Milford, und den kannst du auch nicht haben, der spielt den Attinghausen im »Tell« auf Abstecher, nimm doch die A und den B, die sind im Ensemble und gerade frei.« Und dann nimmt man die A und den B und hat mit Zitronen gehandelt. Wenn es dann ein Durchfall wird, ist der Regisseur schuld. Und er ist auch tatsächlich schuld, er hätte sich eben die A und den B nicht aufschwatzen lassen sollen.
Nicht ohne Grund holen sich diese Theater für wirklich

wichtige Rollen Gäste. Ich gehöre zu denen, die sich ihre Mitarbeiter lieber von Fall zu Fall engagieren. Man hat dann zwar nicht das, was man ein ›eingespieltes Ensemble‹ nennt (ein recht überschätzter Begriff), man hat aber dafür lauter Leute, die zu ihren Rollen passen und sie nicht nur spielen, weil sie gerade frei sind und sowieso bezahlt werden müssen. Und bezahlt müssen natürlich alle werden, die im Jahresvertrag stehen, ob sie spielen oder nicht. Und es gibt mehr Nichtspieler, als der Außenstehende glaubt. Und nicht alle sind Nichtspieler wider Willen. Wenn man nicht spielt, hat man auch keine Proben, und wenn man keine Proben hat, hat man mehr Zeit für Fernseh- und Synchronarbeit.

Unser Münchner Versuch gelang auf überraschende Weise. Das hatte zwei Gründe. Einmal war es unsere übertrieben präzise Art, einen Dialog zu sprechen, der ankam, nicht bei jedem, aber beim größten Teil des Publikums. Ich habe das schon beschrieben. Und zweitens war es Karins Begabung, Dialoge zu schreiben. Denn man kann einen Dialog nur sprechen, wenn man ihn hat. Den Dialog nämlich! Und da haperte es gewaltig!

Da während des Dritten Reiches alle deutschen Stücke zum soundsovielten Male gespielt waren – denn welsches Geistesgut kam ja nicht über die Grenze –, stürzte sich alles auf die ausländische Produktion. Also her mit den Stücken! Dazu mußten sie aber erst übersetzt werden, und da fing die Schwierigkeit an.

Was man da in die Hand bekam und was von manchem Verleger als Übersetzung ausgegeben wurde, war in vielen Fällen eine Rohübersetzung, und das ist etwas ganz anderes. Eine Rohübersetzung ist die erste Phase einer Übersetzung, der erste Arbeitsgang, der darin besteht, daß der Übersetzer erst einmal die Worte der einen Sprache in die Worte der anderen »übersetzt«. Dabei wird man zwar über die grobe Handlung des Stückes aufgeklärt, aber das ist auch alles. Spielbar ist so etwas nicht. Der Übersetzer muß nun die Rolle des Bearbeiters übernehmen, das heißt, er muß in einem zweiten Arbeitsgang die nun vorhandene Rohübersetzung in ein sprechbares Deutsch übertragen. Es soll Übersetzer geben, deren Übersetzung gleich beim erstenmal auch eine Bearbeitung ist, ich habe noch keinen getroffen.

Jedenfalls standen wir auf der Probe und stellten mit Entsetzen fest, daß der vorliegende Text gar nicht sprechbar war. Das merkt man beim ersten Lesen nicht. Da achtet man auf andere Dinge (Handlung, Aktschlüsse, Rolle). Die Qualität des Dialoges wird erst zum großen Problem, wenn man auf der ersten Probe merkt, daß sie fehlt. Nun hatten wir aber in vier Wochen den Aufführungstermin und waren darauf angewiesen, einen guten Dialog zu haben. Normalerweise hätte man dem Verlag sagen müssen: »Hier muß ein neuer Dialog her!« Das war ganz sinnlos, denn eine neue Bearbeitung hätte Geld gekostet, also sagte er wiederum: »Der Dialog ist gut.« Nun kann man schwer einen schlechten Dialog jemandem beweisen, der diesen Beweis gar nicht haben will.

Und die Verleger, aus Angst, daß der Beweisende sich nur einen Auftrag für eine Neubearbeitung erschleichen will, sind auf diesem Ohr stocktaub. Nachdem wir das spitzgekriegt hatten, haben wir uns auf Diskussionen mit dem Verlag gar nicht erst eingelassen, sondern die Bearbeitung einfach heimlich gemacht. Karin hat sich nach jeder Probe hingesetzt und geschrieben. Erst diesen Aktschluß, dann jenen, dann die Szene, dann jene, und zum Schluß war das ganze Stück neu geschrieben.

Das ist eine recht zweischneidige Angelegenheit, denn ist es ein Erfolg, sagt niemand ein Wort, im Gegenteil, der Verlag und der als Bearbeiter genannte Nichtbearbeiter

nehmen diesen Erfolg und die Tantiemen gerne zur Kenntnis. Wehe aber, wenn es ein Reinfall wird, dann ist natürlich die heimliche Bearbeiterin schuld, denn sie war ja nicht autorisiert. Gottseidank ist dieser Fall nie eingetreten. Im Gegenteil, wir haben es erlebt, daß sich ein Verlag eine vollständige Neubearbeitung von Karin heimlich, still und leise unter den Nagel gerissen hat. Plötzlich erschien diese Bearbeitung als Buch, ohne Namensnennung und ohne Bezahlung versteht sich. Er muß in den Besitz eines ›Soufflierbuches‹ gelangt sein.
Also, wir hatten nicht nur die Arbeit der Proben und die Verantwortung für den Erfolg, wir hatten auch noch die Bearbeitung am Hals, die unter dem Tisch erfolgte, keine finanziellen Vorteile brachte, sondern im Falle eines Mißerfolges eben große Unannehmlichkeiten. Und nur der Tatsache, daß Karin das ganz fabelhaft machte, ist es zu verdanken, daß die Unannehmlichkeiten nie eintraten.
Ich habe übrigens nie begriffen, warum sie diese Begabung nicht zu ihrem Hauptberuf machte. Aber so gut sie es konnte, so ungern machte sie es. Es gab für sie nichts Schrecklicheres, als vor einem leeren weißen Blatt zu sitzen, das in die Schreibmaschine gespannt war und darauf wartete, betippt zu werden, und sie tat es auch nur, weil wir mit der Probe nicht weiterkamen und ihr den Text noch warm aus der Maschine rissen.
Sie hat zwar auch eigene Stücke geschrieben, aber viel zu wenige, und dann auch nur im Auftrag und mit vorgeschriebenem Termin. Und wenn ich wagte zu sagen: »Hör mal, Salondamen gibt es wie Sand am Meer, aber Salondamen, die schreiben können, gibt es wenige, um nicht zu sagen – nur eine«, dann wollte sie das gar nicht hören. Dabei hätte sie das Zeug gehabt, ein zweiter Curt Goetz zu werden. So halte ich zum Beispiel ihre Komödie »Wege des Zufalls« für eines der besten Stücke moderner Boulevardtheaterlitera-

tur. Aber sie hätte jemanden gebraucht, der hinter ihr steht und sie antreibt, das ist nicht immer eine dankbare Rolle!
Es gelang uns tatsächlich, so bekannt zu werden, daß man auf unsere Namen hin Tourneen machen konnte. Das war sonst nur mit Leuten möglich, die durch Film oder Fernsehen einen Namen hatten, und das war bei uns nicht der Fall. Daß unsere Tourneen trotzdem für den Unternehmer ein Geschäft waren, war ein Zeichen, daß wir uns auch ohne Fernsehen einen solchen gemacht hatten. Wir machten sogar eine Tournee nach Südamerika, und darüber möchte ich eine kleine Geschichte erzählen, die die Sache weniger vom Künstlerischen als vom Folkloristisch-Erotischen her betrachtet.

Südamerika

»Heute ist Breslauer drin.« Die Nachricht verbreitete sich wie ein Lauffeuer während einer Vorstellung in der »Kleinen Komödie« in München und bedeutete ungefähr dasselbe, wie wenn es in der Staatsoper plötzlich geheißen hätte »Heute ist Liebermann drin«. Man erkannte bei einem Blick durch das Loch im Vorhang einen hochgewachsenen Herrn mit grauen Haaren, der seine Umgebung in jeder Beziehung überragte und dem man den geborenen Theaterleiter sofort anmerkte.

Man wußte von ihm, daß er der Direktor des deutschen Theaters in Buenos Aires war und daß der eine oder andere Schauspieler aus Deutschland das Glück hatte, von ihm als Gast verpflichtet zu werden. Sah man in den Theateralmanach, dann las man: »Buenos Aires, »Deutsches Theater«, Leitung: Breslauer. Großes Haus: Calle soundso, Kleines Haus: Calle soundso. Mitglieder: Jetzt kam eine lange Reihe (sicher nur für unsereinen) unbekannter Namen, dann kam aber die Rubrik »Gäste«, und da fand man immerhin Victor de Kowa, Ernst Schröder, Theo Lingen, Inge Meysel und man sagte sich, wenn die da spielen, dann muß das Theater doch ein gewisses Niveau haben. Überflüssig zu sagen, daß die Mitarbeiterliste auch Inspizienten, Souffleure und Regieassistenten aufzuweisen hatte.

Also nach diesen Vorkenntnissen war ein Angebot aus

dieser Richtung eine höchst ehrenvolle Angelegenheit, und wir waren sehr geschmeichelt, als wir nach der Vorstellung von Herrn Breslauer zu einer Besprechung gebeten wurden, die erst einmal damit begann, daß er uns ein paar Elogen über unsere Vorstellung machte, nicht ohne hinzuzufügen, daß wir beide als einzige seinen, wie wir uns wohl denken können, hohen Ansprüchen genügen würden, alles andere aber nicht an sein Theater in Buenos Aires herankäme, von der Ausstattung angefangen bis zum letzten Kleindarsteller.
Wir kamen überein, bei ihm drei Stücke zu spielen: »Und das am Montagmorgen« von Priestley, »Dr. med. Hiob Prätorius« von Goetz und »Wege des Zufalls« von Jacobsen. Meine schüchterne Bemerkung, daß die beiden letzten Stücke je sieben Bilder hätten, wurde mit einer mitleidigen Handbewegung beiseitegewischt und das zwischen den Zähnen hingezischte Wort »Drehbühne« klang, als dachte er sich: ›Wozu rede ich überhaupt mit dem Mann?‹
Finstere Vorahnungen begannen in mir hochzusteigen, aber das Wort »Drehbühne« lullte mich wieder ein, und überhaupt muß er mich hypnotisiert haben, denn heute frage ich mich, warum ich mich nicht bei einem der im Almanach angeführten Gäste erkundigt habe. Dann hätte ich erfahren, daß es sich bei besagten Kollegen um Ensemblegastspiele gehandelt hatte, sie also mit fertigen Vorstellungen herübergekommen waren. Wir aber sollten als einzige Gäste kommen und die Vorstellung mit dem dortigen Ensemble, dem ganzen dortigen technischen Apparat neu erarbeiten, was ein gewaltiger Unterschied ist. Ich habe nur eine Erklärung: Hypnose!
Bei der Impferei wäre die ganze Sache beinahe gescheitert, da ich aus irgendeinem Instinkt heraus bereits kalte Füße hatte, auch die Angst vorm Fliegen immer höher kroch, und es nur noch eines geringen Anstoßes bedurfte, um das

Handtuch zu werfen. Als ich dann noch beim Impfen einem Amtsarzt in die Hände fiel, der seinen Kasernenhofton ins Zivilleben zu retten versuchte, war ich mit einem Fuß aus dem Unternehmen bereits ausgestiegen, und nur den vereinigten Bemühungen aller Beteiligten gelang es dann, mich bei der Stange zu halten; aber meine Euphorie war dahin, und alles, was weiter geschah, stieß bei mir, ob gut oder weniger gut, auf äußerstes Mißtrauen. Endlich, ich konnte es nicht mehr verhindern, saßen wir im Flugzeug, meine Frau in erwartungsvoller Erregung, ich mit äußerster Bereitschaft, alles schlecht zu finden. Der Flug über den Atlantik dauerte dreizehn Stunden (Propeller) und meine gelegentlichen Hinweise auf verdächtige Funken aus dem einen oder anderen Motor blieben unbeachtet.

In Recife angekommen, besserte sich meine Laune etwas angesichts der Tatsache, daß es endlich warm war, sank aber gleich, als ich vom Flugrestaurant aus beobachtete, daß sich eine Anzahl Schwarzer vor dem Fahrgestell unserer Maschine versammelte mit allen Anzeichen unverkennbarer Ratlosigkeit. Die Besprechung scheint ergebnislos verlaufen zu sein, denn die Versammlung löste sich auf, aber nicht wie eine solche sich auflöst, wenn ein Entschluß gefaßt ist, sondern so tropfenweise, erst ging der eine, dann der andere, nicht ohne ein leises Kopfschütteln, wie mir schien.

Aber da mein Lebenswille nach der schlaflos verbrachten Nacht sowieso nicht mehr so ausgeprägt war, schwieg ich kismetbewußt. Törichterweise hatte ich mir eingeredet, die Reise nun zum größten Teil überstanden zu haben, ohne mir klar zu machen, daß es jetzt noch den ganzen südamerikanischen Kontinent heruntergeht. Denn von Recife nach Buenos Aires ist es nicht näher als von München nach Recife, nur mit noch mehr Zwischenlandungen, und ich lasse es mir nicht ausreden, in Porto Alegre, in Montevideo, in Sao Paulo, überall wunderte man sich über den Zustand unserer Reifen. Als dieselben dann endlich am Abend in Buenos Aires aufsetzten, gab es einen Knall. Meine Frau wollte ihn zwar nicht gehört haben, aber die war viel zu aufgeregt wegen der vielen neuen Eindrücke. Und die anderen Passagiere hatten ja immer nur eine Etappe mitgemacht. Ich war der einzige, der die ganze Reise mit kritischer Überlegenheit hinter sich gebracht hatte.

Wir waren tatsächlich angekommen, und Herr Breslauer mit Gemahlin stand, blumenstraußbewaffnet, leibhaftig am Flughafen. Man muß das anerkennen. Er machte auch die Abwicklung und kümmerte sich um unser Gepäck. Daß es nicht da war, weil es in Lissabon geblieben war, dafür konnte man ihn nun wirklich nicht verantwortlich machen. Es kam am nächsten Tag nach. Ich sagte auch nichts, denn ich hatte mir vorgenommen, sehr beherrscht zu sein. Also ohne Gepäck ins Hotel, und am nächsten Tag, meinte Breslauer, wollen wir gleich eine Pressekonferenz machen.

Da ich wußte, daß es in Buenos Aires nur zwei deutsche Zeitungen gibt, konnte ich mir denken, daß die Konferenz im erträglichen Rahmen bleiben würde, was sie denn auch tat. Denn einer der Vertreter der zwei Zeitungen war verhindert und ließ sich entschuldigen, was auch besser war, denn meine Frau meinte mit Recht: Wenn schon Pressekonferenz, dann muß man sich nach einer solchen Reise wenigstens den Kopf waschen, was wir auch beide taten, ohne mit der dortigen überaus hohen Luftfeuchtigkeit zu rechnen, so daß wir auf der Pressekonferenz, die gottseidank keine war, aussahen wie neugeborene Entlein. Der Herr ›Pressekonferenz‹ hieß Allemann und entpuppte sich als reizender älterer Herr, der uns später noch viel Hilfestellung gab, wofür ihm an dieser Stelle gedankt sei.

»So Kinder, nun zeige ich euch erst einmal mein Büro.« Breslauer sagte immer ›Kinder‹, ich kann das nicht leiden.

Also, die alten Häuser in den billigen Gegenden von Buenos Aires haben eine Menge Höfe, so wie in Berlin Kreuzberg, und die sehen auch genau so aus, nach Durchquerung eines dritten solchen kam man in ein Haus, in dem sich die deutsche Leihbücherei befand, diese Leihbücherei hatte ein paar Räume, am Ende des letzten Raumes befand sich ein Tisch, an diesem Tisch saß eine Dame, die unser Direktor als seine Sekretärin vorstellte, und der Tisch war das Büro. Besagte Sekretärin stellte sich später als eine äußerst tüchtige, reizende Person heraus, die den ganzen Laden schmiß.

Ich weiß nicht, wo diese Leute herkommen. Jeder private Theaterleiter hat so ein Faktotum, auch in Deutschland, das im Grunde das ganze Theater am Laufen hält. Ohne ein solches Wesen könnte der Direktor zumachen. Das ist ein Geheimnis, hinter das ich noch nicht gekommen bin, aber ich bin ja auch kein Theaterdirektor. Aber zurück zum Büro.

Auf besagtem Tisch lagen Blöcke von Eintrittskarten, die offenbar für unsere Vorstellungen bestimmt waren. Es bestand aber für niemanden Veranlassung, diese Karten zu kaufen, denn niemand wußte von uns. Das sollte ja eben durch die stattgefundene Pressekonferenz anders werden. Auf meine schüchterne Frage: »Gibt's denn auch Plakate?« spielte ein nachsichtiges Lächeln um Herrn Breslauers Lippen. Wortlos nahm er einen an den Bürotisch gelehnten Pappendeckel hoch, der mir, geblendet durch all die Büropracht, entgangen war. Besagter Pappendeckel hatte mindestens die Ausmaße fünfzig zu siebzig. Darauf befand sich, mit Füllfeder ausgeführt und ausgefüllt, folgender Text: »Vom xten bis xten Sensationsgastspiel Karin Jacobsen und Karl Heinz Schroth in ... und so weiter.«

Jetzt sah ich zum ersten Mal mit Genugtuung, daß auch Karins bis dahin trotzig zur Schau getragener Optimismus ins Wanken geriet, und ihr entrang sich der Stoßseufzer: »Das erinnert mich an Hamburg, wenn beim Krämer steht: ›Heute frische Bücklinge.‹« Irgendwelche Wirkung hatte diese Bemerkung nicht bei Breslauer, er hat sie wohl auch nicht verstanden. Auf meine Frage, wo denn nun dieses fantastische Plakat hinsoll, meinte der Intendant: »Ans große Haus.« Mir schwante Schreckliches, und so war es denn auch.

Er stellte sich nämlich sehr schnell heraus, daß Herr Direktor gar kein Haus hatte, weder ein großes noch ein kleines, sondern es verhielt sich folgendermaßen: In Buenos Aires wird am Montag in den Theatern nicht gespielt, und so hatte Herr Direktor Breslauer irgendwie erwirkt, daß er an so einem Tag in ein Revuetheater durfte. Da ließen sie ihn aber erst am späten Nachmittag herein, und es durfte nichts verändert werden, vor allem kein Scheinwerfer. Das war das ›Große Haus‹, dann gab's noch ein Sälchen in einer Synagoge, die am Freitag frei war, das war das ›Kleine Haus‹. Keines von beiden stand für Proben zur Verfügung. Als ich diese Frage aufwarf, meinte Breslauer: »Ach, das ergibt sich, meine Schauspieler sind so routiniert, die brauchen nicht viele Proben. *Sie* geben den Ton an und dann läuft alles von selbst!« Was er mit Ton angeben meinte, weiß ich bis heute nicht.

Die Kollegen waren übrigens reizend, natürlich alles Emigranten, die in anderen Berufen Unterschlupf gefunden hatten, aber im tiefen Inneren überzeugt waren, ohne Hitler wären sie die Größten geworden. Und nun kommen zwei Leute daher, die das Dritte Reich nicht nur überlebt, sondern auch noch eine gewisse Karriere gemacht hatten und spielen ihnen die Rollen weg! Ich hätte diese Gedankengänge vollauf verstanden, aber nichts dergleichen geschah, man hat uns in den Kollegenkreisen mit offenen Armen aufgenommen, ich weiß nicht, ob ich diese Groß-

zügigkeit gehabt hätte. Dies sei gesagt, um auch einmal etwas Positives anzuführen.
Sonst war alles grauenvoll, so grauenvoll, daß ich den größten Teil aus meiner Erinnerung verdrängt habe. Probiert wurde im Hinterzimmer eines Cafés, in der Ecke einer Hotelküche, während sie in Betrieb war, schließlich in unserem kleinen Hotelzimmer, weil Herr Direktor nicht imstande war, einen Probenraum zu organisieren. Dazu kam, daß es verdammt kalt war, überall, wo wir zum Essen von Breslauer hingeführt wurden, saßen die Leute in Hut, Mantel und Handschuhen, um ihr gemütliches Mahl einzunehmen.
Also, entweder gibt es in Buenos Aires keine Heizung – das kann ich mir aber nicht recht denken –, oder Breslauer führte uns nur in solche Lokale, die keine hatten und deshalb auch billig waren. Wir waren auch eigentlich nicht darauf vorbereitet, im August zu frieren, aber das war unsere Schuld, denn bei dem Wort Südamerika denkt man zwar an Sonne und Süden, aber daß Argentinien so südlich ist, daß man auf den Südpol spucken kann, das überlegt man nicht.
Am Premierenabend ging der Herr Direktor in sein Büro, klemmte sich den Pappendeckel unter den Arm, tigerte damit ins ›Große Haus‹ und stellte denselben neben die Kasse. Das war die Publicity. Wieso das Haus trotzdem voll war, begreife ich nicht. Weder eine Haupt- noch eine Generalprobe konnte stattfinden, denn wir durften ja erst mittags in das Revuetheater, man konnte also nur mit den Bühnenarbeitern in verschiedenen Sprachen das Notwendigste besprechen, was die Umbauten betraf.
Wir hätten es auch lassen können. Ich will nur ein paar kleine Beispiele geben: Wir fingen an mit »Wege des Zufalls«, ausgerechnet mit dem kompliziertesten der drei Stücke. Da stehen einmal zwei Straßentelefonzellen auf der

Bühne, aus denen die beiden Hauptdarsteller gleichzeitig verschiedene Leute anrufen. Diese Zellen waren mit Holzlatten gebaut und standen, o Wunder, tatsächlich auf der Bühne und wurden dann auf Rädern weggefahren. Nächstes Bild: Zwei Hotelbalkone mit je einem Tischtelefon. Die Telefone waren wichtig, sonst ging die Handlung nicht weiter. Vorhang auf: Die Balkone waren da, aber keine Telefone. Ich zische den Inspizienten an: »Herr Beer, wo sind die Telefone?« Herr Beer zischt die Schwarzen an: »Teléfono, Teléfono!« Was tun meine schwarzen Freunde? Sie holen in aller Ruhe die Telefonzellen aus dem vorigen Straßenbild und schieben mir dieselben auf die Hotelbalkone. Als ich nachher schüchtern meinte: »Herr Beer, doch nicht Zellen, sondern die Tischtelefone«, meinte er: »Sie machen einem aber auch nur Schwierigkeiten.«
Dann hatten wir beide – Karin und ich – sehr häufige und schnelle Kostümwechsel, und man kann sich auch als Laie denken, daß die in großer Hast vom Körper gerissenen Sachen irgendwo hingetan werden müssen. Dazu gibt es den Garderobier. Überflüssig zu sagen, daß wir nach jeder Vorstellung mit der Taschenlampe eine Suchaktion veranstalten mußten nach einem Strumpf, einer Krawatte, einem Hemd und so weiter. Es war zwar ein kleines Mädchen da, die sagte, sie sei die Garderobiere, aber sie tat nichts dergleichen, konnte sie auch nicht, denn sie hatte ja keine Probe mit Kostüm mitgemacht, da keine stattgefunden hatte.
Man erspare mir eine detailliertere Schilderung der Vorstellungen, es war das Schlimmste, was ich in meiner ganzen Laufbahn erleben mußte, und wenn man bedenkt, daß man vor Leuten spielte, die danach lechzten, endlich einmal wieder ihre Muttersprache zu hören und sich freuten und wirklich zahlreich kamen, so schäme ich mich heute noch, ihnen Dinge abgeliefert zu haben, für die das Wort ›Schmiere‹ viel zu schmeichelhaft ist.

Nach einem Monat Buenos Aires kam dann die Tournee. Alles mit dem Flugzeug natürlich. Angenehm war, daß die Flugzeuge nie überfüllt waren. Als ich mich nach dem Grund erkundigte, erfuhr ich, daß es sich um eine Fluggesellschaft handelte, mit der nur Leute flogen, die mit dem Leben sowieso schon abgeschlossen hatten, aber sie war die billigste. Ich protestierte schon nicht mehr, mir war schon alles egal. Das heißt, einmal protestierten wir doch. Für die letzte Etappe Sao Paolo – Rio erklärten wir einstimmig, nun sei es genug, wir würden diesen Teil der Reise mit dem Bus machen.

Wenn ich in Geographie besser aufgepaßt hätte, dann hätte ich gewußt, daß zwischen Sao Paolo und Rio ein Hochgebirgszug liegt und die Reise mit dem Bus zu den lebensgefährlichsten Unternehmungen gehört, die von Europäern gemieden und ausschließlich von Eingeborenen angetreten wird. Aber der Chauffeur war ein solcher Künstler, daß das Unternehmen einen ungeheuren Reiz bekam. Er verfügte über einen großen Bauch, und das war auch in jeder Beziehung seine Stärke, denn mit demselben konnte er das Lenkrad führen, je nachdem, wie er sich drehte, die beiden Hände wurden gebraucht, um Karten zu verkaufen, abzureißen, zu knipsen, seinen Gesang zu dirigieren und den Rhythmus auf Windschutzscheibe und Armaturenbrett zu schlagen. Er war prächtig gelaunt, sang die ganze Zeit, und wenn eines der Hinterräder, das bei den vielen Haarnadelkurven freischwebend über dem Abgrund gestanden hatte, wieder Straßenkontakt bekam, baute er ein befriedigtes ›joi, joi, joi‹ in den Gesang ein.

Schließlich erschienen am Horizont die ersten Vogelschwärme. Rio kündigt sich, wenn du dich von der Landseite näherst, durch diese charakteristischen Vogelschwärme an. Daß es sich dabei um Aasgeier handelt, sollte niemanden stören. Sie helfen der Müllabfuhr enorm und

sind sehr zutraulich. Es kann dir glatt passieren, daß du auf der Copacabana am Strand liegst und es läßt sich einer neben dir nieder, als wollte er sagen: »Na, auch mal hier?«
Rio ist übrigens mit Venedig die schönste Stadt der Welt, und sieht man von den Widrigkeiten, die ja bei vernünftiger Organisation nicht hätten sein müssen, ab, so muß man schon sagen, daß diese Reise ein ungeheures Erlebnis war, das ich nicht missen möchte. Vor allem wird das Wort Gastfreundschaft so groß geschrieben, wie ich es überhaupt nicht für möglich gehalten hätte.

Es wäre noch viel zu berichten von der überwältigenden Schönheit dieser oder jener Gegend, von der Liebenswürdigkeit dieser oder jener Familie, von einer abenteuerlichen Beobachtung einer im Urwald stattgefundenen Macumba.

Großen Eindruck hat mir auch eine Fahrt durch eine Villengegend am Rande von Buenos Aires gemacht. Es wäre für uns Europäer eine städtebauliche Sensation. Man fährt zum Beispiel an einem Schweizerhäuschen vorbei, um gleich darauf ein Haus zu passieren, das gebaut ist wie ein Stiefel, gefolgt von einer holländischen Mühle, anschließend ein Costa-Smeralda-Haus à la Aga Khan, und so weiter, kilometerlang. Das Ganze war ein derartiges Durcheinander, daß es in seiner Kaleidoskopartigkeit schon wieder Stil hatte. Entweder handelt es sich hier um eine städtebauliche Schlamperei, oder es war ein Zeichen der Achtung vor der persönlichen Freiheit, die jedem erlaubt, zu tun, was er will. Dank meiner persönlichen Einstellung dieser Frage gegenüber war ich geneigt, das letztere anzunehmen, und daher gefiel mir diese Bauweise außerordentlich. Über all das wäre zu erzählen, aber das machen Reiseschriftsteller besser.

Ich könnte höchstens noch berichten über eine weit profanere Veranstaltung, und da es unser Abschiedsabend in Südamerika war, will ich es versuchen. Also, Porto Alegre! Eine warme Nacht! Fern vom argentinischen Winter! Äquatornähe! Alle guter Stimmung! Vorstellung eine Katastrophe, aber der Mensch gewöhnt sich an alles. Plötzlich ertönt Breslauers Stimme, etwas euphorisch, wohl in der Vorfreude, uns bald los zu sein. »Kinder, ihr wart jetzt in Südamerika und noch nie im Puff. Das kann nicht so bleiben.«

Wir beschlossen also alle (wir waren vierzehn Personen, Männlein und Weiblein gemischt), dieses Manko augenblicklich aus der Welt zu schaffen. Erste Schwierigkeit: Wo ist eins und wie heißt das? Kollege Bruno Arno (Bruder von Siegfried Arno, ›Was kann der Sigismund dafür, daß er so schön ist‹) geht siegessicher auf einen Chauffeur zu und seine Miene drückt aus ›Laßt mich mal machen, ich bin doch der einzige hier, der so was schafft‹. Langer Satz an den Chauffeur in portugiesisch. Chauffeur ratlos. Spanisch: Chauffeur ratlos. Englisch, italienisch, alles umsonst. Schließlich in seiner Verzweiflung entringt sich ihm ein internationales »Ficki Ficki«. Schlagartig erhellt sich die Miene des Chauffeurs, ein zweites Taxi wird herangerufen und alle vierzehn Figuren eingeladen.

Ich wundere mich, daß die nächstliegende Frage, was wir dort zu tun gedenken, von niemandem aufgeworfen wurde. Aber die Euphorie über die Köstlichkeit des Einfalls war offenbar zu stark. In einem schönen Park über den Lichtern des Hafens wurden wir vor einer hochherrschaftlichen Villa ausgeladen, die wir nun etwas zögernd betraten, denn allmählich waren wir uns doch der Deplaciertheit unseres Auftrittes bewußt geworden. Wir durchquerten also einen Raum, spärlich möbliert mit ein paar Stühlen, eine Art Wartezimmer, von diesem Raum ging eine schmale Treppe in die oberen Stockwerke, am Fuße dieser Treppe saß ein einsamer Soldat und las eine Zeitung, er wartete offenbar auf das Freiwerden der Braut. Ich habe noch in keines Menschen Antlitz einen derartigen Ausdruck von Erstaunen gesehen wie in seinem bei unserem Anblick.

Von diesem Moment an fielen wir überhaupt von einer Verlegenheit in die andere. Der eigentliche Empfangs- oder Kontaktraum bestand aus einer Theke und einigen Tischen, was ganz angenehm war, denn wir konnten so tun, als glaubten wir uns in einer Kneipe und wollten nur eben einmal ein Gläschen trinken. Wir waren die einzigen Gäste, was die Sache noch peinlicher machte. Auch die paar Damen waren durch unser Auftreten äußerst irritiert und waren höchstens bereit, jedem eine Flasche Coca-Cola hinzustellen, wissend, daß aus dieser Sache ja doch nie etwas werden konnte. Die Stimmung drohte unter die Erträglichkeitsgrenze zu sinken, da erschien als Retter in letzter Sekunde unser Intendant, der an der Theke mit zwei Damen getuschelt hatte, aufgeräumt und bester Laune: »So, Kinder, ich habe mit den beiden Damen ausgemacht, daß sie uns eine Vorführung machen werden.«

In dem Moment habe ich den Mann bewundert, es war wirklich die einzige Möglichkeit, die verfahrene Situation einer Lösung zuzuführen. Nachdem er unseren Applaus entgegengenommen hatte, war er sofort wieder Theaterdirektor und trat in Gagenverhandlungen ein. Wenn wir alle zusammenlegten, machte der Eintritt in das Zweipersonenstück eine lächerlich geringe Summe aus. Allerdings legte ich mich gleich wieder mit ihm an, denn als er sagte, er wolle die Summe noch mal drücken, konnte ich mir nicht verkneifen, sehr scharf zu sagen: »Herr Breslauer, die Damen sind Huren und keine Schauspieler, mit denen wird nicht gehandelt!«

Dank meiner gewerkschaftlichen Unnachgiebigkeit blieb es also bei dem ausgemachten Preis, und die Stimmung uns gegenüber wurde aufgelockerter. Man sagte nun, wir mögen uns etwas gedulden und wir würden gerufen. Jetzt durften wir auch Wein trinken, bis die Vorbereitungen beendet waren. Worin die bestanden, habe ich nie erfahren können, vielleicht Bühnenbild oder Generalprobe? Schließlich hieß es, die Herrschaften mögen nach oben kommen.

Die Herrschaften erhoben sich also, und eine neue Serie von Peinlichkeiten begann. Durch den Vorraum, wo der Soldat mit der Zeitung immer noch am Fuß der Treppe saß, die, da sie so schmal war, im Gänsemarsch genommen werden mußte, was wiederum unseren Mann veranlaßte, jedem einzelnen einen erstaunten Tennisplatzblick nachzuwerfen. Wir kamen in ein geräumiges Schlafzimmer und wußten wieder nicht recht weiter. Wie verteilt man sich in so einem Fall? Überläßt man den Ehrenplatz dem Prinzipal? Und welches ist der Ehrenplatz? Im Theater gibt's die Fürstenloge, aber hier standen nur ein paar Stühle herum. Breslauer schnappte sich gleich einen Hocker, setzte sich direkt neben das Kopfende des Bettes, so daß diese Frage erst einmal keine mehr war. Ich hatte gleich meine Zweifel, ob dieser Platz eine gute Wahl war. Wir anderen verteilten uns dann mehr oder weniger zwanglos auf dem Fensterbrett, auf dem Boden, ich saß auf einem Hocker in der Nähe des Waschtisches, und so weiter.

Jetzt setzte auch noch eine erwartungsvolle Stille ein, von einem verlegenen Räuspern des einen oder anderen unterbrochen. Schließlich betraten die beiden Hauptdarstellerinnen das Zimmer und begaben sich an ihre Plätze. Auf die Gefahr hin, falsche Erwartungen geweckt zu haben, sei es mir erlaubt, das zu beschreiben, was in den folgenden zwanzig Minuten wirklich beschreibenswert ist, denn die Handlung des Zweipersonenstückes ist dem Kundigen hinlänglich bekannt; wirklich spannend war ja die andere Seite, nämlich das Publikum.

Da keine Verdunklung stattfand, die Sache also mehr Konzertcharakter hatte, saßen wir alle im Licht und waren gut zu beobachten – und das zu tun, lohnte den ganzen Abend. Der eine rutschte verlegen auf seinem Sitz, der andere blickte gelegentlich zum Fenster hinaus oder beobachtete die Wohnungseinrichtung, schnippte ein Stäubchen vom Revers seiner Jacke, alle bemühten sich so zu tun, als wären sie nur am Rand interessiert und eigentlich nur mitgekommen, um keine Spielverderber zu sein.
Nur mein Breslauer, der war in seinem Element, alles um ihn herum schien versunken, er war fasziniert. Er saß vorgebeugt auf seinem Hocker, um der Stätte des Geschehens möglichst nahe zu sein, jeden Stellungswechsel vollzog er auf seinem Hocker mit, so daß er einen Weg von 360° zurückgelegt hätte, wäre die Wand am Kopfende nicht gewesen. Der Kopf hochrot, die Arme in ihrer ganzen Länge aus dem Jackenärmel ragend, ohne Wäsche, wahrscheinlich war er kurzärmlig darunter. Das sollten Männer nie tun. Ein nackter Männerarm, ohne Wäsche aus dem Ärmel lugend, beleidigt das Auge. Jedenfalls war dieser Anblick abendfüllend und gehörte zu den größten Erlebnissen meiner Südamerikareise, und das ist auch der Grund, warum ich die ganze Sache erzähle.
Noch ein paar Leckerbissen am Rande: Ungefähr in der Mitte der Vorführung stupste mich unser Inspizient, Herr Wächter (60), der neben mir auf dem Fußboden saß, sah mit gläubigen Kinderaugen zu mir auf und flüsterte: »Das ist alles echt.« Ich nickte nur. Warum sollte ich ihn enttäuschen. Später hörte ich seine Frau, wie sie ihn anzischte: »Wenn es Dir so gut gefällt, kannst Du ja morgen allein hergehen.« Bevor also die Ehe auseinanderging, setzten die beiden Hauptdarstellerinnen zum Finale an, und jetzt begann die nächste Peinlichkeit.
Alles muß einmal zu Ende sein, und wie bringt man dem

Publikum diese Tatsache bei? Tusch ist keiner da, Vorhang auch nicht, außerdem bedingt dieses handlungsarme Stück einen Schluß, der mehr im Ausklingen besteht. Aber schließlich haben wir begriffen, und jetzt entstand Peinlichkeit Nr. X. Wie benimmt man sich jetzt? Applaudieren? Tatsächlich probierte es der eine oder andere, aber das war auch nicht das Richtige. Mir entrang sich dann ein völlig deplaziertes »Sehr interessant, vielen Dank«. Das war auch nicht sehr gut, aber mir fiel nichts Besseres ein, jedenfalls kam jetzt Bewegung in den Laden, die Damen erhoben sich, eine kam direkt auf mich zu und machte mir Zeichen, doch bitte aufzustehen, und jetzt erst merkte ich, daß ich auf einem zugedeckten Bidet gesessen hatte.
Ich beeilte mich, ihrem berechtigten Wunsch nachzukommen, und das gab mir Gelegenheit, in die Nähe der Tür zu gelangen, durch die ich mich davonzumachen gedachte. Eine Hoffnung, die sich nicht erfüllte, denn die Tür war blockiert. Unser Benjamin, unser jüngstes Mitglied, auf den niemand geachtet hatte, saß mit glasigen Augen davor. Er hatte noch gar nicht richtig mitbekommen, daß die Angelegenheit zu Ende war, und befand sich noch in Trance. Seinem heiseren Flüstern entnahm ich den Satz: »Ich möchte noch ein bißchen bleiben.« Da wir uns irgendwie für ihn verantwortlich fühlten, blieb uns gar nichts anderes übrig, als mit einer der Damen ein Überstundengespräch zu führen. Nach erfolgter Einigung, die natürlich eine neue Kollekte erforderlich machte, begann der Abmarsch über die bekannte Treppe wieder an der Tennistribüne vorbei. Der Mann saß immer noch da, aber wird kaum bemerkt haben, daß der Ballwechsel statt vierzehnmal jetzt nur dreizehnmal stattfand.
Unten wurden wir jetzt wie lange nicht gesehene Familienmitglieder empfangen, und es entwickelte sich ein langes Gespräch zwischen der Hauptdarstellerin, die inzwischen

frei war, und unserer Kollegin Cissi Henkel, die die einzige war, die wirklich alle nötigen Sprachen beherrschte und die nun zu erklären versuchte, warum vierzehn sonst ganz vernünftige Leute einen solchen Besuch unternommen hätten. Ihrer Gesprächspartnerin blieb die Sache trotzdem schleierhaft. Benjamin war inzwischen zurückgekommen, ohne mit ›Hallo‹ begrüßt zu werden, so fein waren wir.
Als die beiden bestellten Autos zum Start ansetzten, bat die Dame, die uns zuletzt Gesellschaft geleistet hatte, um einen Augenblick Geduld, verschwand und kam gleich zurück, in der Hand ein paar Ohrringe, die sie aus ihrem Zimmer geholt hatte, ging auf Cissy zu, bat sie, diese, ihre einzigen Ohrringe, als Geschenk anzunehmen, denn noch nie in den ganzen Jahren ihres Hierseins hätte sich ein Gast mit ihr unterhalten – wie ein Mensch mit einem anderen Menschen. Wir fanden das rührend, und gottseidank waren die Autos schon so gut wie gestartet, sonst wären wir vielleicht wieder ausgestiegen.
Am nächsten Tag saßen wir bereits auf dem Dampfer. Dieser Besuch war also ein voller Erfolg, besonders für Benjamin, wie er mir am dritten Tag unserer Schiffsreise nach Rücksprache mit einem Mediziner gestand. Aber man soll von allem das Beste nehmen. Und ich versuchte, ihn zu trösten mit dem Hinweis, daß es ihm nie passieren wird wie Moritz Stiefel in Wedekinds »Frühlings Erwachen«, der fürchten muß, gesagt zu bekommen: »Was, Sie waren in Ägypten, werter Herr, und haben die Pyramiden nicht gesehen?«

»Die Großen Sebastians«

Als wir vom Schiff stiegen, waren wir gleich wieder motorisiert, denn wir hatten unsere Freunde, Siegfried Arno und seine Frau Kitty Mattern, gebeten, unseren Wagen nach Genua zu bringen. So machten wir gemeinsam eine kleine Reise durch Italien zurück nach München. Dort erwartete uns ein Angebot ans Hebbel-Theater.

Das Hebbel-Theater ist eines der schönsten Theater Berlins. Die Direktion hatten Rudolf Külüs und seine Frau Hela Gerber. Er war ein ganz reizender Mann, ein richtiger Schatz, und ich freundete mich Jahre später mit ihm an. Er ist auch verantwortlich dafür, daß ich heute in meiner Wahlheimat Italien und in einem Paradies lebe. Aber das wußte ich damals noch nicht. Das Ehepaar hatte allerdings eine kleine Schwäche. Beide waren nicht ganz von dieser Welt, meistens schwebten sie in Wolken, in Alkoholwolken. So trafen wir sie eines Tages bei einem Spaziergang im Grunewald in Berlin. Die Begrüßung war herzlich: »Carl-Heinz, Karin, welche Freude euch zu sehen! Was macht ihr in Berlin?« – »Wir probieren seit einer Woche an eurem Theater!« Aber sonst waren sie reizend. Wir haben an diesem Theater auch einen unserer größten Erfolge aus der Taufe gehoben, den ich näher beschreiben möchte, weil dieser Erfolg nicht so sehr ein Theatererfolg war, sondern, ein bißchen branchenfremd, in die Welt des Varietés geht.

Ich habe am Anfang des Buches einmal erzählt, daß ich verschiedene Begabungen hatte, die alle nicht ausreichten, um einen Beruf daraus zu machen. Aus dieser Ecke muß es zu erklären sein, daß ich es nicht lassen konnte, jede Gelegenheit wahrzunehmen, mich in Berufen zu versuchen, in denen ich eigentlich nichts verloren hatte. Ich suchte in jedem Stück nach der Möglichkeit, aus meiner schauspielerischen Aufgabe auszubrechen. So kam es, daß ich in den meisten Boulevardstücken eine Nummer einbaute. Angefangen hat es ganz legal bei Curt Goetz, der sich ja selbst in seinen »Prätorius« eine Dirigiernummer hineingeschrieben hat. Da konnte ich es mit gutem Gewissen machen. Aber dabei habe ich Blut geleckt. Ich habe es dann geschafft, in viele Stücke eine Nummer hineinzuschummeln, die eigentlich gar nicht vorgesehen war: In »Und das am Montagmorgen« von Priestley eine Schlagzeugnummer auf Tellern, Töpfen und Papierkörben, in anderen Stücken eine Nummer als Zauberer, Jongleur, Kartenkünstler, Klaviervirtuose und so weiter.
Aber die Stücke, in denen man so etwas machen konnte, mußten erst einmal gefunden werden. Wir hatten folgende Arbeitsteilung: Ich suchte die Stücke, und Karin machte die Bearbeitung. Ohne ihre Arbeit verkleinern zu wollen, möchte ich bescheiden bemerken, daß auch das Suchen nach Stücken ganz schön mühsam ist. Es mußten nicht nur gute Stücke sein, die Erfolg versprachen, es mußten auch noch Stücke sein mit zwei *gleichwertigen* Hauptrollen.
Suchen Sie das erst einmal! Auf meiner Pirsch durch die ausländische Theaterliteratur stieß ich auf ein Stück, von dem ich wußte, daß es von einem bekannten amerikanischen Boulevardpaar gerade gespielt wurde. Es hieß: »Die Großen Sebastians« und spielte in der Welt des Varietés. Ich sah sofort, daß die vorliegende Bearbeitung unspielbar war, und diesmal konnten wir sogar auch den Verlag

26–28 In unserem Haus in Orta hängen nur echte Schroths

/32 *Eine glückliche Familie: mit meiner tzigen Frau Barbara, Flicka und Lupetto*

Sportliche Betätigung auf unserer Ter- ısse, schöne Aussicht inklusive

Nächste Seite: Das war unser Lupetto – ıe große Liebe, eine schöne Zeit, ein gro- r Verlust. Wir werden ihn nie vergessen.

/30 *Vor der Isola San Giulio und in Orta t Bello und Flicka*

überzeugen. Karin schrieb es völlig neu, und Külüs hatte soviel Vertrauen, die Uraufführung zu machen, ohne es gelesen zu haben, denn während wir die erste Hälfte probierten, war die zweite noch in der Maschine.
Das Stück hatte eine große Klippe. Es handelte von einem Künstlerehepaar, das als Gedankenleser auftritt. Die Schlüsselszene ist ein Auftritt der beiden, der sich folgendermaßen abspielt: Sie betreten die Bühne, er verbindet ihr die Augen und sie stellt sich mit dem Rücken zum Publikum. Sie kann wirklich nichts sehen. Er geht in den Zuschauerraum und bittet die Leute, ihm Gegenstände zu geben oder hochhaltend zu zeigen, die sie gerade bei sich tragen. Er fragt bei jedem Gegenstand zur Bühne hinauf, was das wohl sein möge, und prompt kommt die Antwort: »Brieftasche, Eintrittskarte, Reisepaß, Schlüssel, Visitenkarte« und so fort. Jeder Mensch weiß, daß man so nicht Gedankenlesen kann und daß die Sache auf einem Trick beruhen muß. Das Paar in Amerika machte es sich einfach. Sie setzten jeden Abend fünf oder sechs Leute ins Parkett, die diese Gegenstände reichten. Das gefiel mir gar nicht. Erstens dachte ich mir: »Was mach' ich, Gott behüte, wenn mir jemand aus dem Publikum etwas reicht? Dann bin ich doch aufgeschmissen!« Und zweitens fühlte sich der Artist in mir herausgefordert. Wir sagten uns: »Wenn schon eine Nummer, dann aber auch eine richtige.«
Ich wußte, daß es diese Nummer gibt und ich wußte auch eins: Der Trick besteht darin, daß in der Fragestellung die Antwort liegt. Man braucht dafür einen Code, eine Art Geheimsprache. Also machten wir uns einen solchen Code zurecht. Das ist eine recht zeitraubende Angelegenheit, denn wenn man den Code hat, muß man ihn auswendig lernen wie eine fremde Sprache. Bei unserem Code kam es auf die Reihenfolge der ersten zwei oder drei Worte der Frage an. Es ist etwas anderes, ob ich frage: »Bitte, sage mir,

was das ist« oder: »Sage mir bitte, was das ist« oder: »Kannst du sagen?« oder: »Willst du sagen« oder: »Willst du mir sagen?« Da gibt es Hunderte von Variationen, nicht nur was die Reihenfolge der Wörter angeht, sondern auch die Verschiedenheit der Wörter selbst. Es entstehen manchmal auch etwas unnatürliche Formulierungen, solche Fragen muß man ganz schnell stellen und nach der Antwort gleich die nächste hinterherschicken.

Der Zuhörer, wenn er es überhaupt bemerkt, fragt sich dann: »Nanu, die Frage klang aber merkwürdig.« Da es aber so schnell weitergeht, vergißt er es wieder. Zögern und überlegen darf man natürlich nicht. Das macht die Nummer ja so schwer. Wir hatten unseren Ehrgeiz, und Karin sagte bei »Eintrittskarte« auch Farbe und Platznummer, bei »Reisepaß« Geburts- oder Ausstellungsdatum, bei »Visitenkarte« Beruf und Telefonnummer. Denn wir hatten auch einen Zahlencode. Es ist klar, daß der schwerere Teil beim Fragenden liegt. *Sie* braucht die Frage nur zu übersetzen, *er* muß bei dem gereichten oder gezeigten Gegenstand blitzschnell überlegen: »Wie bringe ich das der Partnerin bei?«

Die ersten dreißig Vorstellungen waren eine recht aufregende Sache, uns fehlte die Routine. Wenn irgendein Gegenstand gezeigt wurde, den wir nicht im Code hatten, dann sagte ich zu dem Betreffenden: »Gedulden Sie sich einen Augenblick, ich komme gleich zu Ihnen«, nahm einige andere Gegenstände vor und vergaß ihn dann. Aber im Laufe der Vorstellungen hatten wir uns eine derartige Fertigkeit angeeignet, daß wir uns auf jede Vorstellung freuten. Wir wurden so sicher, daß auch ein mitgebrachter weißer Elefant uns nicht aus dem Konzept gebracht hätte.

Die Nummer sprach sich in Berlin in Windeseile herum und wurde Tagesgespräch. Die Leute fingen an, unmögliche Dinge ins Theater mitzubringen. Schildkröten, tote Mäuse und ähnliches. Bei »Schildkröte« konnte ich zum

Beispiel signalisieren: »Tier – kriechen – Schuppen – Suppe.« So konnte ich sie, auf Umwegen, zur richtigen Antwort führen. Einmal war ein Varietéagent in der Vorstellung, und als er uns sagte, er habe diese Nummer schon oft gesehen, aber nie in dieser Vollendung, waren wir sehr stolz. Wir haben auch viele Angebote vom Varieté und Zirkus bekommen. Eines kam aus Kopenhagen und war gar nicht an uns adressiert, sondern an »Die Großen Sebastians, Hebbeltheater Berlin«. Die Nummer hatte nur *einen* Nachteil, sie war an die Sprache gebunden, also international nicht zu gebrauchen.

Immerhin haben wir das achthundertmal gespielt, ohne die Nummer wären es bestenfalls zweihundert Vorstellungen gewesen.

Ehe

An dieser Stelle meiner Ausführungen habe ich das Bedürfnis, ein paar Gedanken über das Thema Ehe zu äußern. Irgendwelche Ähnlichkeiten sind, bitte schön, rein zufällig. Was ist los mit dieser Einrichtung?
Ich bin kein Experte mit meinen nebbich vier Ehen und ein ganz kleiner Fisch gegen die Taylor oder den Jürgens, aber ich habe eine Menge Ehen in meiner Umgebung gesehen und kaum eine ist in Ordnung! Den intakten Ehen stehen nicht nur die geschiedenen gegenüber, sondern auch noch die gescheiterten, und deren Überzahl ist groß. Irgend etwas stimmt da nicht. In intensiven Nachforschungen ist es mir gelungen, eine Theorie zu entwickeln, über die ich beim nächsten Sexologenkongreß eine Vorlesung halten werde.
Der Volksmund sagt: »Es hat gefunkt.« Der Volksmund weiß nicht, daß er damit eigentlich alles erklärt hat. Nämlich: Der Mensch trägt eine Batterie mit sich herum, eine ganz gewöhnliche elektrische Batterie. Sie ist bei dem einen positiv geladen, bei dem anderen negativ. Kommt ein negativer Pol in die Nähe eines positiven, springt ein Funke über, das weiß jedes Kind. Dieser Funke nun löst einen biochemischen, hormonellen Prozeß aus und erzeugt eine Veränderung im Blutbild. Gleichzeitig gibt die Drüse »Neugier« einige Tropfen ins Blut ab. Die Anzahl dieser Tropfen

hängt von der Größe der Drüse ab und ist bei allen Menschen verschieden.
Diese Veränderung des Blutbildes macht sich beim Menschen verschieden bemerkbar: Vom erhöhten Pulsschlag bis zur Trübung des Bewußtseins und auch des Sehnervs. Man spricht dann von blinder Verliebtheit. Der entscheidende Prozeß spielt sich größtenteils unter der Gürtellinie ab, wird deshalb leicht fehlinterpretiert und »Liebe« genannt.
So fangen die meisten Paarungen an, und es ist auch gar nichts dagegen zu sagen, die Schwierigkeit beginnt erst später. Diese Batterien sind, wie alles im menschlichen Organismus, nicht unfehlbar. Wenn nämlich zwei ihre Funken ausgetauscht haben, tritt der Gewöhnungseffekt ein. Das heißt, sie unterliegen einer Verschleißerscheinung, die darin besteht, daß sie in ihrer gegenseitigen Funkenabgabe nachlassen. Dieser Prozeß kann sehr schnell, aber auch sehr langsam gehen, nur aufzuhalten ist er nicht. Er beginnt mit der ersten Funkenabgabe und ist unerbittlich. Und wenn dann an die Stelle der Funkerei nicht etwas anderes tritt – Kameradschaft – Freundschaft – vielleicht sogar Liebe –, dann verschlechtert sich die Prognose.
Das Ganze wäre nicht so schlimm und irgendwie zu bewältigen, wenn diese Batterien leider nicht eine Eigenschaft hätten, die sie von den elektrischen in vertrackter Weise unterscheidet. Wie ich gerade dargelegt habe, verlöschen sie durch Gewöhnung. Sie verlöschen aber nicht in ihrer Funktion anderen, neuen Batterien gegenüber, und da liegt das Problem. Kein Mensch kann seine Batterie steuern, ebensowenig wie den Schlag seines Herzens, es trifft ihn daher auch keine moralische Schuld. Hat er eine Batterie, die leicht Funken gibt, wird er als Schürzenjäger geschmäht oder sie als Nymphomanin denunziert.
Dabei ist es ganz falsch, in Einzelfällen Vorwürfe zu ma-

chen. Keinem Menschen würde es einfallen, einen anderen dafür verantwortlich zu machen, daß er eine zu große Niere hat. Jeder weiß, daß der Niereninhaber nichts dafür kann, nur bei der Batterie hat sich das noch nicht herumgesprochen. Meine Lehre ist eben noch zu wenig bekannt. Dabei läßt sich mit ihr wirklich manches erklären, zum Beispiel muß man nicht denken, daß alle Männer etwa positiv und alle Frauen negtiv aufgeladen sind oder umgekehrt.
Die Verteilung ist natürlich willkürlich, aber es ist eine automatische Sicherung eingebaut, für den Fall, daß bei verschiedener elektrischer Ladung das gleiche Geschlecht zusammentrifft. Diese Sicherung ist voller Fehlerquellen (wie alles beim Menschen) und funktioniert nicht immer. In diesem Fall springt der Funke von Mann zu Mann oder von Frau zu Frau, was eigentlich gar nicht vorgesehen war. In der heutigen modernen Zeit ist diese Sicherung sehr anfällig – übrigens mehr bei den Damen. Sie war schon einmal sehr schwach ausgebildet – bei den alten Griechen. Damals allerdings mehr bei den Herren. Es hat alles seine Höhen und Tiefen.
Manche Leute, die die Theorie mit der Batterie begriffen haben und wissen, daß gewisse Reaktionen des Menschen vegetativ sind, also nicht mit dem Willen steuerbar, versuchen es erst gar nicht und sagen sich: »Wir nehmen die Sache, wie sie ist, und versuchen das Beste daraus zu machen. Wenn ein Funke überspringt, lassen wir ihn springen und machen kein Geheimnis draus, er springt ja doch!« Das sind die toleranten Ehen, nach dem Motto geführt: »Takt ist wichtiger als Treue.« Dagegen ist an sich nichts zu sagen, auf den ersten Blick sieht es so aus, als wäre das eine Lösung. Es ist aber leider keine. Das geht nur eine gewisse Zeit. Manchmal sogar eine erstaunlich lange. Es verlangt unter Umständen mehr Takt, als ein einzelner aufbringen kann und zehrt ganz schön an den Nerven.

Wenn aus einem Duett ein Terzett entsteht oder besser ein Quartett, dann kann das ganz schöne Harmonien geben, und die Hausmusikabende fließen melodisch dahin. Wenn aber die Besetzung im Orchester häufig wechselt, kommt mit nachtwandlerischer Sicherheit der Moment, bei dem das eine oder andere Instrument nicht richtig gestimmt ist oder aus irgendwelchen Gründen nicht zum Orchester paßt – jedenfalls Mißtöne erzeugt. Die Harmonie ist dahin, die Musiker geraten aus dem Takt, und gerade dieser war es doch, der – siehe oben – das Experiment ermöglichen sollte. Das ist also leider auch keine Lösung.
Ich glaube, erst später, wenn die Batterie nicht mehr so geladen, die Neugier nicht mehr so groß (weil gestillt) ist, kann der Mensch versuchen, die Dinge in den Griff zu bekommen. Es wird wohl eine Sache der Entwicklung, der Reife und damit eine Sache des Alters sein.
Kein Wort gegen die Zeit der Unreife. Ich hatte eine Batterie, die mir mein ganzes Leben lang Unruhe bereitet hat, im positiven wie im negativen Sinn, dazu kam noch eine Hypertrophie der Drüse »Neugier«. Das hat viel Funken gegeben, und ein Leben lang flog das Flugzeug im Gewittersturm. Das brachte viel Spaß und viele gefährliche Loopings, aber mir widerfuhr ein Glück, das ebenso groß war wie unverdient. Meine Batterie muß bei einem dieser Sturzflüge in die Nähe einer anderen Batterie gekommen sein und die muß just jene gewesen sein, nach der ich sechzig Jahre lang gesucht hatte. Mit ihrer Hilfe habe ich die Wolkendecke durchstoßen und fliege jetzt lautlos und ohne Erschütterung meinen Flug zu Ende, der ein Gleitflug geworden ist, und wenn mich jemand nach meinen Wünschen fragt, so kann ich antworten: »Ich habe keine«, außer dem Wunsch, daß dieser Gleitflug recht flach sein möge, damit er noch lange dauert und die Landung möglichst sanft ausfällt.

Weihnachten 1965

Bei Durchsicht meiner Aufzeichnungen fällt mir auf, daß ich eine recht schlüpfrige Geschichte von mir gegeben habe über eine Weihnachtsmärchenvorstellung in Frankfurt an der Oder. Ich meine, ich sollte diese Scharte auswetzen und über ein Weihnachsterlebnis berichten, daß man in jedem Mädchenpensionat erzählen kann.
Da mein Verleger mich rügend darauf aufmerksam gemacht hat, daß ich überhaupt keine Jahreszahlen bekanntgebe und auch sonst, was die Zeitabläufe betrifft, überaus nachlässig bin, und man überhaupt nicht weiß, an welchem Platz dieses Buches man diesen oder jenen Aufsatz einordnen soll, würde ich vorschlagen, diesen Weihnachsbericht nach dem Aufsatz über die Ehe zu plazieren.
Eine solche war nämlich gerade zu Ende gegangen, oder so gut wie zu Ende gegangen. Nach der Tournee von »Die großen Sebastians« bin ich, ich gebe es zu, von Bord gesprungen. Ich konnte das, wie ich meinte, guten Gewissens tun, denn ich habe das Schiff nicht führerlos dem brodelnden Meer überlassen, ein neuer Lotse war schon an Bord. Das Haus, für uns und den Jungen gebaut, war gerade fertig geworden und sollte nach unserer Trennung meiner Frau gehören, das war so abgemacht und in Ordnung. Und so war es auch in Ordnung, daß sie mit meinem Nachfolger

dort einzog. Der Einfachheit halber hat er sich nicht nur in das Haus gesetzt, sondern auch gleich in meinen Wagen. Ich fand das richtig, denn es war ein Straßenkreuzer, der sowieso nicht zu mir paßte. Er hingegen hatte die lässige Eleganz, mit der man solche Wagen fährt, von der Wiege an mitbekommen.

Übrigens, ich will mich nicht besser machen als ich bin – ich hatte auch jemanden. Ich hatte Barbara und habe sie noch, nach zwanzig Jahren, und ich werde sie hoffentlich immer haben, denn sie ist mein Haupttreffer. Das wußte ich aber damals noch nicht so genau. Jetzt war es erst einmal ein Segen, daß Barbara eine Wohnung hatte, eine Zweizimmerwohnung im vierten Stock. Ich wäre sonst obdachlos gewesen. Und einen Wagen hatte sie auch, so stieg ich denn um. Vom Straßenkreuzer auf einen VW aus dem Jahre Schnee. Immerhin auch ein Cabrio, allerdings mußte das Verdeck notdürftig mit Leukoplaststreifen zusammengehalten werden, aber ich denke mit Wehmut an ihn zurück, denn wir waren sehr glücklich mit ihm. Wir waren auch sehr glücklich mit der kleinen Wohnung im vierten Stock. Mich beruhigte der Gedanke, daß der Junge, wenn er endgültig aus dem Internat kommen würde, ein richtiges, für ihn gebautes Zuhause vorfinden würde, das auf ihn wartete. Weihnachten kam heran, und ich wollte meinem Sohn Axel ein schönes Geschenk machen. Er war inzwischen sechzehn geworden und wünschte sich ein Motorrad. Das sollte er auch bekommen. Wenn er schon nicht seine Eltern unter dem Weihnachtsbaum vorfand, lenkte ein Motorrad vielleicht von dieser Lücke ab. Geschiedene Eltern haben, mit Recht, ihren Kindern gegenüber ein schlechtes Gewissen. Er sollte also sein Motorrad haben, ein richtiges schweres Motorrad mit einer ganz hohen Lenkstange, wie es Peter Fonda in »Easy Rider« fuhr.

Also, das Motorrad kam und damit das erste Problem:

Wohin damit? Der Keller war zu klein und zu voll. Also nach oben. Lift, natürlich auch zu klein. Was nun? Ich hatte damals mit der Bandscheibe zu tun, was mir sehr gelegen kam, und konnte nicht mehr tun als einen flehentlichen Blick auf Barbara zu werfen. Sie nahm also all ihre Kraft zusammen und hiefte das Ungetüm Stufe für Stufe in den vierten Stock hinauf. Jetzt stand das Monster im Treppenhaus – im vierten Stock – vor einer kleinen Zweizimmerwohnung. Hätten wir's in die Wohnung genommen, hätten wir ins Hotel ziehen müssen. Aber ein Motorrad im Treppenhaus? Wo jeder herein kann? Die Welt ist schlecht! Man kann nicht wissen! Die Nacht ist unruhig, wenn alle Augenblicke einer von beiden nachsehen muß, ob der Wertgegenstand noch da ist. Gottseidank waren es nur drei Nächte. Ich bezweifelte, ob es eine gute Idee war, das Motorrad nach oben zu bringen. Der Überraschungseffekt war natürlich auch zum Teufel. Denn, obwohl eine große Decke darüber gebreitet war, mußte jeder Mensch, der daran vorbeiging, sofort sehen, daß sich darunter nur ein Motorrad befinden konnte – oder ein Stier. Das Ding stand also vier Tage da herum und der Junge, der uns täglich besuchte, tat so, als würde er überhaupt nichts sehen. Ich fand das sehr taktvoll. Er wollte wohl dem Alten die Freude nicht nehmen.

Am Morgen des 24. wurde das Ungeheuer unter großen Schwierigkeiten durch die zu kleinen Türen in das zu kleine Wohnzimmer geholt und an den für dieses Zimmer zu großen Baum gelehnt. Man hätte ja auch sagen können: »Axel, draußen ist etwas für dich.« Aber nein, es mußte unter den Baum. Wegen der Feierlichkeit. Ich muß den Leser dahingehend orientieren, daß ohne eine gewisse Feierlichkeit dieses Fest nicht hätte ablaufen können, denn wir erwarteten Besuch. Es handelte sich, wie so oft bei Weihnachten, um ein Familientreffen.

Wir erwarteten Barbaras Mutter, Barbaras Vater und Barbaras Tante. Die Tante war schon über neunzig, aber auch die anderen beiden waren, wenn schon nicht an Jahren, so doch, was Erziehung und Weltanschauung betraf, aus dem vorigen Jahrhundert. Sie hatten bis kurz vor dem Zusammenbruch 1945 (Jahreszahl!) in Jugoslawien gelebt, ihre Vorfahren waren mit Prinz Eugen eingewandert und sie selbst irrsinnig stolz darauf, als Banaterdeutsche ihr Deutschtum zweihundert Jahre lang erhalten zu haben – also genau das getan zu haben, was die Deutschen anderen Völkern, die bei ihnen leben, vorwerfen, den Türken zum Beispiel. Als alles in Scherben ging 1945 (schon wieder Jahreszahl!), waren sie heim zu den Ihren geeilt und wunderten sich, daß sie als ›Rucksackdeutsche‹ nicht mit der Begeisterung aufgenommen wurden, die sie erwartet hatten. Sie hatten ihre Heimat verloren und eigentlich eine neue nicht gefunden, waren entwurzelt und verschüchtert durch den Empfang, den sie sich anders vorgestellt hatten. Es war für sie schwer, sich im rauhen Norden zurechtzufinden, um so mehr hingen sie an ihren althergebrachten Gebräuchen. Und da gehörte Weihnachten, und zwar in der Form, wie sie es zu feiern gewöhnt waren, zu den höchsten Gütern. Um so höher mußte ich es bewerten, daß Barbaras Mutter einen Tag vor Weihnachten sagte: »Kinder, wenn der Junge ein Motorrad bekommt, dann will er es auch ausprobieren, also solltet Ihr die Bescherung so früh machen, daß er gegebenenfalls nicht in die Dunkelheit kommt.« Das leuchtete uns ein.

Also wurde die Bescherung auf den Mittag verlegt. Das war eine große Konzession von seiten der Verwandtschaft, denn der Lichterbaum bei Sonnenschein nimmt viel von der Stimmung. Fensterläden hatten wir nicht, nur einen Vorhang, der nicht viel nützte, aber durch die Tatsache, daß der Baum direkt vor ihm stand, die Brandgefahr enorm erhöhte. Also, Mittag war herangekommen, Axel war schon da, das Motorrad auch. Es war so halb in den Baum geschoben und noch bedeckt. Sah idiotisch aus! Die Situation war überhaupt nicht feierlich, da klingelte es. Ich weiß nicht, wie sie es machten, aber die drei vor der Tür brachten es fertig, daß sogar die Klingel einen feierlichen Klang bekam. Barbara beeilte sich, die Kerzen anzuzünden, und ich ging zur Tür. Sie standen draußen, alle drei, ganz in schwarz, um sich herum eine Aura von Feierlichkeit. Ein unvorbereiteter Beobachter hätte die Gruppe leicht für ein Beerdigungsunternehmen halten können. Sie betraten das Wohnzimmer, beinah hätte ich gesagt »auf Zehenspitzen«. Mit Baum und Motorrad war dieses eigentlich bereits voll, aber was tut man nicht alles, wenn das Christkind kommt. Sie setzten sich also eng zusammengedrückt in die Ecke, sahen den Baum und machten große Kinderaugen. Es war rührend. Dabei war es taghell, und die Lichter kamen überhaupt nicht zur Geltung. Von Stimmung war keine Rede, aber das haben sie nicht gemerkt, für sie war Weihnachten und Schluß! Sie waren entschlossen, sich von nichts und niemandem ablenken zu lassen. Ich glaubte, die Pause der Ergriffenheit nun lange genug eingehalten zu haben und wollte mich gerade daranmachen, dem Jungen nun endlich zu seinem Motorrad zu verhelfen, da tönte eine zittrige neunzigjährige Stimme noch ein bißchen zaghaft durch den taghellen Raum: »Stille Nacht, heilige Nacht.« Bei »Einsam wacht« fiel Barbaras Mutter ein, und bei »Nur das traute hochheilige Paar« war der Bariton des Vaters hinzugekommen. Ich blickte etwas irritiert zu Barbara und ich bin mir nicht sicher, ob sie nicht nahe daran war, in den Gesang einzustimmen.

Ich werde es nie erfahren, denn dazu kam es nicht. Kam es deshalb nicht, weil an der Stelle »Holder Knabe im lockigen Haar« ein ohrenbetäubendes Motorengeräusch den Raum erfüllte. Wir hatten, gefangengenommen von der musikalischen Darbietung, ganz den Jungen vergessen. Der hatte, bar jeden musikalischen Feingefühls und rein technisch interessiert, kurzerhand die Decke, die ihn seit drei Tagen nervte, weggezogen, war aufgestiegen und auf den Anlasser getreten, wozu dieser ja schließlich auch da war. Der Motor war offenbar in Ordnung, was mich sehr beruhigte. Aber immerhin warf ich Axel einen strafenden Blick zu und schüttelte den Kopf. Dieses rügende Verhalten meinerseits blieb leider unbeachtet, denn der holde Knabe prüfte gerade mit einem fachmännischen Blick über die Schulter, ob auch der blaue Dampf richtig aus dem Auspuff käme. Er kam! Bei der Wiederholung von »Schlaf in himmlischer Ruh« war von Axel und dem Baum nicht mehr viel zu sehen. Alles war in blauen Nebel gehüllt. Es knatterte auch, als die zweite Strophe zum Vortrag gelangte. Oder anders herum ausgedrückt: Ungeachtet des Gedröhns, wurde die zweite Strophe in Angriff genommen.

Das war das Makabre an der Situation: die drei taten so, als würden sie gar nicht bemerken, was um sie herum vorging, und ich bin mir nicht sicher, ob sie nur so taten. Ihre Augen blickten in die Ferne, und sie machten einen entrückten Eindruck. Sie dachten auch nicht daran, nach der dritten Strophe aufzugeben, sondern waren offenbar wild entschlossen, unter Beweis zu stellen, daß das deutsche Liedgut sich in ihren Händen in bester Obhut befunden hat und auch in der Ferne keines der deutschen Weihnachtslieder in Vergessenheit geraten war. Und so folgte die Mitteilung: »Heute kommt der Weihnachtsmann, kommt mit seinen Gaben.«

Allmählich merkte auch mein Axel, daß er mit seinem Motorrad nicht recht am Platze war, und machte sich daran, es abzustellen. Leider kannte er sich noch nicht richtig damit aus oder er war zu aufgeregt, jedenfalls hatte er offenbar vergessen, wie man das macht und konnte dem Motor wohl ein gelegentliches Aufheulen entlocken, aber von Aufhören war keine Rede. Dabei hatte er den besten Willen, das merkte ich an seinem verzweifelten Gehabe. Er machte hilflose Handbewegungen und schüttelte den Kopf. Aber der Motor, der lief. Durch den blauen Nebel klang jetzt: »Oh du fröhliche, oh du selige, gnadenbringende Weihnachtszeit.«

Ich hatte mich inzwischen mit der Situation abgefunden und bemühte mich, wenn sie schon nicht zu ändern war, das Beste daraus zu machen. Barbara hatte mir eine Polaroidkamera geschenkt. Das war damals der letzte Schrei. Das sind die Photoapparate, die gleich das fertige Bild liefern. Ich dachte sofort, daß ihr gar nichts Besseres hätte einfallen können. Der Motorradfahrer unter dem Weihnachtsbaum und im Hintergrund das Gesangsterzett, das mußte der Nachwelt erhalten werden.

Leider war ich aber auch nicht damit vertraut, wie man mit einem solchen Apparat umgeht. Zum Lesen der Gebrauchsanweisung brauchte ich meine Brille, aber wo war die? Die begonnene Suche gab ich schnell wieder auf, denn ich merkte, daß ich viel zu nervös dazu war. »Heute Kinder wird's was geben.« Außerdem war gar keine Zeit zum Lesen, man konnte ja nicht wissen, wie lange die Situation anhielte. Also los, Photo machen! Zu meinem Bedauern ging es mir mit dem Apparat so ähnlich wie meinem Sohn mit dem Rad. Ich wußte nicht genau, wo man drückt und wo man das Bild herauszieht. Damals mußte man das noch tun, aber wenn ich zog, kam gleich der ganze Film hinterher. Also schnell eine neue Kassette, nur jetzt nicht die Nerven verlieren. Kassette rein, abdrücken, Bild herausziehen, wieder kam der ganze Rest mit. ›Irgend etwas mache ich falsch. Wieviel Kassetten haben wir noch?‹

Jetzt wurde ich unruhig. Barbara meinte hinterher, ich wäre

kurz vor dem Überschnappen gewesen. »Es ist ein Ros entsprungen.« Inzwischen wurde die Sache gefährlich, denn die Luft aus dem Auspuff wehte gefährlich gegen die Lichter, die sich anschickten den Baum in Flammen aufgehen zu lassen. Der Hinweis der drei, daß »am Weihnachtsbaum die Lichter brennen« wäre eigentlich überflüssig gewesen. Schließlich gelang es dem Jungen doch, durch eine zufällige Bewegung den Motor abzustellen.

Er war erschöpft, ich war erschöpft, keine Aufnahme war zustande gekommen, dafür war ich bedeckt mit Filmmaterial. Barbara, die immer zwischen den drei Schauplätzen hin- und hergerannt war, befand sich am Ende ihrer Kräfte und ich am Anfang eines hysterischen Anfalls. Schließlich beruhigten wir uns und saßen, nach Luft schnappend da, ich auf einem Stuhl, Axel auf seinem Motorrad, Barbara auf dem Fußboden, und dieses lebende Bild wurde unterlegt durch einen zarten Chorgesang: »Oh Tannenbaum, oh Tannenbaum, wie grün sind deine Blätter«!

Die drei befanden sich nicht im vierten Stock einer bescheidenen Zweizimmerwohnung in Schwabing, sie befanden sich in Bethlehem.

Neuer Anfang

Diese Feier war zwar mit beträchtlicher Turbulenz verbunden, aber man konnte sie mit Fug und Recht als Familienfeier bezeichnen, und das war das Positive daran. Ich hatte wieder das, was man eine Familie nennt, und danach hatte ich eigentlich immer gesucht. Ich hatte es früher nur nie gewußt. Je älter ich werde, desto mehr werde ich mir bewußt, daß ich eigentlich ein Kleinbürger bin, der nur eine Sehnsucht hat – die Nestwärme.
Auf dem beruflichen Sektor hingegen war es schon eine rechte Umstellung nach jahrelangem »pas de deux.« Ich war es gewohnt, durch Jahre gewohnt, Teil eines Paares zu sein. War aber klug genug zu wissen, daß so eine Partnerschaft auf der Bühne nicht ersetzt werden kann, indem man einfach den Partner wechselt. So eine Gemeinschaftsarbeit lebt von *beiden* Partnern oder gar nicht. Da kann der oder die Neue noch so gut sein. Deshalb habe ich es gar nicht erst versucht, sondern suchte meine Zuflucht wieder dort, wo ich angefangen hatte, im Alleingang. Karin war offenbar anderer Ansicht und versuchte, unsere alten Stücke mit neuem Partner zu spielen. Sie war wohl nicht gut beraten.
Es war nicht einfach, mich in der neuen Rolle zurechtzufinden, außerdem war ich unsicher geworden, denn ich hatte einen Schuß vor den Bug bekommen, der mir lange zu schaffen machte und von dem ich mich nur langsam erholte

Dies geschah anläßlich einer Auseinandersetzung, in der die beteiligte Dame auf der Suche nach einem Satz, der mich besonders treffen sollte, ganz außerordentlich fündig wurde, indem sie sagte: »Übrigens, damit du's weißt, ich bin im Kommen und du bist im Gehen!« Damit traf sie tatsächlich ins Schwarze, denn der Empfänger dieses Satzes war zu dieser Zeit sechzig Jahre alt, und da fragt man sich schon: »Hat sie vielleicht recht?«

Andererseits muß ich, auch auf die Gefahr hin, mich schon wieder zu wiederholen, zum soundsovielten Male darauf hinweisen, wie wichtig und wie positiv solche negativ erscheinenden Erlebnisse letzten Endes sind. Gerade dieser Satz hat mir die Kraft gegeben, meine Reserven zu mobilisieren. Ich war schon bereit zu resignieren und hätte es auch vielleicht getan, wäre dieser Satz nicht gefallen. Ich muß also dankbar sein dafür, und wiederum sage ich jedem jungen Leser: »Nie die Flinte ins Korn werfen, und wenn Wolken aufziehen, weiß man nie, wozu sie gut sind.« Das Pendel schlägt nach *beiden* Seiten.

Von diesem Augenblick an hatte ich tatsächlich enormes Glück. Erst zeigte mir das Fernsehen seine Sonnenseite und ließ mich in einem Film mitwirken, in dem, durch eine höhere Fügung, alles Positive zusammenkam. Das ist nämlich nicht selbstverständlich sondern äußerst selten. Der Film hieß »Orden für die Wunderkinder«, und hier traf dieses seltene Glück zusammen!

Es war einfach alles erstklassig an diesem Film. Der Regisseur Erler, der Kameramann Kurz, das Buch, die Musik, der Beleuchter, der Tonmann und jeder einzelne Darsteller bis in die kleinste Rolle. In so einem Film dabei zu sein, ist eine Sternstunde, das passiert nicht oft, wenn überhaupt. Wenn du in einem solchen Film mit dabei bist, brauchst du gar nicht einmal so besonders gut zu sein, das Gesamtprodukt zieht dich nach oben! Ebenso kann es auch umgekehrt kommen, da kannst du so gut sein, wie Du willst, das Gesamtprodukt zieht dich doch nach unten. Dies war mein Durchbruch im Fernsehen.

Alles Vorhergegangene war manchmal ganz nett, manchmal weniger nett, aber im ganzen doch mehr unter »ferner liefen«. Und plötzlich öffnete mir auch ein Theater seine Pforten, das bisher von unserer Existenz – Karins und meiner – keine Notiz genommen hatte, die »Komödie am Kurfürstendamm« in Berlin, die nach dem Tode von Hanns Wölffer von seinen Söhnen Jürgen und Christian geführt wurde. Ich bin bis heute nicht dahintergekommen, warum wir ausgerechnet dort nie gespielt haben, obwohl wir doch überall ein gefragtes Paar waren. Ich werde jetzt auch nicht mehr dahinterkommen. Jedenfalls hat mir Jürgen angeboten, den Professor Prätorius bei ihm zu spielen, und hat mir damit einen Herzenswunsch erfüllt, es war und ist meine Lieblingsrolle, und ich habe sie fast so oft gespielt wie »Die Großen Sebastians«.

Ich muß ein wenig bei diesem Goetz-Stück verweilen. Es enthält, unter anderem, noch eine sehr interessante Rolle, ein Faktotum, eine unheimliche Figur, die durch das ganze Stück schleicht, kaum etwas zu reden hat und die erst im letzten Akt, in einer großen Erzählung, alles um sie herum an die Wand spielen kann. Wegen dieser Erzählung spielt man die Rolle. Ich hatte bei allen früheren Vorstellungen und auch auf allen Tourneen (ich habe das Stück fünf bis sechshundertmal gespielt) diese Rolle dem Kollegen Fritz Rasp anvertraut, der erstens vom Typ her für diese Figur unschlagbar war, sie zweitens auch hervorragend spielte und sie drittens zu seiner Lieblingsrolle erkoren hatte, wie ich den Prätorius. Ich hätte es niemals wagen dürfen, die Rolle mit jemand anderem zu besetzen.

Leider war dieser Schauspieler inzwischen gestorben, und wir standen nun vor der Frage. »Wer soll die Rolle übernehmen?« Da warf Jürgen den Namen O.E. Hasse in die Debatte. Ich, der ich an eine so großartige Besetzung gar nicht zu denken wagte, sagte: »Den kriegen wir nicht.« Jürgen darauf: »Ich kriege jeden.« Und so war es denn auch. Er machte mit O.E. Hasse einen Vertrag für den Shunderson (so hieß die Rolle), und die Proben sollten in drei Monaten beginnen. Es war klar, daß es eine bessere Besetzung in Deutschland nicht geben konnte. Er hatte das Hintergründige, Unheimliche, Verschlagene und Humorige, kurz, er hatte alles für die Rolle. Ich freute mich sehr auf die Proben und darauf, ihn nach so vielen Jahren wiederzusehen.

Da in dieser Branche nichts verborgen bleibt, erreichten uns Gerüchte von einer schweren Krankheit, die ihn heimgesucht haben sollte. Als ich für einen Film in Berlin war, und zwar lange bevor die Proben beginnen sollten, habe ich O.E. gebeten, einmal zu mir zum Kaffee zu kommen. Ich wollte sehen, wie es ihm geht und ob er die Rolle überhaupt spielen kann. Als er aus dem Taxi stieg, war er so klapprig, daß ich dachte: ›O Gott, o Gott!‹ Und dann saß er da, eine Stunde, zwei Stunden, drei Stunden, und es wurde dunkel und es wurde Nacht und es wurde eins und zwei, und er wurde immer mehr der alte Hasse von früher und er war gar nicht kleinzukriegen, und es war alles wieder da, die Pointen saßen wieder, und er war wieder nicht wegzukriegen, und wenn ich nicht gesagt hätte: »Kinder, wir müssen alle schlafen gehen«, dann hätte er bis zum Frühstück erzählt, fabuliert und seine selbstgemachten Rätselgedichte vorgetragen. Ich fuhr weg, sehr glücklich und voller Hoffnung, und als die Proben anfingen, war er plötzlich im Krankenhaus. Wegen einer Armoperation! Artrithis meinte er, aber Professor Weigert, der bekannte Berliner Orthopäde, sagte uns schon: »Seid froh, wenn er noch ein bißchen spielen kann.«

Und er spielte ja so gerne. Wir waren auf den Proben wieder fasziniert, wenn er die Bühne betrat. Noch bevor er ein Wort gesagt hatte, wußte man: Da steht eine Persönlichkeit. Es war frappierend. Und auch am Abend! Er kam heraus, ging langsam über die ganze Bühne, machte noch eine Pause, wartete, bis es mäuschenstill im Zuschauerraum wurde (er kannte alle Tricks), und dann sagte er nur vier Worte: »Mein Name ist Shunderson.« Nichts weiter und achthundert Leute hielten den Atem an. Da bemühen sich manche in ellenlangen Monologen um Aufmerksamkeit, und da kommt einer, schlurft über die Bühne, und man kann eine Stecknadel zu Boden fallen hören. Dann sagt er noch vier Worte, und es läuft einem kalt den Rücken hinunter. Das sind Sternstunden!

Aber auf den ersten Proben schon haben wir gesehen, daß er keine Kraft mehr hatte. Nach zwei Stunden baute er ab. Aber man hätte niemals sagen dürfen: »O. E., laß es!« Er wollte ja so gerne. Was hat er gemacht, der alte Komödiant? Er sah aus, wie der Shunderson auszusehen hat, aber er hat trotzdem Maske gemacht. Völlig überflüssig! Er hat sich »alt« geschminkt. Irrsinnig komisch, er war ja alt genug! Eine Perücke hat er sich aufgesetzt, dabei hätte er sich nur mit den Fingern ein bißchen durch seine Haare fahren müssen. Er hat sich für den alten Mann auf alt geschminkt, verrückt! Ich habe mich natürlich nicht getraut, ihm das auszureden, er hatte solchen Spaß daran.

Immer kam er vom Krankenhaus zur Probe und nach der Probe ging er zurück ins Krankenhaus. Wir fragten uns: »Warum geht er nicht nach Hause? Die Operation war doch längst vorbei.« Die Erklärung war: aus Einsamkeit! In seiner Wohnung war er ganz allein, im Krankenhaus konnte er immer einmal, auch in der Nacht, nach der Schwester läuten. Erst unmittelbar vor der Premiere ist er nach Hause gezogen und nach drei Tagen wieder ins Krankenhaus. Und

dort ist er auch gestorben. Er hat eines Nachts nach der Schwester geklingelt, sie höflich gefragt, ob sie mit ihm ein Glas Champagner trinken würde, was sie natürlich tat, und nachdem sie gegangen war, blieb er noch vor dem letzten Glas sitzen, bis er einschlief. Er wachte nicht mehr auf.
Während der Proben haben wir ihm, nach Möglichkeit, alle körperlichen Anstrengungen abgenommen. Ich habe manches umgestellt, habe es so eingerichtet, daß er zum Beispiel die große Erzählung im letzten Akt sitzend spielen konnte, was eigentlich falsch ist. Aber es half ihm nicht mehr viel. Je mehr er, während der Vorstellung, körperlich abbaute, um so mehr ließ ihn auch sein Gedächtnis im Stich. Es war tragisch. Barbara, inzwischen meine Frau, kümmerte sich hinter der Bühne um ihn, zu ihr kam er immer, restlos erschöpft nach seinem Abgang: »Ich kann nicht mehr, ich kann nicht mehr!«
Und es geschah etwas ganz Rührendes nach der Premiere. Wir spielten, es ging auch alles ganz gut, bis auf ein paar Pannen seinerseits, aber auf die waren wir vorbereitet, und niemand merkte etwas. Außerdem war seine Persönlichkeit so stark, daß er immer noch und trotz allem eine faszinierende Wirkung auf das Publikum ausüben konnte. Aber er hatte natürlich gemerkt, daß wir alle alles getan hatten, um ihm über manche Hürde hinwegzuhelfen. Es fiel der Vorhang, wir verbeugten uns, ich sorgte dafür, daß er den meisten und längsten Applaus bekam (das kann man nämlich steuern), und nach dem letzten Vorhang fiel er mir um den Hals und flüsterte mir zu: »Bitte, besetzt mich nicht um.« Mir kommen auf der Bühne nicht leicht die Tränen, aber da war ich geschafft. Vier Vorstellungen hat er gespielt, nur vier!
Ich habe mir erzählen lassen, daß er, kurz bevor er starb, gesagt haben soll, es gäbe zwei Freunde und Kollegen, denen er, nach seiner schweren Krankheit, besonders

dankbar wäre. Der eine sei Alfred Weidenmann, weil er ihn noch einmal vor die Fernsehkamera gebracht habe, der andere sei ich gewesen, weil ich ihm die Rolle des Shunderson übertragen hatte. Das freut mich sehr, obwohl diese Blumen eigentlich Jürgen Wölffer gehören.
Das Leben mußte weitergehen, und es begann ein Abschnitt übertriebener Hektik. Ich war inzwischen nicht mehr der Jüngste und auf einmal wurde mir bewußt, daß ich eigentlich überhaupt nicht an ein eventuelles Alter und dessen Versorgung gedacht hatte. Das Haus, das ich mit Karin zusammen gebaut hatte, hatte ich zwar gebaut, aber kaum bewohnt und gehörte naturgemäß nicht mehr mir, und ich stand, immerhin mit sechzig, eigentlich da mit dem, was man gerade einmal so verdient, und ich war überhaupt nicht sicher, wie lange das noch so weitergehen würde. Außerdem stand der bewußte Satz im Raum. Vielleicht war ich wirklich »im Gehen«?
Also begann ich mit einer höllischen Arbeiterei: Vormittags Proben, nachmittags Synchronarbeit, abends Vorstellung und nachts noch irgendeine Inszenierung für irgendeine Tournee. Dazwischen schnell noch einen kleinen Funk. Wenn ich mir das heute überlege, muß ich eine Konstitution gehabt haben wie ein Pferd. Und Tourneen, Tourneen, Tourneen!

Tournee

Das Tourneegeschäft ist, wie der Name sagt, ein Geschäft und nichts anderes. Zugegebenermaßen eine lukrative Angelegenheit, wenigstens für den Kollegen oder die Kollegin, auf deren Namen hin die betreffende Tournee vom Unternehmer an die bespielten Städte verkauft wird (offenbar auch für den Tourneeunternehmer, sonst würden nicht immer neue Tourneeunternehmen wie Pilze aus dem Boden wachsen). Das ist auch der Grund, warum jeder Kollege, der über eine gewisse Popularität verfügt, Tourneen macht. Allerdings, wenn einer erzählt, er mache das, weil es so toll interessant wäre, sich vor immer neuem Publikum zu beweisen oder sich mit immer neuen Gegebenheiten auseinanderzusetzen, der lügt! Das Ganze ist Fronarbeit, vielleicht zu vergleichen mit dem Bau der Pyramiden.

20 000 Kilometer in zwei Monaten, das geht ganz schön in die Knochen. Einpacken, auspacken, einpacken, auspacken, jeden Tag ein anderes Hotel, leider von recht unterschiedlicher Qualität, dann abends die Vorstellung in meistens viel zu großen Häusern – wegen der Einnahmemöglichkeit –, die einen zu einer Brülltechnik erziehen, was auch nicht gerade der letzte künstlerische Schrei ist.

Richtige Theater werden ja nicht mehr gebaut, nur Mehrzweckhallen, in denen dann alles stattfinden soll, vom

Geräteturnen bis zum Flötenkonzert. Bei der Vergabe des Baus an die Architekten haben offenbar die Turner gesiegt. Man findet manchmal recht kühne und moderne Innenräume; daß aber auch eine Beleuchtungsmöglichkeit da sein müßte, das hat sich in den meisten Fällen nicht herumgesprochen.

Auch die idiotische Einteilung, heute in Hamburg, morgen in Garmisch und übermorgen wieder zurück nach Bremen geht einem einigermaßen intelligenten Menschen über seine geographische Hutschnur, ist aber nicht zu vermeiden. Zu viele Tourneen: Das alles zehrt an den Nerven und kann gar nicht hoch genug bezahlt werden.

Apropos Bezahlung: Ich höre manchmal den Einwand: »Ja, aber das Gagengefälle!« Womit vorwurfsvoll gemeint ist: Was verdient der Hauptdarsteller oder die Hauptdarstellerin im Vergleich zu den anderen! Hier sei mir die Frage erlaubt nach dem Gefälle zwischen Herrn A. Springer und einem seiner Drucker oder zwischen einem Direktor von Reemtsma und einem Arbeiter an der Maschine. Da sagt keiner etwas, das ist selbstverständlich, denn die Gesellschaftsordnung will doch keiner ändern, oder? Dabei wäre noch ganz bescheiden die Tatsache zu erwähnen, daß die Tournee ohne den Hauptdarsteller oder die Hauptdarstellerin gar nicht stattfinden würde, denn die Tatsache, daß Herr X oder Frau Y auch noch mitspielen, würde keine müde Mark in die Abendkasse bringen – und was dann?

Bei aller Einschränkung, die ich nur für mich mache, verkenne ich nicht, daß dem Tourneetheater die Zukunft gehört. Immer mehr Städte trennen sich von dem Riesenaufwand eines eigenen Theaterbetriebs und weichen auf Tourneevorstellungen aus. Dies bringt hoffentlich immer mehr Tourneeunternehmer zu der Erkenntnis, daß mit zunehmender Konkurrenz auch die Qualität zunehmen muß, will man im Rennen bleiben. Und so hege ich die

Hoffnung, daß sich die Spreu vom Weizen trennen wird, und dann wird auch das Wort Tournee den Ruf bekommen, den es eigentlich verdient, denn im Grunde ist es ja keine schlechte Sache, ein Stück in einer möglichst optimalen Besetzung auf Tournee zu schicken, und wenn es gelingt, verweist man damit jede Stadttheatervorstellung auf die Plätze.

Außerdem lernt man auf so einer Tournee auch Menschen kennen, vor allem seine Mitreisenden, und wird um manche Erfahrung reicher. Also, es lebe die Tournee! Noch eine positive Seite kann man einer Tournee abgewinnen: Bei den stundenlangen Fahrten im Omnibus kann man die Zeit totschlagen, indem man entweder liest oder döst oder schläft oder quatscht oder singt oder seine Erinnerungen zu Papier bringt. Ich habe mich an die eben genannte Beschäftigung gehalten, und ohne meine vielen Tourneen wären die vorliegenden Aufzeichnungen gar nicht entstanden.

Also nochmals: Es lebe die Tournee! Ich muß ja nicht unbedingt dabeisein.

(Tournee-Brief an einen Kritikerfreund aus dem Jahre 1970)

Ein paar Gedanken über Kritiker

Lieber Freund,
Du fragst mich nach den stärksten Eindrücken eines fahrenden Komödianten. Meine Antwort: Man kommt durch die Tatsache, daß man ein Stück an die hundertmal spielt, und zwar jedesmal in einer anderen Stadt, in die seltene Glückssituation, von ein und derselben Aufführung an die hundert Kritiken zu lesen. Und diese Lektüre ist gar köstlich. Und so abwechslungsreich, wie man es gar nicht erwartet hat. Es entsteht nämlich ein merkwürdiges Phänomen: Ich stelle plötzlich fest, daß in Oberwunzenhausen Frl. B eine krasse Fehlbesetzung ist, während sie in Großdingen-West die Entdeckung des Abends war. Ich weiß nicht, ob Du mich verstehen kannst, aber da werde ich ganz verzagt. Irgend etwas irritiert mich dabei. Oder sollte es sich hier vielleicht um verschiedene subjektive Einstellungen handeln? Aber nein, ich glaube nicht, denn Deine Kollegen schreiben ja nicht etwa »Ich habe den Eindruck, daß Frl. B ...« oder »Mir scheint ...« oder »Meiner Ansicht nach ...«, nein sie konstatieren »Frl. B ist ...«. Sie geben also keinen subjektiven Eindruck wieder, sondern stellen einen objektiven Tatbestand fest. Und da dies alles Herren sind, die ihren Beruf verstehen, um nicht zu sagen, ihre Berufung begreifen, und sicherlich einen Befähigungs-

nachweis erbracht haben, sonst würden sie nicht von ihrer Zeitung mit einem so verantwortungsvollen Amt betraut worden sein (wer würde über Fußball schreiben dürfen, ohne etwas davon zu verstehen), deswegen bin ich ja so verzagt. Ich weiß mir nur eine Lösung des Problems: Ich hatte zwar den Eindruck, die B. spielt immer gleich, aber dieser Eindruck war falsch. Die Person spielt in jeder Stadt anders, das Luder hat mich getäuscht. So kann es einem gehen.

Zum Schluß gestatte mir noch eine Ausführung in eigener Sache: Vor zwei Jahren machte ich eine Tournee mit »Dr. med. Hiob Prätorius« von Curt Goetz, zu dem ich eine starke Beziehung hatte und noch habe. Es handelte sich um seine letzte Fassung dieses Stückes. Vor ein paar Tagen, also zwei Jahre später, wird mir in einem Hotel einer ziemlich großen Stadt Norddeutschlands ein Gästebuch vorgelegt. Ich blättere und lese eine Kritik, die in dieses Gästebuch eingeklebt war. Diese Kritik veranlaßte mich zu folgendem Brief an die betreffende Zeitung:

Sehr geehrter Herr Redakteur, durch Zufall fällt mir ein Gästebuch in die Hand, das eine Besprechung eines Herrn B. über eine Vorstellung von »Dr. med. Hiob Prätorius« von Curt Goetz aus Ihrer Zeitung enthält. Und zwar Datum um den 22. 10. 67. Ich zitiere: »Überschrift ›Komödie frei nach Curt Goetz‹ Carl Heinz Schroth hat das Stück kräftig umgemodelt. Es wurde hinzugefügt und weggelassen, der vielgelobte Routinier Schroth inszenierte und spielte einen Prätorius à la Schroth. Wenn ein Stück zu seinem Vorteil korrigiert wird, läßt man es sich gern gefallen. Hier wurde, bis auf eine Ausnahme, das Gegenteil erreicht. Warum hat er bloß dem Goetz am Zeuge geflickt?«

Falls besagter Herr noch bei Ihnen in Amt und Würden sein sollte, bitte ich ihn, wie folgt zu belehren. Die von ihm besprochene Aufführung war eine Fassung von »Dr. med.

Hiob Prätorius«, die von niemand anderem als eben von diesem Curt Goetz geschrieben ist. Es wurde von mir weder eine Silbe dazugetan, noch weggelassen. Dazu habe ich eine viel zu große Beziehung zu Goetz, die Ihrem Gewährsmann offenbar fehlt.
Nun verlange ich nicht, daß irgend jemand von dieser Fassung weiß. Wenn sich aber einer hinstellt, die Feder wetzt und etwas daherschreibt, wovon er keine Ahnung hat, dann werde ich ärgerlich. Ihr Kritiker hätte sich die Mühe nehmen sollen, einen Brief an den Verlag Bloch-Erben-Berlin zu schreiben, um sich die letzte Fassung von Curt Goetz kommen zu lassen. Das kann man nämlich. Ich möchte meinen, daß es zum Beruf gehört, sich vorher zu informieren, bevor man derartige Rügen erteilt. Diese kleine Nachhilfestunde in Literaturgeschichte schien mir notwendig und ist unentgeltlich.

Mit vorzüglicher Hochachtung C. H. Schroth.

Ich brauche nicht hinzuzufügen, daß ich bis heute auf eine Antwort warte.
Und da wir gerade davon reden und da ich mich sowieso schon bei den Herrn Kritikern ins Fettnäpfchen gesetzt habe, ist es eh schon egal. Was mich am meisten ärgert, ist die Wurstigkeit, mit der viele ihren Beruf ausüben. Da werden Namen verwechselt, da werden Premieren besprochen, die gar nicht stattgefunden haben (plötzlich abgesetzt, aber schon geschrieben).
Kleine Berichtigung am nächsten Tag. Es wird unter die Gürtellinie geschossen, ohne daß den Herrn auf die Finger geklopft wird. Lese ich doch eines Tages in einer angesehenen Frankfurter Zeitung über einen von mir sehr geschätzten Kollegen folgenden Satz: »Herr Soundso, laut Telefonbuch Schauspieler.« Wenn ich diese flapsige Pennälerbemerkung in einem miesen Provinzblatt gelesen hätte, na

schön. Aber bei dieser Zeitung konnte ich es mir nicht verkneifen, nach dem Namen des Schreibers zu sehen, und wer beschreibt mein Erstaunen? Der Name ist reich an literarischen Ehren und Ämtern. Wenn so etwas bis in die höchsten Kreise geht, was soll man dann von der ganzen Innung halten?

Ich stelle mich gern der Kritik, ich habe es ein Menschenalter lang getan, aber ich hoffe, Du kannst es verstehen, daß ich mich, in dieser Bearbeitungsfrage wenigstens, nicht gern den Pfeilen einer triumphierenden Belesenheit ausgesetzt sehe, die gar keine ist.

Bei Durchsicht meines Briefes stelle ich mit Schrecken fest, daß ich mir in einem Anfall von Größenwahn eine Rolle angemaßt habe, die mir gar nicht zukommt. Das Opfer soll Opfer bleiben und nicht Jäger spielen wollen, was soll denn das? Bitte verzeih mir, aber der Gegenstand riß mich dahin.

Mea culpa Dein C. H.

Orta

Zu den Wünschen, deren Nichterfüllung mich immer schwer belastet hat, gehörte die Sehnsucht nach einem wirklichen Zuhause. Ich beneidete jeden, der sagen konnte: »Ich geh' nach Hause.« Immer, bis ins hohe Alter war ich, wo immer ich mich befand, nur zur Miete, und immer mehr oder weniger abhängig vom guten Willen des Vermieters. Erst waren es Wohnungen, dann waren es zwar Häuser, aber eben alles auf Abruf.

Einmal glaubte ich, Glück gehabt zu haben. Es war in Hamburg, ich hatte Karin Jacobsen geheiratet, unser Sohn war ein Jahr alt, da wurde uns ein entzückendes Häuschen in Volksdorf angeboten, das zwar noch nicht ganz fertig war und das wir mit der Verpflichtung übernehmen konnten, es zu Ende zu bauen. Dafür zahlten wir keine Miete. Das ist eine recht zwiespältige Abmachung, denn wie weit man (bei solch einem vagen Agreement« seinen Verpflichtungen nachkommt oder nicht nachkommt, hängt vom guten Willen des Betrachters, also des Besitzers ab. Der Besitzer war der Hamburger Kultursenator Dr. Gobert, der Vater des heutigen Generalintendanten Boy Gobert. Ich kannte Boy nicht, er muß damals, 1949, irgendwo Anfänger gewesen sein. Ich habe ihn später als sehr liebenswert kennengelernt, anläßlich unserer Proben zu »Niemandsland« (worüber ich noch berichte).

Sein Vater hingegen war recht unnahbar, ich hatte auch nie die Ehre gehabt, bei ihm eingeladen zu sein, nur ein tägliches Telefongespräch ist mir in unauslöschlicher Erinnerung. Er wohnte vis-à-vis von uns, aber durch einen Platz getrennt in einer Entfernung von circa zweihundert Metern. Immer wenn mein Hund einmal »wau« machte, ging bei mir das Telefon, am anderen Ende meldete sich der Kultursenator. Er sagte immer denselben Satz: »Ihr Hund hat gebellt! Wollen Sie das bitte abstellen!« Wir wohnten dort bis zu unserer Übersiedlung nach München, also ungefähr drei Jahre. Eintausendfünfundneunzig Telefongespräche, immer desselben Inhalts, zehren an den Nerven. Das war unsere einzige persönliche Beziehung und bestärkte meine Sehnsucht nach einem Gartenzaun, der mir gehört.

Erst viel später im Jahre 1965 bauten wir uns ein eigenes Haus. Da ich aber dort nicht mehr einzog, blieb auch dieser Traum ein unerfüllter. Wir trennten uns, und Karin behielt das Haus.

Daß die Zweizimmerwohnung von Barbara eine Eigentumswohnung war, war zwar schon ein großer Schritt nach vorne, aber mein Traum war es halt auch nicht, schon wegen der Hunde, die keinen Auslauf haben und mit denen man sich bei den Mitbewohnern nur unbeliebt macht. Mein Traum war ein Fleck auf dieser Erde, wo einem niemand dreinreden kann. Und auch dieser Traum ist in Erfüllung gegangen, wie ich überhaupt feststellen muß, daß alle meine Träume letzten Endes in Erfüllung gegangen sind – seit der Nacht mit dem Schlittschuhlaufen. Ich glaube, ich sollte erzählen, wie es dazu kam, denn so unverhofft und unerwartet geschieht selten etwas, das ein Leben so grundlegend verändert.

Also, Karin und ich waren getrennt, aber das bedeutet nicht, daß wir nicht weiter beruflich zusammengearbeitet hätten, wenn sich die Gelegenheit ergeben sollte. Und eine solche bahnte sich an durch den Anruf von Rudolf Külüs, dem Direktor des Hebbeltheaters in Berlin, bei dem wir manche Stücke mit großem Erfolg gespielt hatten. Er schlug mir vor, eine Inszenierung von Gustav Freytags »Journalisten« bei ihm zu machen, und zwar in der Bearbeitung von Karin Jacobsen. Sie hatte während unserer Hamburger Zeit eine hervorragende Bearbeitung gerade dieses Stückes gemacht und es auch mit großem Erfolg gespielt. Ich war einverstanden, und zur Besprechung von Einzelheiten schlug Külüs einen Ort vor, von dem ich noch nie etwas gehört hatte. Es handelte sich um ein Dorf namens Orta, und dieses Dorf befand sich an einem kleinen See in Oberitalien namens Ortasee. Der Ortasee war mir kein Begriff, und auch auf der Karte entdeckte ich ihn nur sehr schwer. Schließlich stellte ich fest, daß besagter See westlich vom Südzipfel des Lago Maggiore lag. Es war Sommer, ich hatte meiner Bandscheibe wegen sowieso ein Hotel in Abano bestellt, also beschlossen Barbara und ich den kleinen Umweg über den Ortasee zu machen, wo Külüs ein Haus hatte. Ich suchte mir auf der Autokarte eine Route heraus, die mir die kürzeste zu sein schien: über Garmisch – St. Moritz – durchs Engadin – den Comersee entlang über Varese nach Orta. Es war die längste Strecke, die man sich aussuchen konnte, aber das wußte ich erst hinterher.

Die Fahrt war zwar sehr schön, aber viel zu lang. Außerdem fuhr ich auf der falschen Seite des Comersees entlang, was zwei zusätzliche Stunden gekostet hat, und um Varese herum hatten wir endgültig die Orientierung verloren. Die Reise war jedenfalls eine verunglückte Angelegenheit, und wir kamen in der Dunkelheit, todmüde und schlecht gelaunt, im Hotel »San Rocco« in Orta an. Das Hotel, gottseidank sehr gepflegt und direkt am See gelegen, versöhnte uns zwar ein bißchen, aber dort erwartete uns

Mit Edith Heerdegen in »Die Alten kommen«, 1980

37 *Mit Johannes Heesters in der Fernsehproduktion »Sonny Boys« von Neil Simon,* 1983

36 *Mit Brigitte Horney in »Jakob u*
Adele«, 1982

die Nachricht, Külüs hätte noch einmal weggemußt und könne erst in zwei Tagen kommen. Jetzt war bei mir die Laune auf dem Nullpunkt. Auch der Rat von Frau Gerber-Külüs, die Piazza anzusehen und dann mit ihr essen zu gehen, vermochte nicht meine Stimmung zu bessern. Aber was blieb uns übrig, irgend etwas mußte man unternehmen, also beschlossen wir, die Piazza von Orta aufzusuchen.

Vom Hotel führt nur eine einzige Straße auf die Piazza und sie ist nicht länger als fünfhundert Meter. Ich erzähle die Geschichte deshalb, weil sich auf diesen fünfhundert Metern unser ganzes zukünftiges Leben entschied. Wir begannen also unseren Gang, und schon nach den ersten Metern fühlte ich eine eigenartige Faszination. Es war schon dunkel, die Zeit der Touristen noch nicht gekommen, und der Hall unserer Schritte wurde von den Hauswänden in den engen Gassen als Echo zurückgeworfen. Es war ein Geräusch, das ich sehr liebe und das mich immer an Venedig erinnert, wenn man nachts durch die menschenleeren Gassen ging. Allerdings sind inzwischen Jahrzehnte vergangen, heute gibt es keine menschenleeren Gassen mehr in Venedig. Heute trägt man sich mit dem Gedanken, Eintrittskarten für Venedig einzuführen.

Aber hier waren sie noch, die menschenleeren Gassen, die schiefen Wände in dem typischen italienischen Farbengemisch, vom verwaschenen Rotgrau bis zum leuchtenden Porphyrrot. Hie und da eine einsame Laterne, die dafür sorgte, daß fantasievolle Schatten auf die verwinkelten Häuserfronten geworfen wurden. Die vielen kleinen Barockbalkönchen, auf denen kein Mensch Platz hat, die weit offenen Kirchentüren, die den Blick freigeben auf viele hundert brennende Kerzen, die zum Dank angesteckt waren für wiedergefundene Geldbörsen, überstandene Krankheiten oder einfach so als Zeichen, daß man wiederkommen möchte.

Barbara merkte, daß in mir eine Veränderung vorging. Ich gab einsilbige Antworten und hatte nur noch Augen und Ohren für die Eindrücke, die auf mich einstürmten. Auch die Piazza nahm mich sofort gefangen. Sie hat die Form einer Streichholzschachtel, deren eine Längsseite vom See begrenzt ist, während sich an den anderen drei Seiten die Häuser eng aneinanderreihen, Kaffeehäuser und dazu noch ein ehemaliges Rathaus aus dem sechzehnten Jahrhundert. Das Ganze unverändert und unter Denkmalschutz. Es ist nach Capri die schönste Dorfpiazza, die ich kenne.

Wir setzten uns an einen Kaffeehaustisch direkt am Seeufer und schwiegen. Es war nichts zu hören als die sanften Wellen und das leise Knirschen der vertäuten Ruderboote, wenn sie durch die kaum merkbare Wasserbewegung auf dem Kiesgrund hin- und hergeschoben wurden. Wir bestellten unseren Cappuccino, und es entstand eine lange, lange Pause. Barbara merkte natürlich, daß irgend etwas mit mir los war und wagte nicht mich anzusprechen, so wie man einen Nachtwandler nicht anreden soll. Der Cappuccino wurde gebracht und während ich das Zuckertütchen aufriß, entrang sich mir der erste Satz nach fast einer Stunde. Ich sagte: »Hier geh' ich nie wieder weg!«

Und so geschah es auch. Wir sagten die Zimmer in Abano ab, wir suchten ein Grundstück, wir bauten ein bescheidenes Häuschen und nun leben wir seit fünfzehn Jahren am Ortasee. Es ist für uns der schönste Fleck der Erde, und wir wollen von hier nie wieder weg.

Tiere und Menschen

Ein Thema gibt es noch, das mir besonders am Herzen liegt, und ich möchte den Leser bitten, mit mir zusammen etwas dabei zu verweilen.

Ich habe es nie begreifen können und allzuoft mit Entsetzen sehen müssen, wie der Mensch sich dem Tier gegenüber benimmt. Ich will hier nicht näher eingehen auf die Widerlichkeiten im einzelnen.

Jeder, der Augen hat zu sehen, kann es täglich erleben, er braucht nicht extra moderne Hühnerfarmen zu besuchen oder Tierversuche mitzumachen, die nur sehr bedingt »zum Wohle der Menschheit« beitragen. Auch die Entdekkung einer neuen Seife, eines neuen Puders, eines neuen Parfums läßt sich eventuell verschmerzen. Mit welchem Recht machen wir das? Doch nur mit dem Recht des Stärkeren! Ein Tier spürt den Schmerz genau wie wir. Ein Tier leidet unter Lieblosigkeit genau wie wir. Ein Tier hat eine Seele genau wie wir.

Und ich mag auch keine Leute, die gern auf die Jagd gehen. Sie erzählen zwar immer, sie täten das nur, um für das Gleichgewicht in der Natur zu sorgen. In Wirklichkeit macht ihnen die Schießerei auf wehrlose Tiere Spaß.

Das bringt mich auf eine Frage, die ich mir schon oft gestellt habe: Sind wir westlich-zivilisierten Völker eigentlich wirklich so tierliebend wie wir immer tun? Ist unser Naserümpfen über die andere Einstellung zu Tieren in südlichen Ländern berechtigt? Haben Sie schon einmal den traurigen und verzweifelten Blick eines Hundes gesehen, der in der Ferienzeit von seinem Herrchen ausgesetzt wird, weil er die Sommerreise stört und lästig geworden ist? Er ist noch ein paar Kilometer hinter dem Wagen hergelaufen, und jetzt kann er nicht mehr dem Wagen folgen, mit dem die Familie nach Spanien fährt und dort ganz entsetzt sagt: »Gräßlich, dieser Stierkampf!« Ich habe hier noch nie sagen hören: »Gräßlich, diese Treibjagd!«

Sagen Sie nicht, das mit dem Hund ist eine Ausnahme, diese Fälle gehen zur Zeit der Sommerferien in die Tausende. Da ist mir aber jeder Stierkämpfer, der sein Leben aufs Spiel setzt, lieber als so ein gamsbartgeschmückter Weidmann, der sich mit rauchendem Gewehr vor seiner »Strecke« fotografieren läßt.

Und außerdem sollte man den Südländern noch zugute halten, daß ihre Einstellung zum Tier von Kind auf schon deshalb eine andere ist, weil die katholische Kirche dem Tier keine Seele zubilligt. Und weil ich gerade beim Thema bin, möchte ich ein paar selbsterlebte Tiergeschichten erzählen.

Bello und Flicka, über die ich schon berichtet habe, sind natürlich nicht die einzigen Hunde in meinem Leben. Meine Tante hatte eine kleine Landwirtschaft, Kühe, Schweine und natürlich Hunde. Ich bin also mit Tieren groß geworden, und daher auch mein starkes Verhältnis zu ihnen. Wir hatten zum Beispiel jedes Jahr ein Schwein, das hieß Emma und hatte ein rotes Bändchen um den Hals. Wir gingen mit ihm spazieren, und zu Weihnachten kam es gebraten auf den Tisch. Meine Tante konnte es gar nicht begreifen, daß wir Buben nichts anrührten. Was haben die Erwachsenen eigentlich im Hirn? Wir hatten auch eine Zucht von deutschen Doggen, mit denen ich den größten

Teil meiner Zeit verbrachte, und daher sind Hunde mir wohl besonders ans Herz gewachsen.
Ich möchte von Lupetto erzählen. Er war der Vorgänger von Bello. Wir haben ihn geschenkt bekommen. Lupetto war ein Hund, ein ganz gewöhnlicher Hund, ohne Stammbaum und so, er war natürlich eine Kreuzung. Die Mutter ein Labrador, der Vater unbekannt, vielleicht ein Wolf, denn so wie Lupetto (Lupo = der Wolf) aussah, bin ich nicht sicher, ob nicht eines Nachts ein Wolf aus dem Wald gekommen war und mit der Mutter eine folgenschwere Unterhaltung hatte, denn die Arme war Tag und Nacht an der Kette und unbeaufsichtigt.
Unter fünf kleinen Welpen, die natürlich alle zum Tode verurteilt waren, hatten wir uns den schwächsten herausgesucht, um wenigstens ein Hundeleben zu retten. Er hat es uns gedankt, indem er der stärkste Hund vom Ortasee wurde, der gefürchtetste und der liebste, und indem er uns fünf Jahre seine Liebe geschenkt hat und sehr viel Freude. Daß er so früh sterben mußte, gehört zu den Dingen, die ich nicht begreifen kann, und wer jetzt sagt »Na, na! Was soll das? Es handelt sich doch nur um einen Hund«, der möge jetzt bitte aufhören zu lesen. Wer nicht fühlt, wie innig das Verhältnis Tier – Mensch sein kann, wer nie erlebt, welche Traurigkeit ein Tier befällt, wenn Herrchen und Frauchen weggehen müssen, ohne ihn, und welche Freude das Wiedersehen bringt, der ist arm.
Um es gleich vorwegzunehmen: Lupetto wuchs uns so ans Herz, daß wir seinen gewaltsamen und unerwarteten Tod nur sehr schwer verwunden haben. Wir hatten ein Kind verloren. Wer darüber lächeln will, der möge es tun. Er war mittelgroß, ganz schwarz mit einem kleinen weißen Fleck auf der Brust, hatte große Schlappohren, die beim Laufen immer ein klatschendes Geräusch machten. Er konnte nie überraschend irgendwo auftauchen. Wenn es »klatsch-

klatsch« machte, wußte man: »Lupetto kommt.« Er war unser Kind und unser Freund und kam natürlich überall mit. Wir gehörten zusammen, ohne ihn konnte man sich uns gar nicht vorstellen.
Das ging so weit, daß andere, ganz vernünftige Leute, von uns angesteckt wurden. So hatte er die Erlaubnis vom Intendanten eines großen Theaters, die Proben eines Stükkes vom Anfang bis zu Ende mitzumachen. Und das kam so: Eines Tages bekam ich einen Anruf von Boy Gobert, dem Intendanten des Hamburger Thaliatheaters, er bot mir die Rolle des »Spiter« in »Niemandsland« von Harold Pinter an. Das war ein sehr reizvolles Angebot, sowohl wegen Pinter als auch wegen Gobert.
Da ich als im Ausland Ansässiger mich nur eine beschränkte Zeit in Deutschland aufhalten durfte und dieses Kontingent aufgebraucht gewesen wäre, wenn ich alle Proben in Hamburg mitgemacht hätte, kamen wir zu folgendem Kompromiß: Wir beschlossen die ersten vier Wochen in meinem Haus in Italien zu probieren. Ich hatte mir im Haus ein kleines Atelier eingerichtet, da ich zu malen angefangen hatte. Nicht groß, aber groß genug, um mit zwei Personen zu probieren, wenn man guten Willens und bereit ist, sich einzuschränken.
Das Stück ist so gebaut, daß der größte Teil aus diesen zwei Personen besteht. Das waren in unserem Fall der mir lieb gewordene Kollege Richard Münch und ich. Wir machten also in diesen vier Wochen alle Szenen zwischen Münch und mir fertig und bauten dann in den folgenden zwei Wochen in Hamburg die Szenen mit den anderen beiden dazu, das waren Christian Rudolph und Gunnar Möller. Das Stück hat nur vier Personen.
Die Sache wurde nur dadurch etwas kompliziert, daß Münch und Gobert an jedem Sonntag eine Vorstellung in Hamburg hatten, also am Samstag wegfuhren und am

Montag wiederkamen. Das klingt ganz einfach, war es aber keineswegs. Der eine, Gobert, kam mit dem Flugzeug, der andere, Münch, ist Nichtflieger und kam mit der Bahn. Da Orta weder einen Flugplatz noch eine Fernbahnverbindung hat, mußte jeder abgeholt werden, und zwar da, wo er ankam. Das war bei Gobert der Flugplatz in Mailand, bei Münch der Bahnhof in Chiasso (Como). Das bedeutete für Barbara, die als Chauffeur, Souffleuse und Köchin im Einsatz war, eineinhalb Stunden zum Flugplatz Mailand Linate und zurück. Das waren schon mal drei Stunden, und auch die nur deshalb so schnell, weil Barbara Mailand wie ein Taxichauffeur kennt. Und dann noch mal dreieinhalb Stunden nach Chiasso und zurück. Das waren mal eben vierhundert Kilometer. Also, auf der faulen Haut lag sie in der Zeit bestimmt nicht.

Ich hatte ein bißchen Angst vor Gobert, dem der Ruf vorausging, außerordentlich penibel zu sein. Man sagte, er hätte ganze Abstechervorstellungen platzen lassen, wenn ihm die Ausmaße der jeweiligen Bühne nicht gepaßt hätten. Da ich dies gehört hatte, war ich mit meinem kleinen Atelier doch recht verunsichert. Vielleicht würde er sagen: »In dem Loch probiere ich nicht.« Nichts von dem trat ein. Gobert war reizend und die Proben mit ihm und Münch ein ganz großes Vergnügen, an das ich gerne zurückdenke.

An diesen Proben nahm die ganze Familie teil: Barbara als Souffleuse, und Lupetto durfte zusehen. Er saß brav neben Barbara, quasi als Regieassistent. Er rührte sich nicht, sondern sah und hörte aufmerksam zu, mit einer Miene, als verstünde er jedes Wort. Er unterschied sich dadurch vorteilhaft von mir, dem mancher Satz von Pinter schleierhaft war und heute noch ist.

Aber es gehört zum schauspielerischen Handwerk, Sätze, die man nicht versteht, so zu sprechen, als verstünde man sie besonders gut, und als würde man sich irrsinnig viel dabei denken. Der Zuschauer, der den Satz natürlich auch nicht verstanden hat, wird durch die vorgetäuschte Sicherheit des Schauspielers irritiert und führt sein Nichtverstehen auf seine eigene Dämlichkeit zurück. Dabei ist der Satz tatsächlich unverständlich. Ich habe Pinter im Verdacht, daß er das absichtlich macht und sich im geheimen über die Leute amüsiert, die sich krampfhaft bemühen, einen Sinn zu entdecken, wo gar keiner ist.

Nun gibt es eine Szene in diesem Stück, in der einer der beiden, in diesem Fall war es Münch, zusammenbrechen und auf den Boden fallen muß. Ich hatte nicht rechtzeitig daran gedacht, den Hund an diesem Tag aus dem Atelier zu verbannen. Jetzt war es zu spät, denn wir hatten die Szene bereits begonnen, und Münch war schon so eingestiegen, daß ich ihn nicht mehr unterbrechen konnte. Mir war klar, daß sich das Tier auf den zusammenbrechenden Münch stürzen würde. Ich glaube, auch jeder Laie kann sich vorstellen, daß eine Szene, die mit einem solchen Zusammenbruch endet, eine gewisse Entwicklung, einen gewissen Anlauf hat, und als Münch anfing, diesen Anlauf zu spielen, merkte ich schon, wie Lupetto besonders aufmerksam wurde und schließlich zu zittern begann. Münch ließ sich überhaupt nicht stören und spielte weiter, bis er zu Boden stürzte – direkt vor den Hund. Pause! Nichts geschah! Lupetto war wie hypnotisiert, er starrte auf Münch, zitterte am ganzen Körper und ging im Zeitlupentempo aus der sitzenden in eine liegende Stellung über, schließlich lag er vor Münch, die Schnauze fest an den Boden gepreßt, immer noch zitternd und Münch nicht aus den Augen lassend.

Und in den nächsten Tagen, immer wenn wir in die Nähe dieser Szene kamen, fing Lupetto schon drei Seiten vorher an zu zittern. Gobert befreundete sich sehr mit ihm, er meinte, Lupetto sei der einzige, der ihn in der Pinterregie verstünde, und als wir in Hamburg weiterprobierten, durfte er als einziger den Proben im Zuschauerraum beiwohnen. Schon deshalb bin ich Gobert verfallen.

Und nun möchte ich noch die Geschichte mit der Tasche erzählen: Da wir ohne Lupetto nirgends hingingen, war er natürlich auch beim Einkaufen dabei, und Barbara hatte eine alte Einkaufstasche, die er tragen durfte. Diese Tasche war uralt und vergammelt, und man konnte sich wirklich nicht mehr damit sehen lassen. Ich überredete Barbara, beim nächstan Einkauf auf die Tasche zu verzichten. Wir gingen also ohne Tasche, und Lupetto neben uns ließ den Kopf hängen. Plötzlich drehte er um und raste zurück. Das hatte er noch nie gemacht. Wir blieben verdutzt stehen, um zu beraten, was zu tun sei, da kam er wieder, in der Schnauze die Tasche. Barbara hatte sie in der Garage in eine Ecke geschmissen und mit anderem Gerümpel zugedeckt. Er hat sie offenbar hervorgezerrt und war jetzt wieder bester Laune. Am Abend wollte ich die Tasche zum Müll tun, der abgeholt werden sollte, aber sie war nicht aufzufinden. Am nächsten Tag gingen wir zum Boot, gottseidank ohne Tasche, denn sie war ja weg. Wir fuhren zur Anlegestelle an der Piazza. Lupetto, wie immer auf seinem Stammplatz: An der Spitze eines Bootes befindet sich meistens eine dreiecksförmige Bank, und auf dieser pflegte er als Galionsfigur zu stehen. Er war bester Laune, dabei war die Tasche doch gar nicht da. Beim Aussteigen kroch mein Lupetto schnell unter seinen Sitz, kam natürlich mit der Tasche in der Schnauze heraus und haute vorsichtshalber schnell ab, Richtung Piazza. Jetzt war mir auch klar, warum ich gestern die Tasche nicht fand. Er hatte sie vorsorglich am Tag vorher im Boot deponiert. Allmählich entstand ein Machtkampf zwischen ihm und mir wegen der Tasche. Ich hätte natürlich eine Gelegenheit finden können, sie endgültig verschwinden zu lassen, aber ich brachte es nicht mehr übers

Herz, nachdem ich gemerkt hatte, wie sehr er daran hing. Also habe ich versucht, ihm die Sache zu erklären. Ich zeigte ihm die Tasche und machte ihn auf ihren Zustand aufmerksam, zeigte ihm die abgerissenen Träger, die Löcher, die Flecken und hielt ihm einen, wie ich meine, sehr einleuchtenden Vortrag. Er hörte aufmerksam zu. Am nächsten Tag im Boot folgendes Gespräch: »Lupetto, wir steigen jetzt aus, tu mir den Gefallen und laß die Tasche liegen, Du hast doch jetzt begriffen, daß man damit nicht mehr gehen kann!« Lupetto kam mit und ließ die Tasche tatsächlich liegen. Allerdings konnte er es sich nicht verkneifen, sich dauernd nach dem Boot umzugucken, wo sie lag.

Wir kauften ein wie immer, und da gerade Markt war und die ganze Piazza vollgestellt war mit Ständen, die ihre Waren zum Verkauf anboten, hatten wir Lupetto aus den Augen verloren, bis ich ein Kratzen am Hosenbein spürte. Ich kannte dieses Kratzen und wußte: »Das ist Lupetto.« Er war es auch. Er saß vor mir und in der Schnauze hatte er eine funkelnagelneue Tasche, so ähnlich wie die alte, mit einem großen Bügel zum Tragen. Er hatte sie von einem der Stände, die Lederwaren anbieten, abgehängt und uns gebracht, weil er wußte, daß wir eine neue brauchten. Es war klar, daß wir die Tasche kauften, aber nicht zum Einkaufen. Zum Einkaufen wurde wieder die alte genommen, an der er so hing.

Er hat sie mit ins Grab bekommen. Vielleicht geht er im Hundehimmel damit spazieren und denkt an uns.

Abschiedsbrief an Lupetto

Mein lieber Lupetto, gestern bist Du in den Armen von Barbara gestorben, und ich habe nicht den Mut gehabt dabei zu sein, ich war im Nebenzimmer und habe geweint wie ein Kind, ich hatte noch eine kleine Hoffnung, daß sie kommen und sagen würde: »Er kommt durch.« Aber sie mußte sagen: »Er ist tot.«

Ich weiß nicht, wie ich es verkraften soll, ich kann es einfach nicht verstehen, daß Du nicht mehr jeden Morgen kommst, um uns lauter Guten-Morgen-Küßchen zu geben, und daß Du nie mehr Dein Brüstchen herreichen wirst, auf daß man es kraule, und dabei hast Du immer ein ganz verzücktes Gesicht gemacht mit ein bißchen verdrehten Augen und hängenden Ohren und dabei hast Du immer ein bißchen dumm ausgesehen, eben ganz auf Genuß konzentriert, und wenn man endlich aufgehört hat, dann hast Du Dir mit Deiner Pfote die Hand zum Weitermachen geholt. Dann warst Du wieder ein ganz ganz kleiner Hund. Das warst Du sonst gar nicht!

Du warst ein rechter Rabauke und viele Leute haben Angst vor Dir gehabt. Wenn Du als Generaldirektor im Auto saßt, da durfte aber keiner in die Nähe kommen, und jeden hast Du angeblafft, wenn er sich erlaubt hat, die Straße zu benutzen, die Du gerade im Auto zu durchfahren geruhtest. Auch uns, Deinen Eltern, war es strengstens untersagt, vom

Wagen aus irgendwelche Unterhaltungen zu pflegen. Das war manchmal recht lästig und wir haben geflucht über diesen gräßlichen Hund. Aber dann warst Du wieder unser Lumpenhund und alles war vergessen.
Du warst eben eine ganz große Persönlichkeit und unser großes Glück. Ich hätte mich nicht einen Augenblick gewundert, wenn es plötzlich einen Knall gegeben hätte und der verwunschene Prinz hätte dagestanden und gesagt: »Ihr habt mich erlöst, ich bin gar kein Hund, ich bin ein verzauberter Prinz.« Aber Lupetto war mir so lieber gewesen.
Erzogen warst Du gar nicht, und wenn die Leute sagen, daß Du das unerzogenste Schrothkind von allen wärst, dann haben die Leute recht. Erzogen warst Du nicht, aber geliebt warst Du und klug warst Du. Du saßest bei Tisch, hast jedes Wort verstanden, und wenn beiläufig die Rede auf Dich kam und einer von uns sagte: »Morgen müssen wir aber ohne die Hunde ins Dorf gehen«, drehtest Du Dich um und gingst beleidigt unters Bett. Und wenn wir dann wirklich ohne Dich wegfuhren, standest Du da, als wolltest Du sagen: »Das könnt Ihr mir antun, seht Ihr nicht, wie traurig ich bin?« Vielleicht hast Du dabei auch ein bißchen Theater gespielt, aber Du hast es gut gespielt, und die Freude, wenn wir wiederkamen, war nicht gespielt. Und wie gerne hast Du Stöckchen gespielt, besonders im Wasser, und was warst Du für ein Schwimmer und Springer!
Und das alles soll nicht mehr sein? Wie sollen wir diese Orte alle wieder aufsuchen? Ohne Dich. Unsere Familie, Du und Flicka und Barbara und Mutti und ich, wir waren das, was man eine glückliche Familie nennt, warum mußtest Du uns verlassen. Böse gemeine Menschen haben Dir Gift gegeben, und selbst in Deinen Schmerzen hast Du Haltung bewahrt und dagelegen mit Augen, die ratlos waren und zu sagen schienen: »Was ist denn bloß mit mir los?« Und im

Tod hast Du ausgesehen, als würdest Du schlafen, und ich schäme mich meiner Tränen nicht und Barbara und Mutti auch nicht, und wer das nicht begreift, der möge es lassen. Wer nicht ein Tier einmal sehr lieb gehabt hat, der ist ein armer Mensch. Du hast uns reich gemacht, und wir werden Dich nie, nie, nie vergessen.
Wir haben Dich in Deinem Körbchen mit Deiner Decke begraben und auch den Ball, mit dem Du so gerne gespielt hast, haben wir Dir mitgegeben, und Dein Grab ist neben der Terrasse, sodaß wir jeden Tag bei Dir vorbeigehen und Dich grüßen, mein geliebter kleiner Lumpenhund.

Schöpfungsgeschichte

»Erst wenn der letzte Baum gefällt,
der letzte Fluß vergiftet,
das letzte Tier getötet ist,
erst dann werdet ihr merken,
daß man Geld nicht essen kann.«

Im Anfang war das Chaos. Als der Schöpfer sah, daß die Sache nicht gut gelungen war, denn auch das Chaos ist eine Schöpfung, beschloß er, erst einmal für Ordnung zu sorgen, und so erschuf er Sonne, Mond und Sterne.
Dann nahm er sich einen dieser Sterne vor, oder auch mehrere, wir wissen es noch nicht genau, und schuf darauf Berge, Meere, Wälder und nannte ihn Erde. Und da er gerade beim Schöpfen war, nahm er ein paar Eigenschaften, die da herumlagen: Treue, Anhänglichkeit, Vertrauen und schuf das Tier. Da er das in großer Hast machte, denn in sechs Tagen sollte alles erledigt sein, unterliefen ihm schon die ersten Flüchtigkeitsfehler.
Er hatte übersehen, daß dieses oder jenes Tier, um zu überleben, ein anderes, meist schwächeres, fressen mußte. Es blieb ihm nun gar nichts anderes übrig, als jedem Tier den zum Angreifen und Verteidigen nötigen Instinkt zu geben. Dieser Instinkt wird von jedem Tier, auch heute noch angewendet, aber nur, wenn es sich verteidigen muß

oder wenn es glaubt, sich verteidigen zu müssen. Niemals wird ein Tier diesen Instinkt heimtückisch anwenden. Insofern hat der Schöpfer gut geschöpft, und als er sein Werk betrachtete und sah, daß es gut war, wollte er sich unter einem Lorbeerbaum zu Ruhe begeben.
Da bemerkte er einen Sack, der da herumlag und in den er während der Schöpferei alle die Eigenschaften abgelegt hatte, die er keinem Geschöpf zumuten wollte, Neid, Mißgunst, Betrug und ähnliches. Da er aber nichts herumliegen lassen wollte, leerte er den Sack aus und schuf daraus noch schnell den Menschen.
Das soll nicht heißen, daß er den Menschen ausschließlich aus dem zusammengesetzt hat, was übriggeblieben war. O nein, er wollte ihn ja »nach seinem Ebenbilde« schaffen. Also, ein bißchen Liebe, Treue, Hilfsbereitschaft waren schon auch dabei, nur die Mischung ist halt mächtig durcheinander geraten. Und so gab er dem Menschen noch etwas mit, was er keinem anderen Lebewesen zuteil werden ließ: den Intellekt!
Der Mensch also ist das einzige Wesen, das Intelligenz besitzt – glaubt der Mensch! Ebenso wie er glaubt, daß er der einzige ist, der eine Seele hat. Da fällt mir ein, daß ich bei der Aufzählung der menschlichen Eigenschaften eine vergessen habe, den Größenwahn. Diese Intelligenz intelligent anzuwenden, dazu war der Mensch jedoch leider nicht intelligent genug. Erst vernichtete er die Natur, indem er Meere und Flüsse vergiftete und Felder und Wälder zubetonierte, dann machte er den Tieren das Leben zur Hölle, indem er sie als pure Objekte deklarierte, mit denen der Mensch machen kann, was er will. Er hat dies sogar juristisch festgelegt. Im Gesetz! Im Menschengesetz! Dann machte er sich endlich daran, sich selbst zu vernichten. Und das war nicht einmal die schlechteste Idee.
Da er so überaus intelligent war, benutzte er seine Klugheit,

um Erfindungen zu machen. Vor allem Erfindungen, die es ihm ermöglichten, seine Mitmenschen zu vernichten. Das fing an mit verhältnismäßig primitiven Waffen, die jeder selbst bedienen mußte und die man zur Not auch als Verteidigungswaffen bezeichnen konnte. Jedenfalls gaben sie dem, der sie anwendete, ein Flair von Heldentum, Mannesmut und so weiter.

Im Laufe der Zeit jedoch wurde das Heldentum ersetzt durch die Industrie. Die Rüstungsindustrie! Es entstanden Maschinen, Vernichtungsmaschinen, Menschenvernichtungsmaschinen, Menschenmassenvernichtungsmaschinen! Der Mensch entdeckte die Atomkraft und war sehr stolz auf diesen Fortschritt. Da die Menschen nicht imstande waren, friedlich miteinander zu leben, versuchte jedes Volk möglichst viele dieser Vernichtungsmaschinen in die Hand zu bekommen, um den Feind zu erschrecken. Damit erreichte es aber nur, daß der andere dasselbe tat, und so biß sich die Katze in den Schwanz. Sie nannten diese dümmste aller Ideen »Atomare Abschreckung«. Sie opferten dafür Ideale, Moral und Wohlstand.

Es war klar, daß diese Abschreckungsidee die Zahl der Massenvernichtungsmaschinen ins Uferlose wachsen ließ, bis diese sich selbständig machten und sich der menschlichen Kontrolle entzogen. Ebenso klar war es, daß einmal irgendeiner auf den berühmten Knopf drücken würde, aus Versehen oder mit Absicht oder vielleicht nur so, aus Jux. Jedenfalls gab es eines Tages den großen Knall, und die Erde wurde wieder das, was sie gewesen war – eine Öde. Und als Gott sah, was er angerichtet hatte, ging er hin und weinte bitterlich.

Es ist zu bezweifeln, ob diese Entwicklung zu bedauern ist, denn Herr Goethe, der deutsche Dichterfürst, hat schon gesagt: »Denn alles, was entsteht, ist wert, daß es zugrunde geht.« Aber da er diese Worte der Figur des Mephisto in den

Mund gelegt hat, drängt sich mir die Frage auf, ob ich nicht mit meiner Schöpfungsgeschichte ganz schief liege und dem lieben Gott bitter Unrecht getan habe. Vielleicht hat er den Menschen gar nicht erschaffen – vielleicht war es der Teufel!?

Danksagungen

Inzwischen sind immer mehr Jahre ins Land gegangen, und ich habe den Tourneebetrieb an den Nagel gehängt. Und auch vom Theaterspielen habe ich Abstand genommen. Dies allerdings sehr ungern und eigentlich auch nur, weil ich gemerkt habe, daß ich die Verantwortung nicht mehr übernehmen kann.

Beim Theaterspielen würde mich nur das Boulevardtheater interessieren, denn an einem Stadt- oder Staatstheater engagiert zu sein und dann machen zu müssen, was der jeweilige Direktor von mir verlangt, reizt wenig. Wenn ich aber ein Stück an einem Boulevardtheater spielen würde, müßte ich allabendlich auftreten und das viele Monate lang, denn nur dann ist es für den Unternehmer und die übrigen Beteiligten interessant. Ein Stück zum Beispiel bei Wölffer in Berlin würde im Erfolgsfall über hundert Vorstellungen haben müssen. Das bedeutet, rein zeitlich gesehen, dreieinhalb bis vier Monate. Rechnet man die Proben dazu, kommt man auf fast sechs Monate. So lange müßte ich von zu Hause wegbleiben.

Da aber das Wort »Zuhause« nicht nur so hingesagt ist und ich das große Glück hatte, in den letzten Jahren meines Lebens noch ein Zuhause gefunden zu haben, das den Namen verdient und das mein Leben bedeutet, würde das also heißen, daß ich fast ein halbes Jahr meines Lebens hergeben müßte. Und so verschwenderisch mit den Jahren umgehen kann ich nicht mehr, denn ich habe nicht mehr viele! Ich könnte mir vorstellen, daß mir jetzt jemand erwidert: »Wie kannst Du sagen, daß Du ein halbes Jahr verschenkst. Schließlich hast Du die Befriedigung, während dieser Zeit Tausenden von Menschen Freude zu bereiten! Wiegt das nicht schwerer?«

Auf die Gefahr hin, mich wieder einmal ins Fettnäpfchen zu setzen, müßte ich antworten: »Nein! Denn ich habe während meines ganzen Lebens nichts anderes getan als eben dies – oder mich jedenfalls bemüht, dies zu tun, mit unterschiedlichem Erfolg wahrscheinlich, und ich will mich auch gar nicht der Verpflichtung entziehen, meinem Publikum weiterhin zur Verfügung zu stehen, falls es Wert darauf legt. Dazu habe ich auch selbst viel zu großen Spaß daran. Aber ich möchte mir das Recht herausnehmen, die Grenzen enger zu ziehen, mit den Kräften haushälterischer umzugehen, die Quantität zu verringern und dadurch versuchen, die Qualität zu erhalten, und zwar um so länger zu erhalten, je mehr man von der Quantität opfert.«

Hier sei es mir erlaubt, zum ersten und einzigen Mal aus einer meiner Rollen zu zitieren. Es handelt sich um eine Fernsehansprache eines Schriftstellers zu seinem achtzigsten Geburtstag in dem fast gleichnamigen Fernsehspiel: »Und das am achtzigsten Geburtstag.« Diese Ansprache ist in gemeinsamer Arbeit mit meinem Regisseur Rolf von Sydow entstanden, und ich drucke sie hier ab, weil es für meine Situation genau zutrifft.

»Ich bin dem Fernsehen dankbar, daß es mir Gelegenheit gibt, mich für die guten Wünsche zu bedanken, die mich erreicht haben. Mich in einer Anzahl erreicht haben, die mich überrascht und gerührt hat. Ich empfinde es als große Gnade, achtzig Jahre alt werden zu dürfen und noch immer nicht zum alten Eisen geworfen zu sein. Ihre Anteilnahme beweist mir, daß es nicht ganz falsch gewesen sein kann, was ich mir für mein ganzes Leben vorgenommen hatte, nämlich: mein Publikum zu unterhalten! Nicht zu erziehen, nicht zu belehren, nur zu unterhalten und sonst *gar nichts*. Ich verspreche Ihnen, daß sich daran nichts ändern wird, so lange der alte Herr dort oben, der noch viel mehr Jahre auf dem Buckel haben soll als ich, mich gewähren läßt! Ich danke Ihnen!«

Ich will also gerne weitermachen, nur seltener! Natürlich muß man, wenn man so eine Wandlung vornimmt, Menschen finden, die mitmachen und einem solche Extravaganzen ermöglichen, und hier meine ich sind zwei Danksagungen am Platze, eine auf dem beruflichen Sektor und eine auf dem medizinischen.

Wenn du nur Schauspieler bist und nicht Rezitator, Vorleser, Kabarettist oder irgendeine Solonummer, dann bist du angewiesen auf Mitarbeiter, die bereit sind, dir eine Plattform zu geben. Wenn du aber keine Tournee mehr machen willst und überhaupt nicht mehr Theater spielen möchtest, was bleibt dann noch, wenn das Fernsehen nicht erfunden worden wäre und der Film?

Ein Fernsehfilm verlangt einen geringeren Zeitaufwand als eine Theaterserie und muß in der Qualität durchaus nicht schwächer sein. Dazu gehören aber eine ganze Menge Leute, die den Film machen und ein Produzent, der das Ganze auf die Beine stellt und der das Vertrauen zu dir hat, dich in maßgebender Weise daran zu beteiligen. Denn er muß letzten Endes seinen Kopf hinhalten, wenn es schief geht. Und auch da habe ich wieder Glück gehabt, indem ich in Hans Redlbach, dem Chef der Phönix-Film, Berlin, einen Partner gefunden habe, der mehr ist als ein Arbeitgeber. Gottseidank kann ich feststellen, daß wir bisher ganz gut miteinander gefahren sind, sowohl mit »Einfach Lamprecht«, »Die Alten kommen«, »Sonny Boys« als auch »Jacob

und Adele« und »Die Goetz-Einakter«. Inzwischen hat es sich so ergeben, daß alle an diesen Fernsehspielen Beteiligten so etwas wie ein Ensemble geworden sind, angefangen vom Regisseur Jürgen Tögel über die Abteilung Kamera, Maske, Kostüme, Garderobe, Beleuchtung, Bühnentechnik. Wir versuchen immer, dieselbe Crew zu bleiben, und bis jetzt ist es uns größtenteils gelungen, und ich hoffe, es gelingt uns auch in Zukunft.
Trotzdem ist das Vertrauen zu einem so alten Mitarbeiter, wie ich es bin, keine Selbstverständlichkeit, es ist sogar unter Umständen ein Risiko, denn man weiß nie, wann' der Keks weich wird!
Die Beine sind es schon mal geworden, und hier ist meine zweite Danksagung angebracht: Während der Serie »Champagnerkomödie« im Theater am Kurfürstendamm in Berlin befielen mich plötzlich unerträgliche Rückenschmerzen, die mich zwangen, eine Vorstellung abzusagen. So etwas ist mir derart schrecklich, daß die Erinnerung an diese Zeit in mir den Entschluß hat reifen lassen, keine Theaterserie mehr zu spielen. Es gibt Kollegen, denen das nicht viel ausmacht, aber mir ist der Gedanke, die Leute am Abend wieder wegzuschicken, unerträglich. Professor Weigand, den ich von O. E. Hasse schon kannte, hat in selbstloser Weise mich während der Abendvorstellung mit Spritzen aufrechterhalten, mir aber angedeutet, daß ich um eine Hüftoperation wohl nicht herumkommen würde, aber feige wie ich bin, wollte ich auf diesem Ohr nichts hören. Ich sah einen Rettungsanker winken.
Und zwar in Gestalt zweier Bücher, die mir außerordentlich imponierten. Sie erschienen mir beide als besonderes Zeichen von Zivilcourage, und ich fliege auf Zivilcourage, wo immer ich ihr begegne, weil sie so selten ist. Im Dritten Reich war sie sowieso abgeschafft und auch heute noch ist sie selten anzutreffen. Besonders unter den Ärzten sind die

Krähen, die einander kein Auge aushacken, in der Überzahl, was jeder bestätigen kann, der einmal ein Gutachten über eine vermurkste Therapie gebraucht hätte. Und hier war einer, der kein Blatt vor den Mund nahm, und was mich am meisten bestach, war seine Behauptung, daß immer viel zu schnell operiert würde, und so eine Erklärung aus berufenem Munde war natürlich Wasser auf die Mühle eines so feigen Patienten wie ich. Ich sagte mir also: »Professor Hackethal, das ist mein Mann!«
Da ich das Pech hatte, ihm nicht persönlich bekannt zu sein, wagte ich es nicht, bei ihm anzurufen, denn da könnte ja jeder kommen, sondern schrieb ihm, wie ich meinte, einen höflichen und persönlichen Brief, in dem ich ihn bat, mir einen Termin für eine Begegnung zu nennen. Ich rechnete mit einer längeren Wartezeit, da ich mir vorstellen konnte, daß der Professor recht überlaufen sei. Wer aber beschreibt meine freudige Überraschung, als ich, früher als erwartet, ein Antwortschreiben in Händen hielt. In erwartungsvoller Hast gelang es mir, den Brief zu öffnen und folgendes zu lesen:

EUBIOS-PRAXISKLINIK
PROF DR MED. JULIUS HACKETHAL

KAMPENWANDSTRASSE 16 · D-8213 ASCHAU IM CHIEMGAU

24. Nov. 1980

SPRECHSTUNDE NUR NACH VEREINBARUNG TELEFON 08052-327

PATIENTEN-ANTWORT
Nr. 810101

01. Hiermit bestätige ich

......Schroth......................Carl- Heinz......................
Name Vorname

..Lago d. Orta Casa Mütze..........28010 Ameno (Novara)......
Strasse PLZ-Wohnort

dass ich den Pat.-Info-Brief Nr. 810101... erhalten und den Inhalt zur Kenntnis genommen habe.

02. Ich werden den für mich reservierten Sprechstundentermin

am...Dienstag....., den ...16. November 1980..................
Wochentag Datum Uhrzeit

wahrnehmen.

03. Ich wünsche die medizinische Versorgung in der EUPRA als Selbstzahler. Mit der Abrechnung gemäss Anlage 4 zum Pat.-Info-Brief bin ich einverstanden.

04. Ich wünsche die Vermittlung eines Quartiers der Kategorie:
A B C D
für......Personen vom ....bis............

05. Ich reise an mit
a) Pkw b) der Bahn c) dem Bus d) dem Flugzeug

Bitte innerhalb von 10 Tagen zurücksenden, da der Termin sonst anderweitig vergeben werden muss. Danke.

.... den ....

....
Unterschrift m. Vor- u. Zuname

EUBIOS-Praxisklinik ASCHAU - Prof. Dr. J. Hackethal

SPRECHSTUNDEN-ALLGEMEIN-INFORMATION
Nr. 80 08 01

1. Die Sprechstunde ist der wichtigste Teil meiner ärztlichen Tätigkeit. Sie umfaßt als Basisleistung in der Regel:

   a. Ausfüllen eines Fragebogens unter Mithilfe einer Klinikassistentin.

   b. Vor-Messung durch eine Klinikassistentin.

   c. Vorgespräch Patient-Arzt zur Krankheitsvorgeschichte (Anamnese).

   d. Grunduntersuchung von Kopf bis Fuß unter Auswertung der Anamnese sowie mitgebrachter Befundberichte, Röntgenbilder etc.

   e. Niederschrift bzw. Diktat des Sprechstunden-Berichtsblattes für den Patienten.

   f. Zusammenfassendes Informationsgespräch mit Beratung, insbesondere mit Vorschlägen zur ergänzenden Diagnostik, zur Behandlung etc.

   g. Übergabe des Sprechstunden-Berichtsblattes.

   h. Auf Wunsch: Übergabe eines Kosten-Vergleichsblattes, abgestellt auf den Versicherungsträger des Patienten.

2. Eine derart gründliche Basisleistung in der Sprechstunde erfordert einen erheblichen Zeit- und Arbeits-Aufwand. Diesem Umstand trägt keine der gebräuchlichen Gebührenordnungen angemessen Rechnung. Deshalb muß ich auf eigene Art und Weise abrechnen. Diese Abrechnung orientiert sich maßgeblich am "Arztzeitaufwand".

   Über die derzeitigen Kosten informiert Sie Anlage 4 . Bitte bedenken Sie, daß ich eine Praxisklinik betreibe und finanziell vorzuhalten habe, die baulich, instrumentell und personell so ausgestattet ist, wie es ein informierter und anspruchsvoller Patient erwarten kann.

Anlage 3

EUBIOS - PRAXISKLINIK ASCHAU

PROF. DR. JULIUS HACKETHAL
KAMPENWANDSTRASSE 16 · D-8213 ASCHAU IM CHIEMGAU

SPRECHSTUNDE NUR NACH VEREINBARUNG

TELEFON 0 80 52 / 3 2

SPRECHSTUNDEN-KOSTEN-INFORMATION
Nr. 80 10 13

01	Arztkosten (nach Zeitaufwand)	für 30 Min.	180.- DM
02	Klinik-Assistenz-Kosten-Pauschale		18.- DM
03	Reinigungspauschale für Klinik-Frottee-Kleid und Schuhe		5.- DM
04	Schreibgebühren-Pauschale für Sprechstunden-berichtsblatt		5.- DM
05	Fotokopien für Krankenakte	pro Stück	1.- DM
06	Polaroid-Fotos	pro Stück	3.- DM
07	Telefongebühr für Gespräche des Patienten pro Einheit		0,30 DM

ANLAGE 4

Außer den aufgeführten Beilagen befand sich noch eine Schrift dabei, die über die Art der Heilstrategie aufklärte. Wenn ich jetzt sage, daß sich bei mir eine gewisse Enttäuschung eingestellt hatte, so entspricht dies zwar meinem Zustand, ist aber bei näherem Hinsehen meine eigene Schuld. Was habe ich eigentlich erwartet? Ich hätte mir doch denken können, daß so ein großer Mann nicht hergehen und jedem Würstchen, das an ihn schreibt, eine persönliche Einladung schicken kann. Wo doch schon seine Leute, welche die eingehende Post lesen müssen, offenbar große Zeitschwierigkeiten haben. Ich konnte es nicht lassen, ich habe mich zu einer Antwort entschlossen:

17. 12. 80.

Sehr geehrte Herren,
Ihr Rundschreiben vom 24. 11. habe ich erst heute erhalten, da ich verreist war. Abgesehen davon hätten Sie wissen müssen, daß ich den von Ihnen eingesetzten Termin niemals hätte einhalten können, wenn Sie meinen Brief vom 5. 11. gelesen hätten. In dem steht nämlich klar und deutlich, daß ich von Januar bis April verfügbar bin. Nicht nur Herr Professor Hackethal hat Termine! Offenbar sind Sie so überlastet, daß Sie keine Zeit haben, die an den Herrn Professor gerichteten Briefe zu lesen. Ich bin das nicht gewohnt, das müssen Sie wissen, und sehr verärgert und gekränkt. Seien Sie versichert, daß ich die Arbeitsüberlastung in Ihrem Institut nicht durch mein Erscheinen vergrößern werde. Mit vorzüglicher Hochachtung

Ihr Patient 810101.

PS. Wie Sie einen Termin auf den 16. Nov. ansetzen können, wenn Sie den Brief erst am 24. schreiben, bleibt eine zusätzliche Pointe, die auch Ihr Chef eigentlich nicht komisch finden kann.

Auch dieser Brief ist offenbar nicht gelesen worden, denn ich bekam den ganzen Schwung Formulare noch mal, geändert hatten sich nur der Termin und – die Arztkosten, die sich um 30.– DM erhöht hatten.
Zugegeben, ich war recht geschockt, aber wenn man mit falschen Erwartungen an eine Sache herangeht, darf man sich nicht wundern, wenn sie mißlingt. Aber das Pendel schlug, wie immer bei mir, zurück. Ich mag es schon gar nicht mehr hinschreiben, aber *wieder* trat der Fall ein, daß

eine negative Erfahrung nur beim ersten Hinsehen negativ war.

Nachdem der Silberstreifen am Horizont sich als Fata Morgana entpuppt hatte, stand ich erst mal mit leeren Händen da. Ich begann also in Kollegenkreisen herumzufragen, und ein Mann war es, der immer wieder genannt wurde, der als Kapazität für Hüftkorrekturen gilt. Professor Lechner in Garmisch. Ich habe mich ans Telefon gesetzt, die Nummer gewählt, mit der Schwester gesprochen, die mich verbunden hat, ich konnte mit ihm reden, einen Termin ausmachen, und es ist ihm kein Stein aus der Krone gefallen. Kein Rundschreiben und nichts, das war angenehm, und mein Selbstbewußtsein wurde wieder ein bißchen aufgemöbelt.

Einen Monat später wurde ich von diesem Spezialisten mit einer neuen Hüfte bedacht, und hier ist meine zweite Danksagung am Platze, denn, abgesehen von dem Geschenk, hat er mir das Gefühl gegeben, keine Nummer unter vielen zu sein. Außerdem ist das Kreiskrankenhaus in Garmisch schon von der Lage her eine Erholung. Keinen Blick auf graue Höfe, sondern du gehst aus dem Haus und bist im Wald, und der Blick auf die Zugspitze ist schon ein Teil der Therapie. Außerdem sind lauter nette Leute dort beschäftigt, ich weiß nicht, wie das kommt. Ich bekomme übrigens nichts für diese Sätze. Lechner weiß nicht einmal, daß ich sie schreibe, er erfährt es erst durch dieses Buch – wenn er es lesen sollte. Er und seine Klinik haben auch meine panische Angst vor dem Begriff »Krankenhaus« weitgehend abgebaut.

Und ich möchte bei dieser Gelegenheit nicht unerwähnt lassen, daß ich, obwohl die Bekanntschaft mit Krankenhäusern altersbedingt häufiger geworden ist, auf gute Erfahrung zurückblicken kann. Allerdings hatte ich das Glück, im Bedarfsfall in Herrn Professor Wilhelm Vaillant einen

Freund zu haben, der mir beratend zur Seite stand und auch gegebenenfalls den Weg ebnete.
Und da ich gerade beim Danksagen bin, fällt mir ein, daß, genau genommen, noch manche Danksagung fällig wäre. Ich habe es bis jetzt immer von mir hergeschoben, weil ich nicht weiß, wo anfangen, wo aufhören, aber das Buch – und leider nicht nur das Buch – geht dem Ende zu, und ich kann es nicht mehr lange hinausschieben.
Ich sollte mich zum Beispiel erinnern, wie ich mit einer gefährlichen Hepatitis unbedingt ins Krankenhaus gehört hätte. Zu einer Zeit, in der für mich der Begriff »Krankenhaus« dieselbe Wirkung auslöste wie für meinen Hund der Begriff »Briefträger«. Und wenn nicht Frau Doktor Hildegard Berthold jeden Tag zu mir gekommen wäre – wer weiß! Sie hat mir Infusionen gegeben. Die Infusionskanüle mußte sie an die Deckenlampe hängen, zwei Stunden hat sie jedesmal geopfert. Danke schön!
Ich muß mich bedanken bei all den vielen Kolleginnen und Kollegen, mit denen zu spielen eine Freude war. Ich habe mich zu bedanken bei meiner lieben Kollegin Edith Herdegen, die mir seit meinem Alleingang eine liebe Partnerin geworden war. Nach dem tragischen Verlust, der eine begonnene Arbeit grausam unterbrach, war mein erster Gedanke: »Schluß«! Nie wieder!« Aber es hing nicht von mir allein ab, diesen Entschluß zur Tat werden zu lassen. Es hätte viele Existenzen in Mitleidenschaft gezogen, und das hätte auch Edith nicht gewollt.
So habe ich dann halt doch weitergemacht und wieder hat mir das Schicksal seine Sonnenseite gezeigt, indem es mir in Brigitte Horney einen Menschen und Partner bescherte, wie ich es schon nicht mehr zu hoffen gewagt hatte. Wir sind in »Jakob und Adele« ein recht bekanntes und auch ein einigermaßen beliebtes Paar geworden, und der Brief, den ich ihr zum Jahresende 1983 geschrieben habe, kam mir

aus dem Herzen. Er war keineswegs von einer Redaktion verfaßt, wenn er auch in einer Wochenzeitschrift (HÖR ZU) erschienen ist.

Liebe Adele!
Das Jahr neigt sich seinem Ende zu, und auch ich weiß nicht, wieviel Zeit mir noch bleibt. Ein Rückblick drängt sich auf, und eine Erfahrung wird immer deutlicher:
Die Luft um uns herum wird dünn und dünner, die Schar der Bekannten, Freunde, Weggefährten lichtet sich. Immer öfter ist man gezwungen, wiederum eine Freundschaftsakte zu schließen, weil die Freunde abberufen wurden.
Und nun ist mir seit Jahren das Glück beschert worden, daß ich eine solche Akte nicht schließen mußte, sondern öffnen durfte! Das ist nur wenigen Menschen beschieden.
Adele – ich danke Ihnen, daß es Sie gibt.

Jakob

Ich muß mich bedanken bei Valerie von Martens, der Witwe des unvergessenen Autors Curt Goetz, die mir die Ehre zuteil werden ließ, der erste Träger des Curt-Goetz-Ringes zu sein. Ich werde versuchen, ihn in Ehren zu halten. Als ich von dieser bevorstehenden Verleihung erfuhr, wollte ich im ersten Schreck darauf verzichten, denn ich sah eine Situation auf mich zukommen, der ich nicht gewachsen sein würde. Es gibt für mich nichts Schrecklicheres, als der Mittelpunkt einer Feier zu sein. Da muß man eine Rede halten, und ich kann so etwas nicht. Außerdem bin ich bei solchen Feierlichkeiten gehemmt wie ein Anfänger und schon vierzehn Tage vorher am Rande eines Nervenzusammenbruchs. Es ging dann aber doch ganz gut, weil ich inzwischen in Ingeborg Wölffer, der Witwe von Direktor Hans Wölffer, eine liebe Freundin gefunden hatte, die mich mit der sicheren Hand einer geborenen Managerin durch die Feier führte.

Ich muß mich bedanken bei meinem Publikum, das mir die Treue gehalten hat, obwohl nicht immer alles Spitzenleistungen waren.
Ich muß mich auch bedanken, sogar besonders bedanken, bei denen, die, unfreiwillig, Kräfte wachgerüttelt haben. Daher habe ich mich zu bedanken für den Satz: »Ich bin im Kommen, Du bist im Gehen«, und ich habe mich zu bedanken bei Herrn Pommer.
Und jetzt muß ich mal ganz tief Luft holen und mich bedanken bei meiner Sechs im Lotto. Meine Sechs im Lotto ist meine Barbara, die seit 22 Jahren an meiner Seite ist. Und es ist meine feste Überzeugung, daß ich heute nicht mehr auf der Welt wäre, hätte ich Barbara nicht gefunden. Ich müßte jetzt eine ausführliche Personenbeschreibung folgen lassen, aber ich ziehe es vor, einen kürzeren Weg zu wählen. Ich habe einmal zu ihrem Geburtstag ein Gedicht gemacht und ich glaube, daß durch die letzten vier Zeilen alles gesagt ist. Dazu muß ich aber schnell noch etwas erklären, sonst versteht man die vier Zeilen nicht: Bei vielen Menschen, die lange und gut miteinander leben, entsteht die Gewohnheit, sich nicht mit dem Vornamen anzureden, sondern irgendeinen Namen zu erfinden, der dem Uneingeweihten meistens völlig idiotisch vorkommt. Wir machen da keine Ausnahme.
Wir nennen uns »Mütze«! Und zwar gegenseitig. Fragen Sie mich nicht warum, es hat sich so ergeben. Außerdem ist eine Mütze, zum Beispiel eine Pudelmütze, etwas, das Wind und Kälte abwehrt, und worunter man sich geborgen fühlen kann. Und so ist bei uns jeder des anderen Mütze.

»Ob der liebe Gott gelacht hat,
als die Mütze er gemacht hat?
Sicher! Denn er hatte Glück,
Mütze war sein Meisterstück!«

Dies ist nicht nur eine Pointe, es ist meine Überzeugung.

Ohne den Dank an die anderen schmälern zu wollen, ihr gebührt der größte Strauß. Durch sie ist mein letzter Lebensabschnitt meine glücklichste Zeit geworden. Seit sie an meiner Seite ist, habe ich nur Freude, Zufriedenheit und Glück um mich.
Ich danke ihr.

Ich bin sehr gerne auf dieser Welt, und der Gedanke, sie bald verlassen zu müssen, gefällt mir gar nicht. Zu diesem Thema habe ich einmal einen sehr sehr klugen Satz gehört, der leider auch kein Trost ist:

»Die Lücke, die wir hinterlassen, ersetzt uns vollkommen.«

Register